国家社会科学基金重大项目（23VRC043）研究成果

北京外国语大学"双一流"建设标志性项目（BW202018）研究成果

"一带一路"国家文化教育大系　　　　　总主编　王定华

尼日利亚
文化教育研究

Nigeria
Culture and Education

仵胜奇　著

外语教学与研究出版社
FOREIGN LANGUAGE TEACHING AND RESEARCH PRESS
北京 BEIJING

图书在版编目（CIP）数据

尼日利亚文化教育研究／仵胜奇著． —— 北京：外语教学与研究出版社，
2024. 10. —— （"一带一路"国家文化教育大系／王定华总主编）. —— ISBN
978-7-5213-5807-0

I. G543.7

中国国家版本馆 CIP 数据核字第 2024BG3781 号

尼日利亚文化教育研究

NIRILIYA WENHUA JIAOYU YANJIU

出 版 人　王　芳
项目负责　巢小倩　姚希瑞
责任编辑　刘思博
责任校对　蔡　喆
封面设计　李　高　锋尚设计
版式设计　李　高
出版发行　外语教学与研究出版社
社　　址　北京市西三环北路 19 号（100089）
网　　址　https://www.fltrp.com
印　　刷　北京盛通印刷股份有限公司
开　　本　787×1092　1/16
印　　张　17.5　彩插 1 印张
字　　数　264 千字
版　　次　2024 年 10 月第 1 版
印　　次　2024 年 10 月第 1 次印刷
书　　号　ISBN 978-7-5213-5807-0
定　　价　188.00 元

如有图书采购需求，图书内容或印刷装订等问题，侵权、盗版书籍等线索，请拨打以下电话或关注官方服务号：
客服电话：400 898 7008
官方服务号：微信搜索并关注公众号"外研社官方服务号"
外研社购书网址：https://fltrp.tmall.com

物料号：358070001

记载人类文明
沟通世界文化
www.fltrp.com

"一带一路"国家文化教育大系编委会

阿布贾城市之门

阿布贾的湖光山色

卡布萨的田园风光

拉各斯的城市风貌

伊丹雷镇与伊丹雷山

动车组停靠在拉各斯车站

哈科特港国际机场航站楼

尼日利亚通信委员会大楼

阿布贾蒙台梭利育英学校幼儿园活动设施

尼日利亚儿童在表演部族歌舞

阿布贾模范学校小学部学生在进行模拟面试

拉各斯市格蕾丝学校中学部学生在开展讨论

伊巴丹大学文学院教学楼

拉各斯大学校门

纳姆迪·阿齐克韦大学行政楼

纳姆迪·阿齐克韦大学学生

尼日利亚大学生在奋笔疾书

尼日利亚"欢乐春节庙会"舞蹈表演

"中材有尼"服饰文化秀

纳姆迪·阿齐克韦大学孔子学院举行"汉语桥"获奖选手颁奖仪式

出版说明

2013 年 9 月 7 日，国家主席习近平提出共建"丝绸之路经济带"重大倡议。2013 年 10 月 3 日，习近平主席提出共建"21 世纪海上丝绸之路"重大倡议。两者合称"一带一路"倡议。以 2013 年金秋为起点，"一带一路"倡议作为构建人类命运共同体的伟大设想，在开拓和平、繁荣、开放、绿色、创新、文明之路的非凡征程中，孕育生机和活力，汇聚信心和期待，在世界范围内广受欢迎和响应。

文化交流、文明互鉴是构建人类命运共同体的人文基础。文化发展，教育先行。作为"共和国外交官的摇篮"、文化教育的主动践行者、"一带一路"倡议的踊跃响应者和构建人类命运共同体的积极参与者，北京外国语大学在党委书记王定华教授的带领下，放眼世界，找准坐标，勇于担当，主动作为，深耕文化教育相关领域，研究、策划并组织编写了"一带一路"国家文化教育大系（以下简称大系）。国内相关高校和研究机构的众多专家学者献计献策，踊跃参加，形成了一个范围广泛、交流互动、共同进步的"一带一路"国家文化教育学术研究共同体。大系旨在填补国内相关研究领域的学术空白，实现"一带一路"国家教育研究全覆盖，为中国教育"走出去"和相关国家先进教育理念"请进来"提供科学理论和实践指导，具有重要的学术价值。同时，大系服务国家重大战略，通过分期分批出版，形成规模和品牌，助力教育强国建设，具有深远的意义。

作为国家社会科学基金重大项目"'一带一路'沿线国家文化教育发展状

况调查研究"、北京外国语大学"双一流"建设标志性项目"'一带一路'国家文化教育研究"的课题研究成果和北京外国语大学党委的"奋进之举",大系秉承学术性与可读性兼顾的原则,对"一带一路"国家文化教育理论与实践问题展开深入研究,从国情概览、文化传统、教育历史、学前教育、基础教育、高等教育、职业教育、成人教育、教师教育、教育政策、教育行政、教育交流等方面,全景擘画"一带一路"国家的教育风貌,帮助读者了解"一带一路"国家教育的历史与现状、经验与特点,为我国教育的发展和对外交流合作提供有益的借鉴、思考与启迪。

世界已进入新的动荡变革期,以"人类命运共同体"理念为价值导向,系统研究"一带一路"国家文化教育的历史、现状、经验、挑战等基本问题,深刻洞悉各共建国的教育政策、教育治理和教育发展前景,是扩大我国教育对外开放、提升我国教育国际影响力、响应和支持"一带一路"倡议的切实有力之举。在此,特别感谢大系总策划、总主编王定华教授,以及所有顾问、编委和作者的心血倾注、智慧贡献和努力付出。

外语教学与研究出版社对大系的编写和出版工作给予了高度重视。自2019年项目启动以来,外研社抽调精锐力量成立大系工作组,多次组织相关部门和人员召开选题论证会,商建编委会,召开全体作者大会,制订周密、科学的出版计划,以保证项目的顺利开展和图书的优质出版。目前,大系的出版工作已取得阶段性丰富成果,接下来将继续分期分批推出数量和规模可观的、具有相当科研价值和学术价值的系列专著。期望大系的编写和出版能为"一带一路"建设、中外教育交流及我国文化教育发展发挥基础性、服务性、广远性的作用。

外语教学与研究出版社
2024 年 9 月

总　序

王定华

改革开放以来，中国各项事业取得了巨大成就。中国经济和世界经济高度关联，中国一以贯之地坚持对外开放的基本国策，构建全方位开放新格局，深度融入世界经济体系。2013 年 9 月和 10 月，习近平主席在出访中亚和东南亚国家期间，先后提出共建"丝绸之路经济带"和"21 世纪海上丝绸之路"的重大倡议（以下简称"一带一路"倡议），得到国际社会的高度关注。其中，"丝绸之路经济带"东边牵着亚太经济圈，西边系着发达的欧洲经济圈，是世界上最长、最具发展潜力的经济大走廊；"21 世纪海上丝绸之路"串起连通东盟、南亚、西亚、北非、欧洲等各大经济板块的市场链，发展面向南海、太平洋和印度洋的战略合作经济带，以亚欧非经济贸易一体化为发展的长期目标。

一、精准把握"一带一路"倡议的时代意蕴

"经济带"概念是对地区经济合作模式的创新。其中经济走廊涵盖中蒙

俄经济走廊、新亚欧大陆桥、中国–中亚–西亚经济走廊、孟中印缅经济走廊、中国–中南半岛经济走廊等，以经济增长极辐射周边，超越了传统发展经济学理论。"丝绸之路经济带"概念不同于历史上所出现的各类"经济区"与"经济联盟"，同后两者相比，经济带具有灵活性高、适用性广以及可操作性强的特点，各国都是平等的参与者，本着自愿参与、协同推进的原则，发扬古丝绸之路兼容并包的精神。

"一带一路"倡议是我国在新时代推进全方位对外开放的重要举措，为当今世界提供了一个充满东方智慧、实现共同发展的中国方案，也是对历史文化传统的高度尊重，凝聚了世界各国利益的最大公约数。丝绸之路是起始于古代中国，连接亚洲、非洲和欧洲的古代陆上商业贸易路线，最初的作用是运输古代中国出产的丝绸、瓷器等商品，后来成为东方与西方之间在经济、政治、文化等方面进行交流的主要通道。1877 年，德国地质、地理学家李希霍芬（F. P. W. Richthofen）在其著作《中国》一书中，把公元前 114 年至公元 127 年，中国与中亚、中国与印度间以丝绸贸易为媒介的这条西域交通道路命名为"丝绸之路"，这一名词很快为学术界和大众所接受，并正式运用。其后，德国历史学家赫尔曼（A. Herrmann）在 20 世纪初出版的《中国与叙利亚之间的古代丝绸之路》一书中，根据新发现的文物考古资料，进一步把丝绸之路延伸到地中海西岸和小亚细亚，并确定了丝绸之路的基本内涵，即它是中国古代与中亚、南亚、西亚以及欧洲、北非的陆上贸易交往通道。进入 21 世纪，海上丝绸之路也被纳入丝绸之路的涵盖范围，即从中国沿海港口过南海到印度洋并延伸至欧洲，从中国沿海港口过南海到南太平洋。随着时代的发展，"丝绸之路"成为古代中国与西方所有政治经济文化往来通道的统称。

推进"一带一路"建设既是中国扩大和深化对外开放的需要，也是加强和世界各国互利合作的需要，中国愿意承担更多责任和义务，为人类和平发展做出更大的贡献。文明交流互鉴是构建人类命运共同体的重要途径，是推动人类文明共同进步、实现世界和平发展的重要动力。共建"一带一路"要顺应世界多极化、经济全球化、文化多样化、社会信息化的潮流，秉持开放的区域合作精神，致力于推动"一带一路"各国实现经济政策协调，开展更大范围、更高水平、更深层次的区域合作，共同打造开放、包容、均衡、普惠的区域经济合作架构，维护全球自由贸易体系和开放型世界经济格局。

"一带一路"贯穿亚欧非大陆，一头是活跃的东亚经济圈，一头是发达的欧洲经济圈，中间广大腹地国家经济发展潜力巨大。根据"一带一路"走向，陆上依托国际大通道，以中心城市为支撑，以重点经贸产业园区为合作平台，共同打造新亚欧大陆桥以及中蒙俄、中国-中亚-西亚、中国-中南半岛等国际经济合作走廊；海上以重点港口为基点，共同建设通畅安全高效的运输大通道。

"一带一路"建设是有关国家开放合作的宏大经济愿景，需要各国携手努力，朝着互利互惠、共同安全的目标相向而行：努力实现区域基础设施更加完善，安全高效的陆海空通道网络基本形成，互联互通达到新水平；投资贸易便利化水平进一步提升，高标准自由贸易区网络基本形成，经济联系更加紧密，政治互信更加深入；人文交流更加广泛深入，不同文明互鉴共荣，各国人民相知相交、和平友好。

"一带一路"倡议是具有开放性和包容性的友好建议。当今世界是一个开放的世界，开放带来进步，封闭导致落后。中国认为，只有开放才能发现机遇、抓住并用好机遇、主动创造机遇，才能实现国家的奋斗目标。"一带一路"倡议就是要把世界的机遇转变为中国的机遇，把中国的机遇转变为世界的机遇。正是基于这种认知与愿景，"一带一路"倡议以开放为导向，冀望通过加强交通、能源和网络等基础设施的互联互通建设，促进经济要素有序自由流动、资源高效配置和市场深度融合，开展更大范围、更高水平、更深层次的区域合作，打造开放、包容、均衡、普惠的区域经济合作架构，以此来解决经济增长和平衡问题。"一带一路"倡议的开放包容性是区别于其他区域性经济倡议的一个突出特点。

"一带一路"倡议是超越地缘政治的务实合作的广阔平台。"和平合作、开放包容、互学互鉴、互利共赢"的丝路精神是人类共有的历史财富，"一带一路"倡议就是秉承这一精神与原则提出的新时代重要倡议，通过加强相关国家间的全方位多层面交流合作，充分发掘与发挥各国的发展潜力与比较优势，形成互利共赢的区域利益共同体、命运共同体和责任共同体。在这一机制中，各国是平等的参与者、贡献者、受益者。因此，"一带一路"倡议从一开始就具有平等性、和平性特征。平等是中国坚持的重要国际准则，也是"一带一路"建设的关键基础。只有建立在平等基础上的合作才能是持久的合作，也才会是互利的合作。"一带一路"倡议平等包容的合作特征为其推进减轻了阻力，提升了共建效率，有助于国际合作真正"落地生根"。同时，"一带一路"建设离不开和平安宁的国际环境和地区环境，和平是"一带一路"建设的本质属性，也是保障其顺利推进所不可或缺的重要因素。这些就决定了"一带一路"倡议不应该也不可能沦为大国政治较量的工具，更不会重复地缘博弈的老路。

"一带一路"倡议是政府、企业、团体共同发力的项目载体。"一带一路"建设是在双边或多边联动基础上通过具体项目加以推进的，是在进行充分政策沟通、战略对接以及市场运作后形成的发展倡议与规划。2017 年 5 月发布的《"一带一路"国际合作高峰论坛圆桌峰会联合公报》强调了建设"一带一路"的合作原则，其中就包括市场运作原则，即充分认识市场作用和企业主体地位，确保政府发挥适当作用，政府采购程序应开放、透明、非歧视。可见，"一带一路"建设的核心主体与支撑力量并不是政府，而是企业，根本方法是遵循市场规律，并通过市场化运作模式来实现参与各方的利益诉求，政府在其中发挥构建平台、创立机制、政策引导等指向性、服务性功能。

"一带一路"倡议是与现有相关机制对接互补的有益渠道。参与"一带

一路"建设的国家要素禀赋各异，比较优势差异明显，互补性很强。有的
国家能源资源富集但开发力度不够，有的国家劳动力充裕但就业岗位不足，
有的国家市场空间广阔但产业基础薄弱，有的国家基础设施建设需求旺盛
但资金紧缺。我国目前经济总量居全球第二，外汇储备居全球第一，优势
产业越来越多，基础设施建设经验丰富，装备制造能力强、质量好、性价
比高，具备资金、技术、人才、管理等综合优势。这就为我国与其他"一
带一路"建设参与方实现产业对接与优势互补提供了现实可能与重大机遇。
因而，"一带一路"倡议的核心内容就是要加强基础设施建设和促进互联互
通，对接各国政策和发展战略，以便深化务实合作，促进协调联动发展，
实现共同繁荣。由此可见，"一带一路"倡议不是对现有地区合作机制的替
代，而是与现有机制互为助力、相互补充。实际上，"一带一路"建设已经
与俄罗斯主导的欧亚经济联盟、印尼全球海洋支点发展规划、哈萨克斯坦
光明之路经济发展战略、蒙古国草原之路倡议、欧盟欧洲投资计划、埃及
苏伊士运河走廊开发计划等实现了对接与合作，并形成了一批标志性项目，
如中哈（连云港）物流合作基地。作为新亚欧大陆桥经济走廊建设成果之
一，中哈（连云港）物流合作基地初步实现了深水大港、远洋干线、中欧
班列、物流场站的无缝对接。该项目与哈萨克斯坦光明之路经济发展战略
高度契合。

　　"一带一路"倡议是促进人文交流的沟通桥梁。"一带一路"倡议跨越
不同区域、不同文化、不同宗教信仰，但它带来的不是文明冲突，而是各
文明间的交流互鉴。"一带一路"倡议在推进基础设施建设、加强产能合作
与发展战略对接的同时，也将"民心相通"作为工作重心之一。民心相通
是"一带一路"建设的社会根基。民心相通就是要传承和弘扬丝绸之路友
好合作精神，广泛进行文化交流、学术交流、人才交流往来、媒体合作、
青年和妇女交往、志愿者服务等，为深化双边和多边合作奠定坚实的民意
基础。一是扩大相互间留学生规模，开展合作办学；国家间互办文化年、

艺术节、电影节、电视周和图书展等活动，深化国家间人才交流合作。二是加强旅游合作，扩大旅游规模，联合打造具有丝绸之路特色的国际精品旅游线路和旅游产品。三是强化与周边国家在传染病疫情信息沟通、防治技术交流、专业人才培养等方面的合作，提高合作处理突发公共卫生事件的能力。四是加强科技合作，共建联合实验室（研究中心）、国际技术转移中心、海上合作中心，促进科技人员交流，合作开展重大科技攻关，共同提升科技创新能力。五是整合现有资源，开拓和推进参与国家在青年就业、创业培训、职业技能开发、社会保障管理服务、公共行政管理等共同关心领域的务实合作。六是充分发挥政党、议会交往的桥梁作用，加强国家之间立法机构、主要党派和政治组织的友好往来，互结友好城市。七是加强各国民间组织的交流合作，重点面向基层民众，广泛开展教育、医疗、减贫开发、生物多样性和生态环保等主题的各类公益慈善活动，改善贫困地区生产生活条件；加强文化传媒领域的国际交流合作，积极利用网络平台，运用新媒体工具，塑造和谐友好的文化生态和舆论环境；通过强化民心相通，弘扬丝绸之路精神，开展智力丝绸之路、健康丝绸之路等建设，在科学、教育、文化、卫生、民间交往等领域广泛合作，使"一带一路"建设的民意基础更为坚实，社会根基更加牢固。"一带一路"建设就是要以文明交流超越文明隔阂，以文明互鉴超越文明冲突，以文明共存超越文明优越，为相关国家人民加强交流、增进理解搭起新的桥梁，为不同文化和文明加强对话、交流互鉴织就新的纽带，推动各国相互理解、相互尊重、相互信任。

"一带一路"是促进共同发展、实现共同繁荣的友谊之路。共建"一带一路"旨在促进各国发展战略的对接和耦合，有利于发掘区域市场的潜力，推动经济要素有序自由流动、资源高效配置和市场深度融合，促进投资和消费，创造需求和就业，增进各国人民的人文交流与文明互鉴，从而让各国人民相逢相知、互信互敬，共享和谐、安宁、富裕的生活。共建"一带一路"符合国际社会的根本利益，彰显了人类社会的共同理想和美好追求，是国际合作及全球治理新模式的积极探索，将为世界和平发展增添新的正能量。中国政府倡议秉持和平合作、开放包容、互学互鉴、互利共赢的理念，全方位推进务实合作，打造政治互信、经济融合、文化包容的利益共同体、命运共同体和责任共同体。

"一带一路"倡议已经得到世界上众多国家和地区的积极响应，成为维护全球自由贸易体系和开放型世界经济的重要支撑。截至 2021 年 1 月 30 日，中国已经同 171 个国家和国际组织签署 205 份共建"一带一路"合作文件。[1] 特别是 2017 年 5 月第一届"一带一路"国际合作高峰论坛、2019 年 4 月第二届"一带一路"国际合作高峰论坛和 2019 年 5 月亚洲文明对话大会的成功举办，充分彰显了我国开放、包容的大国外交风范。在此背景下，我们一方面应致力于向世界介绍中国，推动中国文化"走出去"，讲好中国故事；另一方面也应加强对"一带一路"国家的历史、文化、语言、教育、艺术等方面的介绍和研究，让中国人民更多地了解"一带一路"国家的具体国情，特别是文化传统和教育体系。

"一带一路"倡议合作范围不断扩大，合作领域愈加广阔。它不仅给参与各方带来了实实在在的合作红利，也为世界贡献了应对挑战、创造机遇、强化信心的智慧与力量。

当今世界，新冠肺炎疫情带来诸多挑战，局部战争风险依然存在，经济增长动能不足，"逆全球化"思潮涌动，地区动荡持续，恐怖主义蔓延。和平赤字、发展赤字、治理赤字带来的严峻问题，已摆在全人类面前。这充分说明现有的全球治理体系面临结构性问题，亟须找到新的破解之策与应对方略。作为一个新兴大国，中国有能力、有意愿同时也有责任为完善全球治理体系贡献智慧与力量。面对新挑战、新问题、新情况，中国给出

---

[1] 中国一带一路网. 我国已签署共建"一带一路"合作文件 205 份 [EB/OL]. （2021-01-30）[2021-02-23]. https://www.yidaiyilu.gov.cn/xwzx/gnxw/163241.htm.

的全球治理方案是：构建人类命运共同体，实现共赢共享。"一带一路"倡议正是朝着这个目标努力的具体实践。"一带一路"倡议强调各国的平等参与、包容普惠，主张携手应对世界经济面临的挑战，开创发展新机遇，谋求发展新动力，拓展发展新空间，共同朝着人类命运共同体方向迈进。正是本着这样的原则与理念，"一带一路"倡议针对各国发展的现实问题和治理体系的短板，创立了亚洲基础设施投资银行、丝路基金等新型国际机制，构建了多形式、多渠道的交流合作平台。这既能缓解当今全球治理机制代表性、有效性、及时性难以适应现实需求的困境，在一定程度上扭转公共产品供应不足的局面，提振国际社会参与全球治理的士气与信心，又能满足发展中国家尤其是新兴市场国家变革全球治理机制的现实要求，大大增强了新兴国家和发展中国家的话语权，是推进全球治理体系朝着更加公正合理方向发展的重大突破。

"一带一路"倡议涵盖了发展中国家与发达国家，实现了"南南合作"与"南北合作"的统一，有助于推动全球均衡可持续发展。"一带一路"建设以基础设施建设为着眼点，促进经济要素有序自由流动，推动中国与相关国家的宏观政策的对接与协调。对于参与"一带一路"建设的发展中国家来说，这是一次搭中国经济发展"快车""便车"，实现自身工业化、现代化的历史性机遇，有利于推动"南南合作"的广泛展开，同时也有助于增进"南北对话"，促进"南北合作"的深度发展。不仅如此，"一带一路"倡议的理念和方向同联合国《2030年可持续发展议程》也高度契合，完全能够加强对接，实现相互促进。联合国秘书长古特雷斯表示，"一带一路"倡议与《2030年可持续发展议程》都以可持续发展为目标，都试图提供机会、全球公共产品和双赢合作，都致力于深化国家和区域间的联系。

二、深入推动"一带一路"国家的教育交流

2020 年 6 月印发的《教育部等八部门关于加快和扩大新时代教育对外开放的意见》指出，教育对外开放是教育现代化的鲜明特征和重要推动力，要以习近平新时代中国特色社会主义思想为指导，坚持教育对外开放不动摇，主动加强同世界各国的互鉴、互容、互通，形成更全方位、更宽领域、更多层次、更加主动的教育对外开放局面。

教育为国家富强、民族繁荣、人民幸福之本，在共建"一带一路"中具有基础性和先导性作用。教育交流为各国民心相通架设桥梁，人才培养为各国政策沟通、设施联通、贸易畅通、资金融通提供支撑。各国间教育交流源远流长，教育合作前景广阔，大家携手发展教育，合力共建"一带一路"，是造福各国人民的伟大事业。推进"一带一路"国家教育共同繁荣，既是加强与各国教育互利合作的需要，也是推进中国教育改革发展的需要，中国愿意在力所能及的范围内承担更多责任和义务，为区域教育大发展做出更大的贡献。

（一）教育合作的原则

"一带一路"国家教育合作应遵循四个重要原则。

一是育人为本，人文先行。加强合作育人，提高区域人口素质，为共建"一带一路"提供人才支撑。坚持人文交流先行，建立区域人文交流机制，搭建民心相通桥梁。

二是政府引导，民间主体。政府加强沟通协调，整合多种资源，引导教育融合发展。发挥学校、企业及其他社会力量的主体作用，活跃教育合作局面，丰富教育交流内涵。

三是共商共建，开放合作。坚持共商、共建、共享，推进各国教育发

展规划相互衔接，实现各国教育融通发展、互动发展。

四是和谐包容，互利共赢。加强不同文明之间的对话，寻求教育发展最佳契合点和教育合作最大公约数，促进各国在教育领域互利互惠。

（二）教育合作的重点

"一带一路"各国教育特色鲜明、资源丰富、互补性强、合作空间巨大。中国将以基础性、支撑性、引领性三方面举措为建议框架，开展三方面重点合作，对接各国意愿，互鉴先进教育经验，共享优质教育资源，全面推动各国教育提速发展。

1. 开展教育互联互通合作

一是加强教育政策沟通。开展"一带一路"国家教育法律、政策协同研究，构建各国教育政策信息交流通报机制，为各国政府推进教育政策互通提供决策建议，为各国学校和社会力量开展教育合作交流提供政策咨询。积极签署双边、多边和次区域教育合作框架协议，制定各国教育合作交流国际公约，逐步疏通教育合作交流政策性瓶颈，实现学分互认、学位互授联授，协力推进教育共同体建设。

二是助力教育合作渠道畅通。推进"一带一路"国家间签证便利化，扩大教育领域合作交流，形成往来频繁、合作众多、交流活跃、关系密切的携手发展局面。鼓励有合作基础、相同研究课题和发展目标的学校缔结姊妹关系，逐步深化和拓展教育合作交流。举办校长论坛，推进学校间开展多层次、多领域的务实合作。支持高等学校依托优势学科和专业，建立"产学研用"相结合的国际合作联合实验室（研究中心）、国际技术转移中心，共同应对各国在经济发展、资源利用、生态保护等方面面临的重大挑战与机遇。打造"一带一路"国家学术交流平台，吸引各国专家学者、青年学生开展研究和学术交流。推进"一带一路"国家优质教育资源共享。

三是促进语言互通。研究构建语言互通协调机制，共同开发语言互通开放课程，逐步将国家语言课程纳入各国的学校教育课程体系。拓展政府间语言学习交换项目，联合培养、相互培养高层次语言人才。发挥外国语院校人才培养优势，推进基础教育多语种师资队伍建设和外语教育教学工作。扩大语言学习国家公派留学人员规模，倡导各国与中国院校合作在华开办本国语言专业。支持更多社会力量助力孔子学院和孔子课堂建设，加强汉语教师和汉语教学志愿者队伍建设，全力满足不同国家的汉语学习需求。

四是推进民心相通。鼓励学者开展或合作开展中国课题研究，增进各国对中国发展模式、国家政策、教育文化等各方面的理解。建设国别和区域研究基地，与对象国合作开展经济、政治、教育、文化等领域研究。逐步将理解教育课程、丝路文化遗产保护纳入各国中小学教育课程体系，加强青少年对不同国家文化的理解。加强"丝绸之路"青少年交流，注重通过志愿服务、文化体验、体育竞赛、创新创业活动和新媒体社交等途径，增进不同国家青少年对其他国家文化的理解。

五是推动学历学位认证标准联通。推动落实联合国教科文组织《亚太地区承认高等教育资历公约》，支持联合国教科文组织建立世界范围学历互认机制，实现区域内双边、多边学历学位关联互认。呼吁各国完善教育质量保障体系和认证机制，加快推进本国教育资历框架开发，助力各国学习者在不同种类和不同阶段教育之间进行转换，促进终身学习社会的建设。共商、共建区域性职业教育资历框架，逐步实现就业市场的从业标准一体化。探索建立各国教师专业发展标准，促进教师流动。

2．开展人才培养培训合作

一是实施"丝绸之路"留学推进计划。设立"丝绸之路"中国政府奖学金，为各国专项培养行业领军人才和优秀技能人才。全面提升来华留学人才培养质量，把中国打造成为深受各国学子欢迎的留学目的地。以国家公派留学为引领，推动更多中国学生到"一带一路"其他国家留学。坚持"出国留学和来华留学并重、公费留学和自费留学并重、扩大规模和提高质量并重、依法管理和完善服务并重、人才培养和发挥作用并重"，完善全链条的留学人员管理服务体系，保障平安留学、健康留学、成功留学。

二是实施"丝绸之路"合作办学推进计划。有条件的中国高等学校开展境外办学要集中优势学科，选好合作契合点，做好前期论证工作，构建科学的人才培养模式、运行管理模式、服务当地模式、公共关系模式，使学校顺利落地生根、开花结果。发挥政府引领、行业主导作用，促进高等学校、职业院校与行业企业深度产教融合。鼓励中国优质职业教育配合高铁、电信运营等行业企业"走出去"，探索开展多种形式的境外合作办学，合作设立职业院校、培训中心，合作开发教学资源和项目，开展多层次职业教育和培训，培养当地急需的各类"一带一路"建设者。整合资源，积极推进与各国在青年就业培训等共同关心领域的务实合作。倡议国家之间开展高水平合作办学。

三是实施"丝绸之路"师资培训推进计划。开展"丝绸之路"教师培训，加强先进教育经验交流，提升区域教育质量。加强"丝绸之路"教师交流，推动各国校长交流访问、教师及管理人员交流研修，推进优质教育模式在各国的互学互鉴。大力推进各国优质教学仪器设备、教材课件和整体教学解决方案的输出，跟进教师培训工作，促进各国教育资源和教学水平均衡发展。

四是实施"丝绸之路"人才联合培养推进计划。推进国家间的研修访学活动。鼓励各国高等院校在语言、交通运输、建筑、医学、能源、环境工程、水利工程、生物科学、海洋科学、生态保护、文化遗产保护等国家发展急需的专业领域联合培养学生，推动联盟内或校际教育资源共享。

3．共建丝路合作机制

一是加强"丝绸之路"人文交流高层磋商。开展国家间的双边、多边人文交流高层磋商，商定"一带一路"教育合作交流总体布局，协调推动各国建立教育双边和多边合作机制、教育质量保障协作机制和跨境教育市场监管协作机制，统筹推进"一带一路"教育共同行动。

二是充分发挥国际合作平台作用。发挥上海合作组织、东亚峰会、亚太经合组织、亚欧会议、亚洲相互协作与信任措施会议、中阿合作论坛、东南亚教育部长组织、中非合作论坛、中巴经济走廊、孟中印缅经济走廊、中蒙俄经济走廊等现有双边、多边合作机制的作用，增加教育合作的新内涵。借助联合国教科文组织等国际组织力量，推动各国围绕实现世界教育发展目标形成协作机制。充分利用中国–东盟教育交流周、中日韩大学交流合作促进委员会、中阿大学校长论坛、中非高校20+20合作计划、中日大学校长论坛、中韩大学校长论坛、中俄综合性大学联盟等已有平台，开展务实的教育合作交流。支持在共同区域、有合作基础、具备相同专业背景的学校组建联盟，不断延展教育务实合作平台。

三是实施"丝绸之路"教育援助计划。发挥教育援助在"一带一路"教育共同行动中的重要作用，逐步加大教育援助力度，重点投资于人、援助于人、惠及于人。发挥教育援助在"南南合作"中的重要作用，加大对相关国家尤其是最不发达国家的支持力度。统筹利用国家、教育系统和民间资源，为相关国家培养培训教师、学者和各类技能人才。积极开展优质教学仪器设备、整体教学方案、配套师资培训一体化援助。加强中国教育培训中心和教育援外基地建设。倡议各国建立政府引导、社会参与的多元化经费筹措机制，通过国家资助、社会融资、民间捐赠等渠道，拓宽教育经费来源，做大教育援助格局，实现教育共同发展。

三、精心组织"一带一路"国家文化教育大系的编著出版

在编写"一带一路"国家文化教育大系过程中，应当全面了解国内外对"一带一路"倡议的响应情况，关注进展，总结做法；应当在新冠肺炎疫情得到控制后到对象国去走一走，看一看，实地感受其教育情况和发展变化；应当广泛收集对象国一手资料，认真阅读，消化分析，吐故纳新；应当多方检索专家学者已经开展的相关研究，虚心参阅已有的研究成果。肆虐全球的新冠肺炎疫情，给人类身体健康和生命安全带来了巨大威胁，对世界格局和世界治理体系产生了重大影响，给全球各行各业带来了巨大挑战。教育置身其间，影响十分明显。因而，对"一带一路"国家文化教育进行研究时，必须观察分析疫情对相关国家文化教育和全球教育治理的深刻影响。

"一带一路"倡议提出后，中外已形成多个"一带一路"多边大学联盟。2015年5月22日，由西安交通大学发起的新丝绸之路大学联盟成立，迄今已吸引38个国家和地区的150余所大学加盟。该联盟是海内外大学结成的非政府、非营利性的开放性、国际化高等教育合作平台，以"共建教育合作平台，推进区域开放发展"为主题，推动"新丝绸之路经济带"国家和地区大学之间在校际交流、人才培养、科研合作、文化沟通、政策研究、医疗服务等方面的交流与合作，增进青少年之间的了解和友谊，培养具有国际视野的高素质、复合型人才，服务"新丝绸之路经济带"及欧亚地区的发展建设。

2015年10月17日，丝绸之路（敦煌）国际文化博览会筹委会文化传承创新高端学术研讨会在敦煌举行。中国的复旦大学、北京师范大学、兰州大

学和俄罗斯乌拉尔国立经济大学、韩国釜庆大学等46所中外高校在甘肃敦煌成立了"一带一路"高校战略联盟，以探索跨国培养与跨境流动的人才培养新机制，培养具有国际视野的高素质人才。46所高校当日达成《敦煌共识》，联合建设"一带一路"高校国际联盟智库。联盟将共同打造"一带一路"高等教育共同体，推动"一带一路"国家和地区大学之间在教育、科技、文化等领域的全面交流与合作，服务"一带一路"国家和地区的经济社会发展。

2016年9月，中国、中亚及丝绸之路经济带沿线7个国家的51所高校共同发起成立了中国-中亚国家大学联盟，旨在打造开放性、国际化互动平台，深化"一带一路"科教合作。

此外，高等教育合作研讨会也日渐增多，既有官方推动形成的研讨会，也有民间自发举办的研讨会。比如，中外大学校长论坛、新加坡-中国-印度高等教育论坛、"一带一路"教育对话论坛，以及北京师范大学举办的"一带一路"国家教育交流与合作高端研讨会，北京外国语大学举办的"一带一路"与行业国际化人才培养高峰论坛，北京理工大学主办的"一带一路"高等教育研究国际会议，浙江大学举办的"一带一路"背景下的工程科技人才培养国际研讨会等。这些多边研讨会的召开，不仅吸引了大量"一带一路"共建国家的教育研究者与实践者参会，推动了研究与实践合作，而且创新了教育合作模式，促进了国际化高端人才培养，为"一带一路"建设奠定了民意基础。

"一带一路"倡议提出之后，中国学术界迅速开展了关于"一带一路"的研究活动，有关"一带一路"主题的图书主要有以下五类。第一类是倡议解读类图书，一般是梳理"一带一路"倡议的提出、发展及其理论内涵与外延。第二类是经济贸易类图书，专业性较强，主要为理论研究型图书。第三类是国情文史类图书，多为介绍"一带一路"国家国情概览、历史情况、发展概况的工具书，语言平实，部分图书学术性较强。第四类是丝路历史类图书，一般回顾古代丝绸之路的形成与发展、丝绸之路上的人物和大事记等，追古溯源，以便更好地开启"一带一路"新篇章。第五类是法律税收类图书，多为法律指引、税务规范手册等。

可以看出，国内对"一带一路"国家的研究已有一定基础，但是囿于语言翻译的障碍，已经出版的"一带一路"图书，大多是政策解读、数据报告、概况介绍等，对对象国的研究广度和深度还很不够，尤其是针对"一带一路"国家文化教育的系统研究还比较少。

在"一带一路"国家中，遴选具有代表性的对象，对其文化、教育进行系统性的研究，并在此基础上编写"一带一路"国家文化教育大系，分期分批出版，对于帮助中国普通读者和研究人员了解"一带一路"国家的文化教育情况，以及对于拓展我国比较教育研究领域、丰富比较教育研究文献，乃至对于促进中外文明互通、更好地参与推进"一带一路"建设，都具有重要意义。基于对选题背景与意义、相关出版产品调研和北京外国语大学比较优势的分析，"一带一路"国家文化教育大系坚持学术性、可读性兼顾原则，分批次推出，不断积累，以形成规模和品牌。

大系在内容上，一方面呈现"一带一路"国家的文化概貌，展示"一带一路"国家教育发展的文化背景和社会依托。大系采用专题形式，力求用简洁平实的语言生动活泼地介绍"一带一路"国家的自然地理、人文景观、历史发展、风土人情、文化遗产等内容，重点呈现对象国独有的文化现象和独特风貌，集中揭示其民族文化内涵、民族精神、人文意蕴。另一方面，大系重点研究、评价、介绍"一带一路"国家教育的基本情况、发展历史、发展战略、政策法规、现存体系、治理模式与师资队伍等，这方面内容占较大篇幅，是全书的重点和主要内容。

"一带一路"倡议正在成为我国参与全球开放合作、改善全球治理体系、促进全球共同发展繁荣、推动构建人类命运共同体的中国方案。作为国家社会科学基金重大项目"'一带一路'沿线国家文化教育发展状况调查研究"的部分研究成果和北京外国语大学"双一流"建设重大标志性成果，

"一带一路"国家文化教育大系已在 2021 年中国共产党建党 100 周年和北京外国语大学建校 80 周年之际推出首批图书，在 2023 年"一带一路"倡议提出 10 周年时推出该项目二期成果。同时积极参与党和国家相关主题纪念活动，以及国家重大图书项目的申报评选工作。

北京外国语大学以外语见长，国际交往活跃，被誉为"共和国外交官的摇篮"，先后培养了 400 多位大使、2 000 多位参赞，以及更多的外交外事外贸工作者。凡是有五星红旗飘扬的地方，都能看到北外人的身影。北外不仅承担着培养各类国际化人才的任务，更担负着向中国介绍世界、向世界介绍中国的历史使命。迄今为止，北外已获批开设 101 种外国语言，成立了 37 个区域与国别研究中心，丰富的涉外资源正在助力"一带一路"国家的研究。

大系由外研社具体组织实施。外研社隶属北外，多年来致力于"一带一路"国家的合作交流，服务讲好"中国故事"，在中华思想文化传播、打造中外出版联盟、推动中外学术互译等方面积累了丰富经验，对于协助研究、编著、出版"一带一路"国家文化教育大系具有良好的工作基础。这也是北外及外研社的使命和担当之所在。

大系编著者以北外教师为主。服务国家重大战略，北外人责无旁贷。同时，国内有研究专长和研究意愿的专家学者也踊跃参与，他们或独自撰著一书，或与北外同仁合作。大系还邀请了驻外使领馆的同志和对象国的学者参加撰写或审稿，他们运用一手资料，开展实地调研，力图提升大系的准确性。

四、结语

"一带一路"倡议植根历史，更面向未来；源于中国，更属于世界。"一带一路"作为文明互鉴的桥梁，从亚欧大陆延伸到非洲、美洲、大洋洲，与世界各国发展战略及众多国际和地区组织的发展实现对接联通，在通路、通航的基础上更好地通商，进而开展文化教育交流与沟通，加强商品、资金、技术、文化、教育流通，达成互学互鉴的文明愿景。"一带一路"倡议的目标是中国与"一带一路"国家在互联互通基础上分享优质产能，共商项目投资，共建基础设施，共享合作成果，内容包括政策沟通、设施联通、贸易畅通、资金融通、民心相通"五通"。"一带一路"倡议肩负重大使命，它要探寻经济增长之道，将中国自身的产能优势、技术与资金优势、经验与模式优势转化为市场与合作优势，实行全方位开放，共享中国改革发展红利；它要实现全球化再平衡，鼓励向西开放，带动西部开发以及中亚、蒙古等内陆国家和地区的开发，在国际社会推行全球化的包容性发展理念，主动向西推广中国优质产能和比较优势产业，惠及沿途、沿岸国家，避免西方国家所开创的全球化造成的贫富差距和地区发展不平衡情况，推动建立持久和平、普遍安全、共同繁荣的和谐世界；它要开创地区新型合作，强调共商、共建、共享原则，超越了马歇尔计划和传统的对外援助活动，给21世纪的国际合作带来了新的理念。所以，新时代中国的教育学者应当将"一带一路"国家文化教育研究作为比较教育新的增长点，全面深入开展研究，以自己的聪明才智丰富学术，为国出力，服务国家重大发展战略；在加强与"一带一路"国家的交流合作中，推动"一带一路"建设高质量发展，努力建设高质量的中国教育体系，并积极参与新时代全球教育治理体系改革，加快构建以国内大循环为主体、国内国际双循环相互促进的新发展格局。

2024 年 9 月
于北京外国语大学

（王定华，北京外国语大学党委书记、博士、教授、博士生导师，国家督学。历任河南大学教师、中国驻纽约总领事馆教育领事、教育部基础教育一司司长、教育部教师工作司司长等。）

本书前言

尼日利亚是中国在非洲的重要战略伙伴，两国建立了全面战略伙伴关系。2018 年 9 月，双方签署了《中华人民共和国政府与尼日利亚联邦共和国政府关于共同推进丝绸之路经济带和 21 世纪海上丝绸之路建设的谅解备忘录》，尼日利亚正式加入"一带一路"倡议。2021 年 1 月，中尼建立政府间委员会机制。2024 年 6 月，委员会在北京召开首次全会并发表《联合声明》。关于教育文化交流，《联合声明》表示："双方愿继续打造'欢乐春节''中尼文化周'、中尼电影节、阿布贾国际艺博会等文化品牌，加强艺术团组和人员互访交流活动，推进文化和旅游领域的人力资源培训，并支持双方开展创意文化领域合作，加强出版、影视节目制作、文化遗产、图书馆、博物馆、旅游推介等文化和旅游领域合作。"[1]

《尼日利亚文化教育研究》是中国教育学会国际教育分会理事长、北京外国语大学党委书记王定华教授主持的国家社科基金重大项目"'一带一路'沿线国家文化教育发展状况调查研究"、北京外国语大学"双一流"建设标志性项目"'一带一路'国家文化教育研究"的课题研究成果之一。本书运用文献分析、定性分析、案例研究等研究方法，在借鉴国内外已有研

---

[1] 新华社. 中华人民共和国和尼日利亚联邦共和国政府间委员会首次全会联合声明（全文）[EB/OL].（2024-06-22）[2024-08-03]. https://www.gov.cn/yaowen/liebiao/202406/content_6958784.htm.

究成果的基础上，对尼日利亚的国家概况、文化传统、教育历史、教育现状以及中尼文化教育交流进行了深入研究。本书正文共十一章，分别是国情概览、文化传统、教育历史、学前教育、基础教育、高等教育、职业教育、成人教育、教师教育、教育政策与教育行政以及中尼文化教育交流。第一章介绍了尼日利亚的自然地理、国家制度和社会生活。第二章介绍了尼日利亚的历史人文、风土人情和文化名人。第三章介绍了尼日利亚传统部族教育、伊斯兰教育和现代教育的历史沿革，也介绍了众多知名教育人物。第四章至第九章分别介绍了尼日利亚学前教育、基础教育、高等教育、职业教育、成人教育和教师教育的历史沿革、发展现状、基本特点、面临的挑战以及应对的策略。第十章介绍了尼日利亚近年来发布的重要教育政策，以及尼日利亚联邦教育部、州教育厅和地方政府教育局的行政架构及运行方式。第十一章回顾了中尼文化教育交往历史，分析了当今两国文化教育交流合作的现状、模式与原则，并展望了未来两国文化教育交流合作的前景。

特别感谢"一带一路"国家文化教育大系总主编王定华教授和外语教学与研究出版社对我的信任，将撰写《尼日利亚文化教育研究》一书的任务交给我，也特别感谢外语教学与研究出版社总编辑刘捷编审、期刊出版分社社长孙凤兰编审、分社社长助理巢小倩副编审、责任编辑刘思博等细致阅读书稿并提出宝贵的修改意见。

还要特别感谢中国驻尼日利亚大使馆李旭大参赞，中国驻拉各斯总领事馆梁本彬领事，中国土木工程集团董迈老师、蒋俊杰老师、王中非老师、兰元洪老师、庄艳辉老师、杨鸿杰老师、付建华老师、闫玉娟老师、刘英才老师，拉各斯大学孔子学院院长赵宏凌教授、副院长章明（Adetoro Olaniyi Banwo）教授，纳姆迪·阿齐克韦大学孔子学院院长余章宝教授、吴群彬老师、李林平老师、张乐老师，北京外国语大学专用英语学院党总支副书记翟峥副教授，北京外国语大学非洲学院院长李洪峰教授、李春光老师、姚艾老师，北京外国语大学硕士研究生 Mofe Solomon Aghaye 同学，尼日利亚拉各斯格蕾丝学校首席执行官 Iyiola Olatokunbo Edun 老师等在本书写作、照片拍摄等方面给予我的专业支持和热情帮助。由于作者才疏学浅，本书撰写过程中可能有疏漏，恳请各位专家和广大读者不吝赐教。

仵胜奇

2024 年 9 月于北京外国语大学专用英语学院

目　录

第一章 国情概览

尼日利亚，全称尼日利亚联邦共和国，位于西非东南部，是个多民族、多宗教的国家。境内有 250 多个民族，其中最大的三个民族是北部的豪萨 – 富拉尼族、西南部的约鲁巴族和东南部的伊博族。其官方语言为英语，主要民族语言有豪萨语、约鲁巴语和伊博语。在尼日利亚，50% 的居民信奉伊斯兰教，主要集中在北部地区；40% 的居民信奉基督教，主要集中在西南部和东南部地区；10% 的居民信仰其他宗教。[1] 尼日利亚于 1960 年 10 月 1 日脱离英国殖民统治，获得独立。独立后多次发生军事政变，军人长期执政，直到 1999 年才还政于民。尼日利亚是非洲第一大经济体，也是非洲第一人口大国，在非盟中具有重要的影响力。

---

[1] 中华人民共和国外交部. 尼日利亚概况 [EB/OL].（2024-04）[2024-07-01]. https://www.mfa.gov.cn/web/gjhdq_676201/gj_676203/fz_677316/1206_678356/1206x0_678358.

第一节 自然地理

一、地理位置

尼日利亚地处西非东南部，位于尼日尔河中、下游，北邻尼日尔，南临几内亚湾，西同贝宁接壤，东与喀麦隆毗连，东北隔乍得湖与乍得相望，国土面积为 923 768 平方千米，人口为 2.27 亿（2024 年）。[1] 尼日利亚边界线总长约为 4 035 千米，海岸线总长约为 800 千米。尼日利亚同贝宁的边境线长约为 770 千米，同尼日尔的边境线长约为 1 495 千米，同乍得的边境线长约为 80 千米，同喀麦隆的边境线长约为 1 690 千米。[2] [3] [4]

二、地形与气候

尼日利亚地势北高南低，地形复杂多样。沿海为宽约 80 千米的带状平原，平均海拔在 50 米以下；南部的低山和丘陵众多，大部分地区的海拔在 200—500 米；中部的尼日尔 – 贝努埃河谷地势平坦；北部豪萨兰高地的面积占全国面积的四分之一有余，平均海拔约为 900 米；东部靠近喀麦隆边境的地区多为山地，从北到南有曼达拉山、谢布希山、阿达马瓦山；西北和东北分别为索科托盆地和乍得湖湖西盆地。[5]

[1] 中华人民共和国外交部. 尼日利亚概况 [EB/OL]. （2024-04）[2024-07-01]. https://www.mfa.gov.cn/web/gjhdq_676201/gj_676203/fz_677316/1206_678356/1206x0_678358.

[2] FALOLA T, OYENIYI B A. Africa in focus: Nigeria[M]. Santa Barbara: ABC-CLIO, 2015: 1-3.

[3] 楼世洲. 尼日利亚高等教育研究 [M]. 北京：中国社会科学出版社，2009：1.

[4] 潘卫民. 走近西非 [M]. 上海：复旦大学出版社，2014：224.

[5] 世界分国地图：尼日尔、尼日利亚、喀麦隆、赤道几内亚、圣多美和普林西比 [Z]. 修订版. 北京：中国地图出版社，2019.

流经尼日利亚的尼日尔河及其支流贝努埃河像一个大写的英文字母 Y，又像一个低矮树干，长着两个长枝丫。枝丫左边（西南部）是约鲁巴高原，右边（东南部）是乌迪高原，枝丫上边（北部）是乔斯高原。

尼日利亚河流众多，多分布在尼日尔河流域。尼日尔河从西北流向东南，主要河流是尼日尔河及其支流贝努埃河，它们在尼日利亚境内长约1 400 千米。沿途还有索科托河、卡杜纳河、古拉拉河等支流，共同组成稠密的水道网，水流量大，有利于灌溉、通航。[1]

尼日利亚大部分地区属于热带气候，高温多雨。全年分为旱季和雨季，年平均气温在 26.5℃ 左右，年平均降水量从南部沿海地区的 3 000 多毫米递减到北部内陆地区的约 500 毫米。尼日利亚受两种不同气团的影响。一是来自南部大西洋上的暖湿气团，从南向北移动，形成鲜明的热带雨林气候；二是来自北部撒哈拉沙漠的干燥气团，由北向南移动，形成鲜明的热带草原气候。[2]

在尼日利亚南部沿海地区，雨季通常从 2 月底、3 月初开始，在 4 月至 5 月初扩展到整个南部及尼日尔河、贝努埃河流域。在北部地区，雨季通常从 6 月至 7 月开始，在 8 月底结束。在 9—11 月，受来自低纬度的东北信风影响，尼日利亚自北向南气候宜人，晴空万里。在 12 月至次年 3 月左右，受来自撒哈拉沙漠干燥的哈马丹风影响，尼日利亚的气温开始大幅下降，空气中充满了丝丝的寒意，并伴随着阵阵沙尘。[3]

[1] 潘卫民. 走近西非 [M]. 上海：复旦大学出版社，2014：224.

[2] FALOLA T, OYENIYI B A. Africa in focus: Nigeria[M]. Santa Barbara: ABC-CLIO, 2015: 6-9.

[3] FALOLA T, OYENIYI B A. Africa in focus: Nigeria[M]. Santa Barbara: ABC-CLIO, 2015: 6-9.

三、自然资源

（一）矿产资源

尼日利亚的矿产资源丰富，目前已探明有 30 多种矿藏，主要有石油、天然气、煤炭、锡、铁、石灰石、石膏、重晶石、瓷土、沥青等。[1] 尼日利亚的石油、天然气和煤炭储量都很大，已探明石油储量为 372 亿桶，居非洲第二位、世界第十一位；已探明天然气储量达 5.3 万亿立方米，居非洲第一位、世界第八位；煤储量约为 27.5 亿吨，为西非唯一产煤国。[2] [3]

尼日利亚于 1956 年发现第一个油田——阿发姆油田，于 1957 年开始产油。1970 年产油 5 420 万吨，1973 年产油 1 亿吨。自此，尼日利亚石油盛产不衰。尼日利亚有 250 多个油田，大多数位于尼日尔河三角洲地区的近海海域。尼日利亚油田主要由壳牌石油公司、埃克森 – 美孚石油公司、雪佛龙 – 德士古石油公司等国际石油巨头经营。[4]

尼日利亚拥有约 30 亿吨铁矿石，主要分布在科吉州。滑石储量估计超过 1 亿吨，主要分布在奥贡州。沥青储量约有 420 亿吨左右，主要分布在翁多州。岩盐储量为 150 吨，主要分布在贝努埃州。重晶石储量约为 7 亿吨，锡储量约为 14 万吨，主要分布在高原州。[5] 黄金主要产于奥约州和索科托州。煤矿分布在东南部断崖东部，埃努古是尼日利亚最重要的煤矿区。[6]

[1] FALOLA T, OYENIYI B A. Africa in focus: Nigeria[M]. Santa Barbara: ABC-CLIO, 2015: 135.

[2] 世界分国地图：尼日尔、尼日利亚、喀麦隆、赤道几内亚、圣多美和普林西比 [Z]. 修订版. 北京：中国地图出版社，2019.

[3] 中华人民共和国外交部. 尼日利亚概况 [EB/OL]. （2024-04）[2024-07-01]. https://www.mfa.gov.cn/web/gjhdq_676201/gj_676203/fz_677316/1206_678356/1206x0_678358.

[4] 中国石油. 尼日利亚的石油工业 [EB/OL]. （2011-12-12）[2023-11-01]. http://www.cnpc.com.cn/syzs/cyg/201206/351ed4b0f3904b9eb11efd0624ab27d1.shtml.

[5] 潘卫民. 走近西非 [M]. 上海：复旦大学出版社，2014：229-231.

[6] 刘鸿武，等. 尼日利亚建国百年史（1914—2014）[M]. 杭州：浙江人民出版社，2014：38.

（二）农业资源

农业是国民经济的基础。尼日利亚拥有丰富的农业资源。尼日利亚的大多数地区都适合开展农业和畜牧业，但是在人口稠密的东南部各州，以及北部的索科托州、卡诺州和卡齐纳州周边的一些地区，土地资源短缺。在尼日利亚，20%—50% 的人民的生活来源都依靠农业生产，当地多数是小型自给自足型家庭农田，农业机械化程度非常低。随着人口的快速增长和城市化的加速，尼日利亚的粮食问题日渐严重。[1]

尼日利亚不同地区的粮食作物不同。南方以薯类植物为主，如山药、芋头、木薯等；北方以谷物和豆类为主，如高粱、黍粒、豇豆、玉米等。大米也是非常重要的农作物。在南方，棕榈树、可可树、橡胶树都是重要的经济作物；在北方，主要经济作物有花生、棉花等。经济作物的生产也是以家庭农田的形式为主，可可豆是主要的出口农产品。农民饲养少量的家畜（如绵羊、山羊、猪等）供日常食用，但仍缺乏规模化生产。

（三）森林资源

尼日利亚的森林覆盖率为 17%，主要包括沼泽森林（约 4%）、热带雨林（约 20%）和草原林地（约 75%），植被多为贵重的红木和白坚木。尼日利亚的永久性森林保护区不到全国面积的十分之一。[2] 在保护区以外，许多森林都因焚烧砍伐、开拓耕地、设围打猎而遭到破坏。在热带大草原，由于放牧过度、灌木起火频发、烧柴取火数量巨大等原因，休耕农田植被无法得到正常恢复。为此，政府建立了许多种植园，专门种植石梓树、柚木等外来树种。在索科托州、卡诺州、博尔诺州等干旱地区，政府建造了防护林

---

[1] 法罗拉. 尼日利亚的风俗与文化 [M]. 方之，译. 北京：民主与建设出版社，2018：10-11.

[2] 资料来源于 Nigerian Guide 网站。

带，以阻挡撒哈拉沙漠的南移趋势。

尼日利亚有十四大森林保护区，分别是阿菲河森林保护区、阿库雷森林保护区、阿库雷奥夫苏森林保护区、埃杜曼侬森林保护区、伊丹雷森林保护区、伊沙森林保护区、恩格尔尼亚基森林保护区、奥巴希尔森林保护区、奥库里斯森林保护区、奥库姆森林保护区、奥卢瓦森林保护区、奥姆森林保护区、莎莎森林保护区和兖卡里狩猎保护区。此外，尼日利亚还有一些著名的国家公园，如卡因吉国家公园、扬卡里国家公园、古奥约国家公园、卡姆库国家公园、克罗斯河国家公园等。

第二节　国家制度

《尼日利亚宪法》（1999 年）规定，尼日利亚是联邦制国家，实行总统制，行政、立法、司法三权分立，相互制衡。尼日利亚行政区划分为三级：联邦、州和地方政府。尼日利亚有 1 个联邦区，即联邦首都区（联邦政府），36 个州（州政府），774 个地方政府。总统在全国范围由选民直接选举产生，州长由州内选民选举产生，地方政府机构由地方选民选举产生。

一、国家标志

（一）国旗

尼日利亚的国旗呈长方形，长与宽之比为 2∶1。由左向右由绿、白、绿 3 个纵向长方形组成。绿色象征农业，白色象征和平与统一。1959 年，尼日利亚在全国举行国旗设计比赛，该设计获选。尼日利亚于 1960 年 10 月

1 日独立，采用了上述国旗。

（二）国徽

尼日利亚国徽的中心图案为盾徽。黑色盾面上绘有白色的字母 Y 图案，黑色象征着尼日利亚肥沃的土地，字母 Y 图案象征着流经该国的最主要河流尼日尔河及其支流贝努埃河。盾徽上方为舒展双翼的雄鹰，盾徽两侧各有一匹白色骏马，鹰和马象征着尊严和力量。盾徽和白马立在鲜花点缀的草地上，下面的绶带上用英文写着"团结与信心，和平与进步"。

（三）国歌

尼日利亚的国歌为《起来吧，同胞们！让我们响应祖国的召唤》。笔者将歌词大意翻译如下：

起来吧，同胞们！

让我们响应祖国的召唤。

用我们的爱心、力量和信念，为祖国效劳！

我们的祖国，尼日利亚！

往日的英雄们啊，

我们不会忘记，你们的辛勤付出，

你们用满腔的热忱、坚韧的力量，服务我们的国家。

你们崇尚自由，你们热爱和平，你们团结奋斗，

为了我们共同的家园，尼日利亚！

哦，伟大的造物主啊，

请您指引我们神圣的事业，

请您护佑我们的领袖，指引我们前进的方向，

帮助年轻人寻求真理。

培养爱心，坚守诚实，

恪守公正，热爱真理，

实现伟大、崇高的目标，

建设和平、公正的国家。

（四）国花

尼日利亚的国花为长绒棉，也叫细绒棉、黄喇叭花，是海岛棉的一种，为栽培棉种。[1] 长绒棉在尼日利亚比较常见，在尼日利亚国徽的下方是长绒棉点缀的草地。但是，在国徽上，长绒棉的颜色不是黄色，而是被绘成了红色。长绒棉色彩绚丽，漂亮迷人。它象征着尼日利亚的秀美、独特与繁荣。[2]

二、政治体制

（一）行政

尼日利亚的联邦共和制与美国相似，实行总统制，行政、立法、司法三权分立，相互制衡。总统由全民投票选举产生，任期为 4 年，连任不得超过 2 届。作为行政部门的最高行政长官，总统既是国家元首，也是政府首

---

[1] 潘卫民. 走近西非 [M]. 上海：复旦大学出版社，2014：220.

[2] 资料来源于尼日利亚驻以色列大使馆网站。

脑，兼任联邦武装部队总司令。[1]

1. 历史沿革

尼日利亚联邦制始于 1960 年。从 1960 年 10 月 1 日到 1963 年 10 月 1 日，尼日利亚的政治体制是联邦议会制，国家元首是英国女王伊丽莎白二世，英国女王任命总督代行国家元首之职，詹姆斯·罗伯逊、纳姆迪·阿齐克韦先后担任总督；总督的权力是象征性的，在总理的建议下工作。总理塔法瓦·巴勒瓦是当时的政府首脑，任命内阁，管理国家事务。

1963 年 10 月 1 日，尼日利亚联邦共和国正式成立，纳姆迪·阿齐克韦成为尼日利亚第一任总统，其功能仍然是仪式性的；国家管理的实权掌握在政府首脑塔法瓦·巴勒瓦总理的手中。1966 年 1 月 15 日，尼日利亚发生军事政变，纳姆迪·阿齐克韦下台。政变军人阿吉伊－伊龙西成为尼日利亚总统。随后，尼日利亚又经历了多次军事政变。1979 年的宪法最终确立了尼日利亚的总统制，确立了行政、立法、司法三权分立的政治制度。从 1979 年到 1999 年，尼日利亚又经历了军事政变和临时政府统治。1999 年至今，尼日利亚的联邦共和制运行稳定。

2. 总统选举

尼日利亚总统候选人必须满足四个基本条件：一是尼日利亚公民，在尼日利亚出生；二是年满 40 岁；三是政党成员，并得到政党支持；四是教育程度至少达到学校证书水平或同等水平。选举日期由国家独立选举委员会根据《选举法》商定，不早于现任总统任期结束前 150 天，不晚于其任期

[1] 资料来源于《尼日利亚宪法》（1999 年）及其修正案（2011 年）。

结束前 30 天。

3．总统内阁

尼日利亚总统组建内阁，即联邦执行委员会。联邦执行委员会由总统、副总统、各部部长和国务部长等组成。

（二）立法

尼日利亚的立法机构是国民议会，由参议院和众议院组成，负责立法事务。参议院有 109 个席位，其中 36 个州各有 3 个席位，联邦首都区有 1 个。参议员任期 4 年，可连选连任。参议院设立议长、副议长各 1 名，开会地点在国民议会"红厅"。众议院有 360 个席位，每个州在众议院中代表席位的多少由该州人口的多少决定，人口多的州在众议院的席位多。众议院设议长、副议长各 1 名，开会地点在"绿厅"。众议员任期 4 年，届满后全部改选，可连选连任。[1]

（三）司法

在联邦层面，尼日利亚的司法机构由尼日利亚最高法院、上诉法院和联邦高等法院组成。法院法官由总统任命，参议院批准。在各州层面，各州设有高级法院、伊斯兰教法法院、习惯法法院。地方政府设有地方法院。尼日利亚司法体系遵循宪法、成文法、英国习惯法、习惯法、伊斯兰教法等。成文法和英国习惯法在联邦法庭和州法庭都适用。但是，习惯法和伊

---

[1] 资料来源于尼日利亚国民议会网站。

斯兰教法只在地方法庭适用。[1]

（四）主要政党

根据尼日利亚国家独立选举委员会统计，尼日利亚目前注册的政党有18个，分别是全体进步大会党、人民民主党、和平党、行动联盟党、行动民主党、行动人民党、非洲行动大会党、非洲民主党、全体进步伟大联盟党、联合人民运动党、布特党、工党、国家拯救运动党、新尼日利亚人民党、人民救赎党、社会民主党、青年进步党和巅峰劳工党。

三、行政区划

作为联邦制国家，尼日利亚的行政区划主要分为三级：联邦、州和地方三级政府。自1960年独立起，州一级的行政区域划分先后经历过7次变化，直到1996年才最终稳定下来。

（一）历史沿革

尼日利亚在1960年独立时，按照族群聚居特点，将全国划分为三个区：北区、西区和东区，首都是位于西区的南部沿海城市拉各斯。1963年，尼日利亚将西区东部的三分之一划分为了第四个区。1967年，时任军政府下令将全国划分为12个州。1976年，尼日利亚政府重新划分行政区域，共增加了7个州。1987年到1991年，尼日利亚政府在克罗斯河州的西南部划出

---

[1] FALOLA T, OYENIYI B A. Africa in focus: Nigeria[M]. Santa Barbara: ABC-CLIO, 2015: 106-107.

约五分之一，设立阿夸伊博姆州；在卡杜纳州的北部划出约三分之一，设立卡齐纳州；在中部划出一片区域，设立联邦首都区。这样一来，尼日利亚共有 21 个州和 1 个联邦首都区。1991 年到 1996 年，尼日利亚又增加了 15 个州，也就是现在的 36 个州和 1 个联邦首都区。[1]

（二）现状概述

目前，尼日利亚共划分为 1 个联邦首都区、36 个州以及 774 个地方政府。为行政管理方便，尼日利亚按照地缘政治划分成 6 个行政区，东北区有阿达马瓦州、包奇州、博尔诺州、贡贝州、约贝州、塔拉巴州；西北区有卡杜纳州、卡诺州、卡齐纳州、吉加瓦州、凯比州、索科托州、扎姆法拉州；中北区有贝努埃州、科吉州、夸拉州、纳萨拉瓦州、尼日尔州、高原州；西南区有拉各斯州、埃基蒂州、奥贡州、翁多州、奥孙州、奥约州；东南区有阿比亚州、阿南布拉州、埃邦伊州、埃努古州、伊莫州；南区有阿夸伊博姆州、巴耶尔萨州、克罗斯河州、三角洲州、埃多州、河流州。[2]

2021 年尼日利亚 GDP 位列前十的州见表 1.1。

表 1.1　2021 年尼日利亚 GDP 位列前十的州

排名	州	GDP
1	拉各斯州	290 亿美元
2	河流州	190 亿美元
3	三角洲州	160 亿美元
4	奥约州	150 亿美元

[1] 世界分国地图：尼日尔、尼日利亚、喀麦隆、赤道几内亚、圣多美和普林西比 [Z]. 修订版. 北京：中国地图出版社，2019.

[2] FALOLA T, OYENIYI B A. Africa in focus: Nigeria[M]. Santa Barbara: ABC-CLIO, 2015: 107.

排名	州	GDP
5	伊莫州	141 亿美元
6	卡诺州	124 亿美元
7	埃多州	118 亿美元
8	阿夸伊博姆州	111 亿美元
9	奥贡州	104 亿美元
10	卡杜纳州	93 亿美元

从表 1.1 可以看出，除了中北区的卡诺州、卡杜纳州外，其余各州均位于西南区、东南区和南区。由此可见，尼日利亚的经济重心在南部。

以下对尼日利亚的联邦首都区和表中所及各州作简要介绍。

1．联邦首都区

联邦首都区位于尼日利亚中部，靠近尼日尔河与贝努埃河交界处，在两大河流"枝丫"以北。其西邻尼日尔州，北邻卡杜纳州，东邻纳萨拉瓦州，南邻科吉州。联邦首都区于 1976 年决定设立，从相邻各州划拨出部分县市组成，为尼日利亚迁都做准备；最终于 1991 年建成。尼日利亚政府将联邦首都区设置于中部，其目的在于平衡北部的豪萨－富拉尼族、西部的约鲁巴族和东部的伊博族这三大力量，维护国家的团结与统一。

2．拉各斯州

拉各斯州位于尼日利亚西南端，是尼日利亚面积最小但人口众多的州。拉各斯州成立于 1967 年，基本上是一个约鲁巴人聚居区。首府伊凯贾市距离拉各斯市 17 千米，伊凯贾的"城市购物中心"是拉各斯内陆地区最大的购物中心。拉各斯州的教育比较发达。目前，拉各斯州有 906 所小学（约 86 万小学生）、360 所中学（约 63 万中学生）、5 所技术大学、2 所教育学院、1 所理工大学、1 所州立大学、1 所联邦大学。[1]

3. 河流州

河流州位于尼日利亚南部的尼日尔河三角洲地区，自然资源丰富。该州靠近大西洋，气候宜人，降雨充沛，渔业资源丰富，农业发展条件好。首府哈科特港是尼日利亚的石油工业中心和商业中心之一。州内的主要族群是伊博族，也有奥贡尼族、伊加族、卡拉哈里族等。河流州 90% 的居民信奉基督教，故该州有"基督教州"之称。河流州的本地语言众多，有 28 种。河流州有 10 多所大学，如哈科特港大学、河流州州立大学等。[2]

4. 三角洲州

三角洲州位于尼日利亚南部，首府阿萨巴市位于该州东北端，在尼日尔河附近。西部海岸城市瓦里是该州的经济中心，也是该州人口最多的城市。该州的高等教育发展较快，有联邦石油资源大学（伊弗伦分校）、州立大学、科技大学、理工学院、电影广播学院、教育学院、健康技术学院等 20 多所高等教育机构。

---

[1] 资料来源于拉各斯州政府网站。

[2] 资料来源于河流州政府网站。

5. 奥约州

奥约州位于尼日利亚西南部，首府是伊巴丹。该州人口以约鲁巴族为主，语言以约鲁巴语为主。奥约州是高等教育的"先行者"。尼日利亚的第一所大学伊巴丹大学于 1948 年在奥约州建立。联邦动物健康与繁殖技术学院、联邦（特殊）教育学院（奥约分院）、联邦测绘学院、联邦森林学院（伊巴丹分院）、尼日利亚可可研究所、尼日利亚科学实验技术研究所以及尼日利亚社会经济研究所等学术机构都位于奥约州。

6. 伊莫州

伊莫州位于尼日利亚东南部，首府是奥韦里，享有"东部心脏"的美誉。伊莫州族群众多，但伊博族人口最多，占州内总人口的 98%。伊博语和英语是伊莫州的通用语。伊莫州的经济高度依赖农业生产，尤其是棕榈油，其次是石油和天然气开采，特别是在伊莫州的北部和西部地区。伊莫州有多所高等教育机构，如东棕榈大学、希西家大学、伊莫州州立大学、埃尔凡·伊科库教育学院、农业环境科学大学等。

7. 卡诺州

卡诺州位于尼日利亚北部，首府卡诺市是该州第一大城市。卡诺州是尼日利亚北部的经济中心，也是尼日利亚人口最多的州。卡诺州的主要族群包括豪萨族、富拉尼族、图阿勒格族、阿拉伯族、努佩族等。卡诺州有多所大学，包括联邦大学、州立大学和私立大学等，如贝尔奥大学、卡诺州州立大学、尼日利亚警察学院、尤瑟夫·麦塔玛·苏勒大学、奥杜·巴库农业学院、联邦教育学院（卡诺分校）、卡诺州州立理工学院等。

8．埃多州

埃多州位于尼日利亚南部，首府贝宁城是尼日利亚第四大城市。埃多州的官方语言是英语，主要部族语言包括埃多语、伊加拉语、埃桑语、奥克帕西里语等。埃多州的研究机构有尼日利亚棕榈油研究所、尼日利亚橡胶研究所等；联邦大学有贝宁大学等；州立大学有阿穆布努斯·阿里大学、埃多州州立理工学院等，私立大学有本森·爱达荷萨大学等。

9．阿夸伊博姆州

阿夸伊博姆州位于尼日利亚南部，首府是乌约。该州有 31 个地方行政区，居住着五大族群——伊比比奥族、阿南族、奥罗族、埃吉特族和奥博洛族。该州政治主要由三大族群主导——伊比比奥族、阿南族和奥罗族，其中伊比比奥族人数最多，在州政治中占主导地位。该州有 19 种方言，其中伊比比奥语的应用最为广泛。阿夸伊博姆州的主要高等教育机构有阿夸伊博姆州州立理工大学、阿夸伊博姆州州立大学、尼日利亚海事学院、里特曼大学、乌约大学等。

10．奥贡州

奥贡州位于尼日利亚西南部，首府是阿贝奥库塔。奥贡州的主要民族是约鲁巴人中的埃格巴族和埃格巴多族。奥贡州的教育比较发达，州内有 3 所联邦中学、1 所联邦大学、1 所联邦教育学院、1 所州立教育学院、2 所州立大学等。奥贡州共有 9 所综合大学，是尼日利亚综合大学最多的州。如果加上私立大学、技术学院、理工学院等，奥贡州的高等教育机构则达到 19 所。奥贡州也是尼日利亚知名智库"非洲发展战略研究中心"

所在地。[1]

11．卡杜纳州

卡杜纳州位于尼日利亚北部地势较高的平原上，首府是卡杜纳，另外一个重要城市是扎里亚市。卡杜纳州有 60 多个民族，其中豪萨族和富拉尼族的人数最多。州内有尼日利亚的多个知名高等学府，如艾哈迈德·贝洛大学、尼日利亚国防大学、尼日利亚航空学院、巴勒瓦学院、努胡·巴马利理工大学等。其中艾哈迈德·贝洛大学是尼日利亚最大的大学，也是非洲第二大学府。

（三）重要城市

尼日利亚的重要城市主要集中在西南部（尼日尔河以南、以西地区），也就是传统的约鲁巴人聚居区，如拉各斯、阿贝奥库塔、伊巴丹、奥绍博、伊洛林、阿多埃基蒂、贝宁城、伊沃、奥博莫绍、伊莱沙等。在东南部（尼日尔河以东、贝努埃河以南地区），也就是传统的伊博人聚居区，重要城市仅有埃努古和哈科特港。在尼日尔河和贝努埃河以北的广大地区，也就是传统的豪萨－富拉尼人聚居区，除了中部联邦首都区阿布贾以外，重要城市也只有四个，分别是迈杜古里、卡诺、卡杜纳和扎里亚。

---

[1] 资料来源于奥贡州政府网站。

1. 阿布贾

阿布贾位于尼日利亚中部尼日尔河支流古拉拉河畔。于 1991 年 12 月 12 日正式成为尼日利亚首都，距离原首都拉各斯大约 500 千米。这里交通方便，气候宜人，景色秀丽。城市整体形态似新月，中心区为政府机关、文教区，居民区有商店、娱乐场所。尼日利亚国家清真寺（又称阿布贾国家清真寺）与国家基督教中心（又称尼日利亚国家大教堂）隔街相望。非洲科技大学、阿斯皮尔科技学院、巴泽科技学院、国家开放大学、尼罗大学、阿布贾大学、阿布贾真理大学等高等学府坐落于此。

2. 拉各斯

从 1960 年尼日利亚独立到 1991 年末，拉各斯是尼日利亚的首都。它位于尼日利亚西南端，背靠非洲大陆，面向浩瀚的大西洋，素有"非洲威尼斯"的美誉。拉各斯曾是古代拉各斯酋长国所在地，酋长宫是市内最古老的建筑之一，有精美雕塑、神龛和古代约鲁巴人的遗物。塔法瓦·巴勒瓦广场是举行庆典之地。坐落于拉各斯的尼日利亚国家博物馆收藏了大量的民间艺术珍品。国家大厦、独立喷泉、国家剧院、尼日利亚图书馆、世界黑人文化中心等重要建筑也都享誉世界。

3. 伊巴丹

伊巴丹是奥约州首府，尼日利亚第二大城市，也是尼日利亚重要的商业中心。伊巴丹也是一座文化名城，非洲著名学府、尼日利亚第一所大学伊巴丹大学坐落于此。伊巴丹大学图书馆是尼日利亚藏书最多的图书馆；尼日利亚档案馆在伊巴丹大学设有分馆。伊巴丹还有多所技术学院，如第一技术大学、高地技术大学、政府技术学院、奥努斯职业技术学院、斯通技术学院等。该城市还有美丽的公园、植物园和大型体育场馆。

4．伊费

伊费是位于尼日利亚西南部奥孙州的一座约鲁巴古城，也是约鲁巴人心中的圣地、约鲁巴传说中的人类诞生地。现代伊费城内有王宫、伊费博物馆、伊费大学和国立图书馆等文化旅游地。伊费大学（又称奥巴费米·阿沃洛沃大学）于 1961 年建立，坐落在伊费城北。伊费大学农业研究与培训学院拥有全国最大的农业专业图书馆，教育学院和体育学院坐落于伊费市中心。

5．贝宁城

贝宁城，又名埃多城，是尼日利亚著名的历史名城，如今是尼日利亚南部埃多州的首府，也是埃多州最大的城市。贝宁城文化事业发达，名胜古迹众多，自然风光优美。贝宁城始建于公元 9 世纪，曾经是古代西非强大的贝宁王国的京城，是当时非洲发达的经济和文化中心，前后持续 800年时间。贝宁城于 1897 年遭到英国殖民者烧毁。尼日利亚独立以来，贝宁城得到恢复和发展，是南部工商业和文化中心之一，但依然保留着浓厚的历史古城风貌。尼日利亚知名的贝宁大学（始建于 1970 年）也坐落于此。

第三节 社会生活

一、民族、语言与宗教

尼日利亚是一个多语言、多民族、多宗教共存的国家，拥有丰富多彩的文化现象和独特的文化风情。

（一）民族

尼日利亚人口为 2.27 亿（2024 年），是非洲人口最多的国家，世界第七人口大国，也是全世界以黑人为主体的国家中人口最多的国家。尼日利亚拥有 250 多个民族，是民族最多的非洲国家。在尼日利亚，最有影响力的民族有三个，分别是北部的豪萨 – 富拉尼族（约占全国人口的 29%），西部的约鲁巴族（约占 21%）和东部的伊博族（约占 18%）。此外，生活在尼日利亚东南部的伊比比奥族、埃菲克族、伊加族、阿南族，生活在尼日利亚中西部地区的乌尔赫博 – 伊索科族、埃多族、伊特希克里族等，也是尼日利亚比较大的族群。[1]

有些人通常认为豪萨族和富拉尼族是一个民族，这是一种误解。在历史上，富拉尼族是游牧民族，豪萨族是农耕和商贸民族。豪萨族曾在尼日利亚北部的卡诺、扎里亚、卡齐纳等地建立了重要的酋长国。19 世纪初，富拉尼族兴起，取代了豪萨族，建立了强大的索科托哈里发帝国（又称富拉尼帝国）。富拉尼族和豪萨族开始通婚，两个民族逐渐成为某种形式的共生体。随着索科托哈里发帝国的瓦解，豪萨族在政治、经济、社会等领域

---

[1] 中华人民共和国外交部. 尼日利亚概况 [EB/OL]. （2024-04）[2024-07-01]. https://www.mfa.gov.cn/web/gjhdq_676201/gj_676203/fz_677316/1206_678356/1206x0_678358.

的力量逐渐上升。在当今时代，富拉尼族仍然有很多人从事畜牧业，豪萨族仍然主要从事农业和商业活动，但是，富拉尼族的社会传统也完全融入了豪萨族的文化中。

在尼日利亚的东北部，还有一个重要的族群，就是居于博尔诺州的卡努里族。他们是公元 5 世纪从撒哈拉中部来到尼日利亚东北部的穆斯林。他们征服了乍得湖周边地区，以博尔诺为中心，建立了强大的王国。博尔诺州首府迈杜古里是卡努里族的文化中心，也是尼日利亚东北部地缘政治中心。同时，随着商贸的不断发展，大批的豪萨 – 富拉尼人和其他族群移居到迈杜古里。豪萨语也在博尔诺州的城镇地区广泛使用，许多卡努里人也接受了豪萨族的服饰和发型。

约鲁巴族聚居在尼日利亚西南部。约鲁巴族历史悠久，历史上著名的贝宁古国就是约鲁巴人所建。目前，尼日利亚约有 4 000 万约鲁巴人，主要有奥约人、卡巴人、埃基蒂人、伊费人、翁多人、伊杰布人等。[1]

伊博族主要聚居在尼日利亚东南部的阿比亚州、阿南布拉州、埃邦伊州、埃努古州、伊莫州等。三角洲州和河流州也有大量的伊博族人。

（二）语言

尼日利亚的官方语言是英语，主要民族语言有豪萨语、约鲁巴语和伊博语。尼日利亚的教育体系也鼓励国民学习法语，促进尼日利亚与周边法语邻国和法国的交流。在尼日利亚，混杂语（英语和当地语言的混合使用）的传播非常广，在城市尤其如此。因为混杂语简单易学，所以其也在一定程度上促进了流行文化的创新和发展。

---

[1] FALOLA T, OYENIYI B A. Africa in focus: Nigeria[M]. Santa Barbara: ABC-CLIO, 2015: 177-184.

1. 豪萨语

豪萨语属于亚非语系的乍得语族，全球大约有 5 200 万人讲豪萨语。在尼日利亚，大约有 3 400 万人讲豪萨语，对于其中 1 800 万人而言，豪萨语是母语。豪萨语也是在尼日利亚使用最广泛的语言。在非洲，斯瓦希里语是口头使用最广泛的语言，其次是阿拉伯语、法语、英语和葡萄牙语，接下来就是豪萨语。[1]

尽管豪萨语后来发展成西非贸易和行政管理语言，但在开始的时候，豪萨语的应用范围仅限于尼日尔、尼日利亚北部和乍得。随着贸易的发展和 19 世纪初索科托哈里发帝国的扩张，豪萨语逐渐传播到更多地方。现在，豪萨语已经成为西非国家广泛使用的语言。在尼日利亚，豪萨语是包奇州、博尔诺州、卡诺州、凯比州、扎姆法拉州、卡齐纳州、尼日尔州、塔拉巴州、索科托州等地许多人的母语。虽然豪萨语有多种方言，但是，由于卡诺在社会、经济、宗教、文化等方面影响巨大，所以，尽管豪萨语并不是起源于卡诺州，大家还是普遍接受卡诺州的方言为标准豪萨语。豪萨语的方言差异主要体现在音调上，也有一些语法和词汇的差别。[2]

2. 伊博语

伊博语属于尼日尔 – 刚果语系，是尼日利亚东南部伊博族的母语。在尼日利亚，大约有 2 400 万人讲伊博语。伊博语有 20 多种方言，广泛分布在尼日利亚东南地区，如阿比亚州、阿南布拉州、埃邦伊州、埃努古州和伊莫州。由于不同的伊博人口头和书写伊博语都有差异，所以，伊博语没有一个统一标准。但是，讲伊博语的人一般能够相互理解。从 1962 年以来，

---

[1] FALOLA T, OYENIYI B A. Africa in focus: Nigeria[M]. Santa Barbara: ABC-CLIO, 2015: 207-208.

[2] FALOLA T, OYENIYI B A. Africa in focus: Nigeria[M]. Santa Barbara: ABC-CLIO, 2015: 207-208.

伊博文学一直是以伊莫州首府奥韦里和阿比亚州首府乌穆阿希亚的方言为基础。尽管伊博语是尼日利亚官方承认的语言，而且尼日利亚的学校也教授伊博语，但是，伊博语基本上是一种口头语，用伊博语写出来的文学作品非常少。伊博人还广泛使用混杂语。[1]

3. 约鲁巴语

约鲁巴语属于尼日尔刚果语系，主要在尼日利亚和贝宁使用。在尼日利亚，大约有 2 000 多万人讲约鲁巴语。在全世界，西非、欧洲、北美都有约鲁巴人，他们会讲约鲁巴语。在尼日利亚，约鲁巴语也有很多方言，语言学家将它们分为三类：尼日利亚中部方言、西北方言和西南方言。中部方言区的约鲁巴部族主要生活在阿库雷（翁多州）、伊丰（翁多州）、埃基蒂（埃基蒂州）、伊杰布（奥贡州）、伊费（奥孙州）、伊莱莎（奥孙州）等地。西北方言区的约鲁巴部族主要生活在阿布奥库塔（奥贡州）、埃卡（拉各斯州）、伊巴丹（奥孙州）、奥约（奥约州）等地。东南部方言区的约鲁巴部族主要生活在伊杰布奥德（奥贡州）、伊卡雷（翁多州）、伊拉杰（翁多州）、奥基蒂普帕（翁多州）、翁多（翁多州）、奥沃（翁多州）等地。人们普遍认为，约鲁巴文明的发祥地是伊费；但是，日常生活中使用的标准的约鲁巴语却是以奥约地区的方言为基础的。所有约鲁巴人的书籍也都是用奥约方言书写的。[2]

（三）宗教

尼日利亚是一个宗教、文化多元的国家。境内有伊斯兰教、基督教和

---

[1] FALOLA T, OYENIYI B A. Africa in focus: Nigeria[M]. Santa Barbara: ABC-CLIO, 2015: 208-209.

[2] FALOLA T, OYENIYI B A. Africa in focus: Nigeria[M]. Santa Barbara: ABC-CLIO, 2015: 210.

本土宗教。尼日利亚约有一半的人口信奉伊斯兰教，主要集中在尼日利亚北部，也有部分在中部和南部；约有五分之二的人信奉基督教，主要集中在西南部和东南部，中部首都阿布贾和高原州首府乔斯也有相当多的基督教徒；约有十分之一的人信奉本土宗教。

尼日利亚的宗教多元化不仅体现在尼日利亚南部伊斯兰教、基督教和本土宗教的和平相处，还鲜明地体现在尼日利亚的首都阿布贾。尼日利亚国家清真寺与国家基督教中心隔街相望，象征着尼日利亚的两大宗教和平相处、共筑统一国家的愿望。在首都阿布贾的人口中，穆斯林占比约为50%，基督教徒占比约为40%。

约鲁巴宗教是非洲最著名的本土宗教之一。因为讲同一种语言，约鲁巴人也都信奉同一种宗教。他们将奥杜杜瓦奉为祖先，将伊费视为本民族的摇篮。约鲁巴人的许多传说都称伊费是人类文明的发祥地。约鲁巴宗教认为，神明奥罗杜玛雷创造了世界，并派遣奥杜杜瓦来到人间，创造了约鲁巴族，建立了约鲁巴王国。[1]

二、新闻传媒

（一）报纸和杂志

尼日利亚的第一份报纸《伊维·伊洛辛》于 1859 年创刊，1867 年停刊，2012 年复刊。从 19 世纪 80 年代到 20 世纪 50 年代，尼日利亚人创办了大量的报纸，如《拉各斯观察家》《非洲信使》《拉各斯每日新闻》《尼日利亚每日电讯》等。这些报纸对推动尼日利亚独立运动发挥了重要作用。

---

[1] FALOLA T. Culture and customs of Nigeria[M]. Westport: Greenwood Press, 2001: 35-36.

尼日利亚在 1960 年独立后，涌现了大量的政府报纸，如《晨报》《周日邮报》《东尼日利亚展望》《每日要闻》《周日要闻》《新尼日利亚人报》等。同时，尼日利亚私营报纸数量也不断增加，如《每周趣闻》《卫报》《和谐》等。尼日利亚也有一些通俗小报，如《金融趣闻》《金融卫报》《非洲建设》等。

在当今的尼日利亚，全国各种期刊杂志上百种，报纸 40 余种。联邦和各州政府设有主管宣传事务的新闻部。主要报纸有《今日报》《卫报》《每日信报》《新尼日利亚人报》《每日时报》《抨击报》《先锋报》等。[1]

（二）广播和电视

尼日利亚的无线广播始于 1932 年，为英国殖民当局转播英国广播公司海外节目服务。在此基础上，1951 年，英国殖民当局成立尼日利亚广播电台。1956 年，尼日利亚国民议会通过《尼日利亚广播电台法》；1957 年，英国殖民当局成立尼日利亚广播公司，正式开展对内和对外广播。

1961 年，尼日利亚国民议会修订《尼日利亚广播电台法》，规定联邦信息部长有权就政策制定和人事任命向尼日利亚广播电台下达一般和具体指令。1962 年，尼日利亚广播电台对外广播（"尼日利亚之声"）正式开播。1978 年，尼日利亚广播公司重组，成立尼日利亚联邦广播公司。[2]

尼日利亚电视广播于 1959 年在西区成立。1960 年和 1961 年，东区和北区也建立了各自的广播电视台。1966 年，联邦政府在拉各斯建立尼日利亚电视台。1978 年，联邦政府成立了尼日利亚电视管理局，集中管理全国所有电视台。1992 年，政府颁布法令，允许私人参股广播电视台。1999 年，

---

[1] 中华人民共和国外交部. 尼日利亚概况 [EB/OL].（2024-04）[2024-07-01]. https://www.mfa.gov.cn/web/gjhdq_676201/gj_676203/fz_677316/1206_678356/1206x0_678358.

[2] UDOMISOR I W. Management of radio and television stations in Nigeria[J]. Mass media and mass communication, 2013(4): 2-3.

联邦政府控制的电视台有两家；政府也向私人电视台发放了 14 个经营许可证。[1]

目前，在广播电台方面，尼日利亚联邦广播电台主要负责对内广播，使用的语言为英语。"尼日利亚之声"用英语、法语、斯瓦希里语、豪萨语、阿拉伯语等八种语言每日对外广播。尼日利亚国家电视台的总部设在首都阿布贾。尼日利亚通讯社为官方通讯社，于 1978 年成立，在 6 个国家设有分社并派常驻记者，与新华社、路透社、法新社、塔斯社、美联社等十多个通讯社签订了新闻交换协议或销售协议。泛非通讯社西非地区总分社的工作亦由尼通讯社承担。[2]

三、体育运动

尼日利亚职业体育运动始于 20 世纪 50 年代。1952 年，尼日利亚体育代表团第一次参加奥运会。1954 年，尼日利亚运动员艾马努埃尔·伊菲昂竹娜在英国威尔士首府卡迪夫举办的英联邦运动会上获得跳高项目金牌。1962 年，尼日利亚成立国民体育委员会；1971 年，其升格为国家体育委员会，协调各方力量，促进尼日利亚体育运动的发展。

（一）体育运动形式

尼日利亚是非洲体育强国，体育运动形式非常多，如田径、羽毛球、篮球、棒球、拳击、板球、足球、体操、高尔夫球、手球、曲棍球、柔

---

[1] UDOMISOR I W. Management of radio and television stations in Nigeria[J]. Mass media and mass communication, 2013(4): 2-3.

[2] 中华人民共和国外交部. 尼日利亚概况 [EB/OL]. （2024-04）[2024-07-01]. https://www.mfa.gov.cn/web/gjhdq_676201/gj_676203/fz_677316/1206_678356/1206x0_678358.

道、网球、划船、射击、壁球、游泳、乒乓球、跆拳道、排球、举重、摔跤等。

（二）与奥运结缘

1950年，尼日利亚奥林匹克委员会成立。1952年，第15届奥运会在芬兰首都赫尔辛基举办，尼日利亚第一次参加奥运会。1964年10月，第18届奥运会在日本首都东京举办，尼日利亚拳击运动员诺吉姆·迈耶贡获得铜牌，这是尼日利亚在奥运会上的第一块奖牌。迄今为止，尼日利亚在奥运赛场上共获得27枚奖牌，包括3块金牌、11块银牌、13块铜牌，涉及田径、足球、拳击、举重、摔跤、跆拳道等项目。[1]

尼日利亚从2018年开始参加冬季奥运会。在2018年韩国平昌冬奥会上，拥有美国和尼日利亚双重国籍的女子运动员莫利亚姆·塞温·阿迪贡、阿库奥马·奥梅奥加和恩格兹·奥温梅里建立了尼日利亚的第一支雪车队，这也是冬奥会历史上首支来自非洲国家的雪车队伍。在2022年北京冬奥会上，作为尼日利亚代表团的唯一运动员，萨穆埃尔·伊克佩凡参加了越野滑雪赛事。

---

[1] 资料来源于尼日利亚高级时报网站。

第二章 文化传统

尼日利亚是一个历史悠久、底蕴深厚、族群多元、宗教多样、地域特征鲜明的非洲人口大国，具有丰厚的文化遗产，在音乐、舞蹈、戏剧、电影等方面的成就硕果累累。

第一节 历史人文

一、历史沿革

尼日利亚不少民族的历史可以追溯到石器时代。在尼日利亚中部乔斯高原发现的石器时代早期遗址，在尼日尔河、贝努埃河、塔拉巴河北岸发现的石器时代中期遗址等都证明，在史前时期，尼日利亚就有人类生活。公元前 10 世纪到公元 1 世纪，在乔斯高原的诺克地区，诞生了盛极一时的诺克文化，主要以陶器、陶塑、青铜雕塑、象牙雕塑、铁制品、木雕、石器等为代表。诺克文化的产生与兴盛标志着非洲已从石器时代进入铁器时代。

8 世纪，扎格哈瓦游牧部落在尼日利亚东北部靠近乍得湖的周边地区建立了卡涅姆－博尔努王国。10世纪以后，豪萨族在尼日利亚北部建立了许多城邦王国，其中以道拉、戈比尔、卡诺、卡齐纳、拉诺、扎里亚和比拉姆最为强盛，史称"豪萨七邦"。19世纪初，戈比尔城邦中的富拉尼族人统一了豪萨各邦，建立了富拉尼帝国。19世纪中叶，富拉尼帝国同英国殖民者签署条约，在经济上依附英国。1903年，英军打败富拉尼军队，富拉尼帝国瓦解，大部分土地并入"英属北尼日利亚保护国"。

11世纪以后，约鲁巴人在尼日利亚西南部建立了伊费、贝宁、奥约等王国。伊费王国在13—14世纪达到鼎盛，15世纪后逐渐没落，为贝宁王国所取代。贝宁王国在16—17世纪达到全盛时期，一直延续到19世纪末；1897年，其被英国占领，被并入"英属尼日利亚"。奥约王国始于15世纪，兴盛于16世纪，于18世纪发展到巅峰。

1851年，英国殖民者袭击拉各斯；1861年，在拉各斯设立领事馆，开始了殖民尼日利亚的进程。1886年，"皇家尼日利亚公司"成立。1892年，英国袭击约鲁巴－伊杰布人；1893年，征服尼西南部约鲁巴人，将其置于英国所谓的"保护统治"之下。1900年，英国打败尼日利亚北方的豪萨－富拉尼人，亦对其实行所谓的"保护统治"。1914年，英国将尼南北部合并，成立所谓的"尼日利亚殖民地和保护国"；尼日利亚完全沦为英国殖民地。[1][2]

1947年，英国议会批准《尼日利亚宪法》，在尼日利亚成立联邦政府。1954年，尼日利亚联邦取得内部自治权，获得了"自治领地"的地位。1960年，尼日利亚宣布独立，建立了议会制联邦政府，规定英国女王伊丽莎白二世为尼日利亚国家元首，英国女王任命总督代行国家元首之职。1963年，尼日利亚通过新宪法，由议会选举出总统，取代英国女王任命的总督。

尼日利亚政治从独立之日起，就带有鲜明的族群意志和地域特征。北部的尼日利亚人民大会党、西南部的行动党、东南部的尼日利亚和喀麦隆

[1] 法洛拉. 尼日利亚史 [M]. 沐涛，译. 上海：东方出版中心，2015：18.

[2] 法罗拉. 尼日利亚的风俗与文化 [M]. 方之，译. 北京：民主与建设出版社，2018：16-17.

国家委员会，分别代表了这三个地区的主要族群：豪萨－富拉尼族、约鲁巴族和伊博族。1954 年，尼日利亚设立北、西、东三大行政区域，扩大了地区差异。独立之后的尼日利亚深受政党之争、地区之争、部族矛盾等问题的困扰，政变频发，社会动荡。1991 年 12 月，尼日利亚首都从尼西南一隅拉各斯迁往尼中部联邦首都区阿布贾，主要是为了平衡北、西、东三地差异和维护尼日利亚国家统一。

1960 年独立之初，在尼日利亚第一共和国政府中，北部的豪萨－富拉尼族占主导地位，这引起了西部约鲁巴族和东部伊博族的担忧。1966 年 1 月，伊博族陆军少将阿吉伊－伊龙西发动军事政变，推翻了文官政府，推行了一系列加强中央集权的措施，又引起了豪萨－富拉尼族的不满。同年 7 月，豪萨－富拉尼族军官发生政变，推举未参加政变的陆军参谋长雅库布·戈翁接替阿吉伊－伊龙西出任军政府首脑。戈翁既不是豪萨－富拉尼人，也不是穆斯林，他是北方小部族安加族人，是一位基督教徒。戈翁执政期间（1966 年 8 月—1975 年 7 月）推行了一系列改革措施，推动了尼日利亚社会与经济的发展。其中，戈翁政府推行的"建州计划"打破了三大部族势力对国家政治权力的垄断，为其他小部族提供了参与国家政治的机会。但是，戈翁的政策引起了北方传统势力和军人的不满。他们坚持认为北方势力应在尼日利亚政治生活中占主导地位。

1975 年 7 月，在戈翁出国参加非洲统一组织首脑会议之际，豪萨族军官发动政变，推举豪萨族军人默塔拉·拉马特·穆罕默德出任尼日利亚国家元首。这次带有强烈部族主义色彩的豪萨军人政变，遭到了尼日利亚国内的强烈反对。1976 年 2 月，尼日利亚再度发生军事政变。政变之后，时任参谋总长、约鲁巴族基督教徒奥卢塞贡·奥巴桑乔继任国家元首。奥巴桑乔出任总统后致力于建立稳定的国家体系以确保国家的长治久安。他推行"还政于民"计划，于 1979 年颁布了新宪法。同年 7 月，尼日利亚举行参议院和众议院选举，8 月举行全国大选。尼日利亚民族党领袖阿尔哈吉·谢胡·沙加里胜选，并于 10 月 1 日就职，开启了尼日利亚第二共和国时代。

在 1983 年 8 月的全国大选中，沙加里胜选连任。沙加里第二任期伊始，国内财政状况恶化，社会冲突加剧。在此背景下，1983 年 12 月，尼日利亚发生了建国以来第五次军事政变，陆军少将穆罕马杜·布哈里出任军政府首脑。1985 年 8 月，时任陆军参谋长易卜拉欣·巴班吉达发动建国以来的第六次军事政变。巴班吉达军政府推行改革，于 1989 年颁布新宪法。巴班吉达政府也推行"还政于民"计划；1993 年 6 月，尼日利亚举行全国大选。由于选举出现严重争议，巴班吉达宣布选举无效并取消选举结果。7 月，尼日利亚选举委员会宣布将重新举行选举。一时间，尼日利亚政局动荡不安，经济形势持续恶化。在此情形下，巴班吉达宣布辞去国家元首职务，组建临时政府，由大企业家、律师欧内斯特·肖内坎任临时文官政府国家元首。由于无法有效应对尼日利亚日益严峻的经济问题，肖内坎于 11 月宣布辞职。面对局面的再次失控，尼日利亚军方乘机出面干预。11 月 18 日，临时政府国防部长兼参谋部长萨尼·阿巴查宣布解散临时政府，成立军政府。

1994 年 6 月，阿巴查军政府组建新一届"尼日利亚宪法委员会"，准备制定一部新的尼日利亚宪法。阿巴查政府提出为期三年的"还政于民"的时间表，决定在 1998 年 8 月 1 日举行总统选举，10 月 1 日由当选总统宣誓就职，将军政府过渡为民选的文官政府。但是，当距离原定总统大选日仅剩一个多月时，阿巴查突然病逝。国防部长阿卜杜勒萨拉米·阿布巴卡尔接任军政府首脑，成为尼日利亚国家元首。阿布巴卡尔就任后公布了一个"还政于民"的计划，决定在不到一年的时间里完成全国三级政府和议会的选举以及总统大选。计划进展顺利。人民民主党总统候选人奥卢塞贡·奥巴桑乔当选新总统，并于 1999 年 5 月就职，开启了尼日利亚政治民选时代。在 2003 年的大选中，奥巴桑乔蝉联总统。

2007 年，尼日利亚举行恢复文官政府之后的第三次总统大选，奥马鲁·穆萨·亚拉杜瓦当选并就任总统。2009 年 11 月，亚拉杜瓦因病赴国外治疗。因其长时间缺席，2010 年 2 月，副总统古德勒克·乔纳森代理总统之职。亚拉杜瓦于 5 月病逝后，乔纳森宣布就任尼日利亚总统。在 2011 年的大选中，乔纳森胜出并就任尼日利亚新一届政府的总统。2015 年，全体进步大会党总统候选人穆罕马杜·布哈里战胜乔纳森，成为新一届政府总统。2019 年，布哈里成功连任。2023 年，全体进步大会党总统候选人博拉·蒂努布当选为新一届政府总统。

二、人文遗产

在历史上，尼日利亚文化比较发达，著名的诺克文化、伊费文化和贝宁文化享誉世界。

（一）诺克文化

诺克文化是"雕像文化"，因最早在今尼日利亚卡杜纳州的一个小村庄诺克被发现而得名。据《大英百科全书》记载，诺克文化发现于 1928 年；据《国家地理》记载，其发现于 1943 年。两处记载都指出，在诺克开矿时，人们发现了栩栩如生、形态各异的人物和动物雕像。可以确定的是，1943 年，英国考古学家伯纳德·法格闻讯赶往此地，在村民的协助下，发现了更多的人物和动物的雕像。人像的眼睛呈椭圆形或三角形，头像上有洼陷的小孔。[1] [2]

此后，在尼日利亚中部地区，北起扎里亚，南至阿布贾，西达卡杜纳

---

[1] 资料来源于大英百科全书网站。
[2] 资料来源于国家地理网站。

河，东抵卡齐纳拉河，考古人员发现了 160 多件风格相同的陶器、陶塑、象牙雕塑、铁制品、木雕、石器以及人和动物的雕像等。在小村庄塔卢加，考古人员还发现了 13 座炼铁炉遗迹，以及锄头、手斧、切肉刀等铁器工具。[1] 诺克文化时代的农民已经能够种植高粱等谷类植物和南瓜等蔬菜。必须说明的是，尽管在诺克文化时代已经出现了炼铁技术，但是石器工具仍然在广泛使用。其三个主要特点分别是：陶器制作工艺成熟、大量使用石器、开始出现炼铁技术。到了 2 世纪，也许是因为自然资源利用过度，气候环境变迁，内部战争不断，加上外来王国入侵等因素，诺克文化开始走向衰落。[2]

诺克文化具有以下三点重大意义。

第一，诺克文化是迄今所发现的撒哈拉以南非洲最古老的文化。研究表明，这些诺克赤陶雕像属于公元前 5 世纪至公元 2 世纪之间的作品。但是，以这些作品的成熟程度来推测，以及对同时出土的其他文物作测定，诺克文化可以追溯到更为久远的过去。一般认为，诺克文化起源于公元前 10 世纪，兴盛于公元前 5 世纪到公元 2 世纪之间。它的产生和兴盛标志着非洲已从石器时代进入铁器时代，也说明撒哈拉以南非洲的黑人文化历史悠久。[3]

第二，诺克文化显示，非洲黑人独自发明了冶铁技术。这是目前所知的撒哈拉以南非洲最早的铁器社会。冶铁技术的掌握和铁器时代的到来对整个非洲文化发展史的进程产生了重大影响。不过，诺克文化是一个铁石并用的时代。铁石并用作为非洲文化发展史上的一个别具特色而又普遍的现象，持续了许多个世纪。

第三，诺克文化为我们了解黑人艺术传统和美学风格的起源及流变提

---

[1] 资料来源于国家地理网站。

[2] 资料来源于 worldhistory 网站。

[3] 刘鸿武，等. 尼日利亚建国百年史（1914—2014）[M]. 杭州：浙江人民出版社，2014：71-73.

供了重要线索。诺克艺术的典型特点是"赤陶小头像",它以写实手法塑造人头轮廓和五官。同时,诺克人也用浪漫夸张的手法,创作出呈圆柱形、圆锥形的抽象变形的头像。这种写实与夸张相结合的艺术表现手法,形成了独特的黑人艺术和审美风格。

(二)伊费文化

伊费是位于今尼日利亚奥孙州中部的城市,是一个宗教中心,也是约鲁巴人心中的"圣殿"。伊费王国始建于 10 世纪,兴盛于 13—14 世纪,到 15 世纪初衰落。伊费王国曾是一个强大、繁荣、富庶的城邦国家,也是当时重要的地区商业贸易中心。在约鲁巴人的传说中,伊费王国是应神明奥罗杜玛雷之命,由奥杜杜瓦创建。约鲁巴人认为,伊费是世界的中心,也是人类的起源。以伊费为中心,奥杜杜瓦的子孙又建立了奥约、贝宁等城邦国家。伊费是王国的政治、经济、宗教和文化中心,与其他城邦之间构成松散的管辖关系。[1]

伊费文化在 11—14 世纪兴盛,当时经济的繁荣促进了贸易和手工业的发展,纺织品、皮革制品、玻璃珠、陶器等都成为盛行的贸易产品。工匠不仅掌握了炼铜技术,而且在艺术创作手法等方面也取得了重大突破。20世纪初在尼日利亚南部陆续出土的青铜雕像、赤陶雕像等证实,在伊费王国,铸造工艺已经有了较为细致的分工,而且有专门从事雕刻的专职工匠;伊费王国也会把手艺精良的工匠集中在王宫进行专门用途的雕刻,来满足不同的场合对雕塑作品的需要。伊费雕像有国王,有普通平民,有残疾人,有蒙着眼睛被囚禁的俘虏,以及各种具有象征意义的动物。大多数的雕像都以写实主义手法表现,呈现出一种自然主义、人文主义、理性思想高度

---

[1] 资料来源于 worldhistory 网站。

融合的独特雕塑风格。[1]

伊费文化有三个特点：一是伊费文化中既有陶制雕像，也有铜铸雕像，而且铜铸雕像的工艺已经达到了相当高的水平；二是雕像作品不仅有人类，也有鸟兽动物；三是雕像艺术中既有自然写实的风格，也有抽象变形的风格。伊费艺术作品中的许多铜铸雕像和赤陶雕刻都表现了伊费国王"奥尼"的形象。这些雕像大都戴着王冠，或在前额与头发上留着可插王冠与饰物的小孔，体现了约鲁巴人对国王、祖先及神灵的崇拜。

自然主义风格是伊费艺术的主流，从伊费艺术佳作可以看出，伊费艺术家们已经掌握了十分精确的人体解剖学知识，人体的各种尺寸比例都很精确。人物雕像的面部表情往往沉着冷静，体现出内在的平静、自信、乐观、理智，显示出和谐的美感和理性的气质。同一千年前的诺克小雕像相比，伊费雕像作品的表现更加成熟、细腻，展示更加精确。伊费文化是非洲自然主义写实艺术传统的一个巅峰，也说明了伊费王国已经是一个高度文明的非洲城邦国家。[2]

（三）贝宁文化

贝宁王国曾是西非几内亚湾沿岸、约鲁巴兰以东、尼罗河以西的一个重要古国。贝宁王国诞生于 12 世纪，于 16—17 世纪达到全盛时期，从 18 世纪末开始走向衰落，于 19 世纪末灭亡。在全盛时期，贝宁王国的势力范围西起拉各斯，东抵尼日尔河三角洲，王国的中心地带是今埃多州，都城是贝宁城。传说大约在 12 世纪，贝宁人推翻了他们痛恨的国王，遣使前往伊费王国，请求贤明的伊费国王派人治理贝宁。伊费国王派遣奥兰米安王子统治贝宁。奥兰米安之后，其子埃维卡承袭王位，在贝宁建立了中央集

---

[1] 蒋春生. 伊费——"非洲版蒙娜丽莎"的故乡 [N]. 光明日报，2018-04-11（13）.

[2] 刘鸿武，等. 尼日利亚建国百年史（1914—2014）[M]. 杭州：浙江人民出版社，2014：75-76.

权，修建了宏伟的贝宁城，传播伊费精美的冶铜工艺。[1]

15 世纪时，贝宁王国逐渐强大，在埃瓦赖国王统治时期达到全盛，脱离了伊费王国而独立。据 15 世纪末曾到过贝宁王国的葡萄牙殖民者记载，当时的贝宁王国十分繁盛。贝宁城长约 386 公里，宽约 193 公里，城内修有平坦的大道，城镇周围筑有坚固的城垣，城垣之外有宽阔的防御壕。在埃瓦赖国王统治时期，贝宁的宗教艺术和民间艺术十分发达，城内到处是木刻、牙雕、铜铸雕像，还有高超的家庭装饰和建筑工艺。[2]

从 15 世纪开始，除葡萄牙人外，更多欧洲人来到贝宁。他们在贝宁河岸设立贸易站，修建教堂，从事贸易和传教活动。据 17 世纪曾到过贝宁王国的荷兰殖民者记载，贝宁王国非常繁荣，街道宽阔，房屋鳞次栉比，王宫宏伟庄严，社会秩序井然。

在长达四百多年的奴隶贸易中，贝宁的码头曾是臭名昭著的"奴隶海岸"。葡萄牙人、法国人、荷兰人、丹麦人、瑞典人、西班牙人和英国人都于不同时期在西非，特别是贝宁沿海地区从事罪恶的奴隶贸易。[3] 19 世纪 60 年代，英国开始了征服尼日利亚的进程。1897 年，英国殖民政府调动 1 500 名士兵和大量重炮，对贝宁城进行狂轰滥炸。攻入城内的英国军队大肆抢劫，将贝宁王宫里的 2 400 多件铜雕、牙雕、陶雕艺术珍宝劫往欧洲，[4] 还将贝宁国王及工匠流放，放火烧毁了这座美丽宏伟的古城，导致贝宁宫廷艺术彻底中断。[5]

历史上的贝宁城雄伟壮观，贝宁王宫富丽堂皇。历代贝宁国王都在王宫中聚集了天下能工巧匠和艺术大师，为其铸造精巧华丽的雕刻艺术作品。这些艺术作品包括精美绝伦的青铜人像，硕大无比的象牙浮雕，再现王国

---

[1] 资料来源于国家地理网站。

[2] 刘鸿武，等. 尼日利亚建国百年史（1914—2014）[M]. 杭州：浙江人民出版社，2014：60-61.

[3] 伯恩斯. 尼日利亚史 [M]. 上海：上海人民出版社，1974：89-100.

[4] 刘鸿武，等. 尼日利亚建国百年史（1914—2014）[M]. 杭州：浙江人民出版社，2014：60-61.

[5] 刘鸿武，等. 尼日利亚建国百年史（1914—2014）[M]. 杭州：浙江人民出版社，2014：77-78.

悠久历史、形态各异的人物铜板浮雕饰匾，以及因年代较晚而得以大量保存下来的木雕艺术作品等，反映了贝宁宫廷艺术的辉煌成就。贝宁艺术在继承伊费艺术的基础上不断创新，形成了独具特色的风格。例如，头戴圆锥形网眼礼帽的铜铸雕像"母后头像"，头戴王冠、颈戴项链的"奥巴[1]头像"等艺术作品，工艺技术和造型风格都炉火纯青，堪称完美。

第二节　风土人情

一、音乐

尼日利亚传统音乐按照功能和表演环境进行分类，有多种音乐体裁，主要包括宫廷音乐、娱乐音乐、劳动音乐、仪式音乐、节日音乐、休闲音乐、颂歌等。宫廷音乐是权力的象征，专为国王、皇室成员、达官显贵及酋长来宾演奏。它结合了声乐和器乐的特点，精致细腻，反映了王公贵族的宫廷生活，在清晨叫早、恭迎王驾、迎送宾客、国王就寝、传达不同讯息等场合，都有不同的音乐。娱乐音乐怡情悦耳，陶冶情操。劳动音乐缓解疲劳，愉悦身心。仪式音乐取悦神灵，净化心田。节日音乐或庄重严肃，或欢快轻松，增添节日庄重喜庆的气氛。休闲音乐或是游戏歌曲，或是舞曲伴奏，或是童话音乐，内涵丰富，引人入胜，令人心旷神怡。颂歌以音乐的形式，淋漓尽致地演绎英雄传奇故事、家族兴衰荣辱、城市繁荣没落，以及时代变迁。无论是豪萨语的吉拉里，还是约鲁巴语的奥瑞吉，作为颂歌都广为人知。

---

[1] 奥巴是约鲁巴语中对"国王"的称呼。

豪萨族的音乐可以分为两大类，一是乡村音乐，二是宫廷音乐。乡村音乐是民间常见的娱乐方式，常常用于为载歌载舞的女孩们伴奏，气氛欢快怡人；乡村音乐有时也与宗教活动相关，特别是在祭拜神灵时演奏。宫廷音乐为皇室成员服务，乐师们聪慧、睿智、深谙政治。他们孜孜不倦地记录并热情洋溢地颂扬国王、酋长们的丰功伟绩，赞扬他们的客人、朋友和家人。在歌唱时，他们常常吹着长号，拍打着有声鼓和定音鼓。

伊博族的音乐依赖于木鼓和铜锣。它们能够提供各种节奏、声音和音调。伊博族的音乐生动活泼、乐观向上、自然愉悦。流行的伊博族音乐风格有强节奏爵士乐、奥杜莫杜、瓦卡。对伊博族来说，音乐烘托了庆祝的气氛，激发了宗教的情感。休闲娱乐时，音乐足以怡情；运动场上，音乐激发力量；劳作之后，音乐让人身心放松。

约鲁巴人音乐的突出特点是使用擂鼓，鼓点强劲、节奏明快。它能惟妙惟肖地模仿约鲁巴语的音调，声音起伏，变化万千，时而浑厚有力，时而轻声细语，仿佛人在说话一般。约鲁巴音乐形态多元，功能多样，既有世俗功能，也有宗教功能。它颂扬王公贵族，也给普罗大众带来快乐。人们不分男女老幼、贫富贵贱，聚在一起，载歌载舞，其乐融融。在约鲁巴人中，能歌善舞的女性通常备受大家推崇。在向神灵祈祷时，约鲁巴人往往也演奏音乐，有些鼓是专为宗教仪式准备的。约鲁巴传统音乐未受到外国音乐或外国乐器影响。传统乐器，如巴塔鼓、阿戈戈铁锣等，几百年来一直没有变化。它们的使用以及舞蹈模式也保持着传统的风格。约鲁巴音乐讲述着民间故事、神灵鬼怪，在配乐、跳舞的同时，甚至使用像拍手这样原始、自然的伴奏。[1] [2]

---

[1] FALOLA T, OYENIYI B A. Africa in focus: Nigeria[M]. Santa Barbara: ABC-CLIO, 2015: 235-239.

[2] FALOLA T. Culture and customs in Nigeria[M]. Westport: Greenwood Press, 2001: 159-164.

二、舞蹈

尼日利亚舞蹈主要有四种模式：跳跃舞、跨步舞、近身舞和踢踏舞。伊博地区的阿迪罗舞、约鲁巴地区的巴塔舞、埃多地区的假面舞都属于跳跃舞。舞者将脚抬离地面，好像在准备进行杂技表演一样。在跨步舞中，舞者则以相当缓慢的动作，一步一步优雅地移动。约鲁巴族、豪萨族以及富拉尼族的酋长们和长者们都会选择跳跨步舞。阿菲克波、伊乔、伊比比奥等地区的少女们都会跳近身舞，这种舞蹈只有腰部扭动而身体其他部位不动。迪夫族以踢踏舞闻名，这种舞蹈将跳跃和跨步有机地融合在一起。

在尼日利亚，有些传统舞蹈和现代舞蹈对舞者的性别或者职业都有一定的要求。例如，约鲁巴族的依加拉舞是男性的传统舞蹈，而迪夫族的特里伊索舞则是专门的女性舞蹈。每种特定的舞蹈都有专业的表演者。例如，仿生舞蹈，在形式上与化装舞会相似，舞蹈演员可以模仿动物或知名人士。约鲁巴族的阿格贝吉爵（戴着木制面具的）表演者穿梭于城市的大街小巷表演舞蹈，以此谋生。[1]迪夫族的木偶舞者也会用舞蹈来表达某些讽刺的意味。

有些舞蹈也与宗教和仪式表演有关。例如，化装舞会上的舞蹈会把精神世界和现实生活联系起来。一些宗教舞蹈，如约鲁巴族的奥罗、伊比比奥族的埃克波和埃克佩都展现了权力的威严。某些组织的成员在执行一项重要的决定前，可能会参与到这些舞蹈活动中。

优秀的舞蹈表演者通常会随着音乐翩翩起舞。乐师会邀请人们跳舞，改变音乐来配合舞步。在许多情况下，舞者不需要穿特别的服装，但可以用掸子、面具、皮革扇或手帕来展示舞姿。在跳舞时，人们可以直立、弯腰、扭动身体、跺脚或者用手比画。正如各种外国音乐会迅速传入尼日利

---

[1] 资料来源于 Joliba 网站。

亚一样，舞蹈也是如此。如果一种新舞蹈在纽约很流行，它将在一个月内到达尼日利亚！[1]

三、戏剧

当代尼日利亚戏剧起源于传统的假面舞会、民族节日和故事讲述。在英国殖民者统治尼日利亚之前，假面舞会在尼日利亚南部各族群中普遍存在。它的特点是突出戏装和舞蹈而不是对话。在西南部，约鲁巴传统流动剧院随处可见。它来源于14世纪奥约王国宫廷的假面舞会和职业戏剧。这些流动剧院往来于市镇之间，丰富了人们的娱乐生活。在尼日尔河三角洲地区，伊吉奥族的舞蹈史诗《奥兹蒂传奇》在尼日利亚知名剧作家、诗人约翰·佩珀·克拉克－贝克德勒莫（1935—2020）的作品中有详细记录。排练这部英雄史诗花了好几年，表演这部剧作要用三天三夜。1966年，他将这部英雄史诗搬上了银幕，拍成了电影。另外，克瓦格－西里族、迪夫族的戏剧表演，也是传统假面舞会、木偶剧、杂技、舞蹈、音乐等结合在一起的狂欢。舞蹈、演出、戏剧表演在尼日利亚各个族群中都非常普遍，但现代剧院的发展同约鲁巴族的关系最紧密。[2]

一般认为，休伯特·奥贡德酋长（1916—1990）是"现代约鲁巴戏剧之父"。他身兼演员、剧作家、剧院经理人等多重身份。他在1945年创办了尼日利亚的第一家现代专业戏剧公司——奥贡德剧院。奥贡德一生创作了50多部戏剧，其中大部分戏剧都将舞台动作、舞蹈、音乐等有机地结合了起来，讲述反映政治和社会现实的故事。他的第一部剧作于1944年在拉各斯格拉弗纪念大厅演出，并大获成功。1979年，他把自己的作品《大地》

---

[1] FALOLA T. Culture and customs in Nigeria[M]. Westport: Greenwood Press, 2001: 167-169.

[2] FALOLA T, OYENIYI B A. Africa in focus: Nigeria[M]. Santa Barbara: ABC-CLIO, 2015: 248.

拍成胶片电影。此后，在约鲁巴神秘主义思想的影响下，他又拍摄了多部影片。

休伯特·奥贡德、杜罗·拉迪波、摩西·奥莱亚、库拉·奥贡莫拉、奥音·阿德尧比等知名剧作家开启了尼日利戏剧的新时代。也正是在像他们一样的先辈的辛勤努力下，尼日利亚专业剧院和戏剧团体开始在拉各斯、伊巴丹、奥绍博、阿布贾、卡诺、卡杜纳、扎里亚、卡拉巴尔、哈科特港、奥尼查等地如雨后春笋般地发展了起来。[1] 20 世纪 90 年代初，在录像电影出现后，这些流动剧院的导演和编剧们与时俱进，在很短的时间内实现了"华丽转身"，把一些传统剧目搬上银幕，开启了尼日利亚电影新时代。

四、电影

尼日利亚的电影产业发展大致经历了五个阶段——殖民时期、独立初期、本土化时代、萧条时代、诺莱坞时代。在殖民时期，尼日利亚电影产业由英国殖民政府主导，其突出特点一是用新闻电影加强政治宣传，为巩固英国殖民统治服务；二是引进英美电影，丰富精英阶层的娱乐生活。

在独立初期，尼日利亚电影产业既有加强政府新闻宣传的功能，也有丰富民众娱乐生活的需要。为抵制英美电影价值观念的影响，尼日利亚电影制作人开始尝试拍摄反映尼日利亚本土价值观念的电影故事片。由于经济萧条和胶片电影拍摄价格昂贵，从 20 世纪 70 年代末到 90 年代初，尼日利亚电影人开始转向拍摄肥皂剧，尼日利亚从此进入电视时代。

20 世纪 90 年代初，由于肥皂剧拍摄资金出现断裂，大量电视明星失业。但是，数字录像技术的发展给尼日利亚电影人提供了新的机遇。伊博

---

[1] FALOLA T, OYENIYI B A. Africa in focus: Nigeria[M]. Santa Barbara: ABC-CLIO, 2015: 249.

族商人肯尼兹·恩奈布埃于 1992 年制作的录像电影《生存枷锁》把尼日利亚电影业引入了一个崭新的时代：诺莱坞时代。

"诺莱坞"一词最早出现在 2002 年 9 月 16 日《纽约时报》的一篇新闻报道的标题中——"洛杉矶和孟买给诺莱坞让路。"[1] 记者大西哲光在报道中详细描述了自己在尼日利亚拉各斯苏鲁勒雷区采访时的见闻和感受。他说，这里遍地是简易电影拍摄棚，年轻人排队等待试镜，他们梦想成为电影明星。虽然尼日利亚的电影产业仍不成熟，电影制作还比较粗糙，但每年的产量可以达到 400 部，销售额估计在 4 500 万美元。[2]

事实上，尼日利亚电影人在 20 世纪 40 年代就开始尝试拍摄电影。在 1960 年独立以后，电影产业曾一度发展迅速。经过 20 世纪 70 年代后期和 80 年代短暂低迷之后，电影产业在 90 年代初迎来了一个新的发展阶段。到了 2007 年，尼日利亚电影成为继美国好莱坞、印度宝莱坞之后的世界知名电影产业中心，在非洲电影产业中独占鳌头。[3]

尽管诺莱坞不如好莱坞和宝莱坞那么有名，但它在尼日利亚和非洲其他地区的销量却远远超过好莱坞和宝莱坞。尼日利亚的大部分电影是独立公司、商人、投资人拍摄的。尼日利亚的演员也很多，影视产业劳动力价格低廉。尼日利亚电影的利润潜力、低廉的劳动成本和相对低廉的制作成本都吸引了越来越多的电影投资人。

目前，在非洲各国随时都可以看到尼日利亚电影，许多新发布的电影都可以在世界多个网络平台免费下载。卫星电视和网络电视经常播放大量诺莱坞拍摄的电影。在非洲大陆，"非洲奇迹"仍然是最受欢迎的非洲电影和录像播放网络平台。在国际上，在"非洲娱乐"网络平台上，观众也可

[1] ERNEST-SAMUEL G C, UDUMA N E. From informality to "New Nollywood": implications for the audience[M]//MUSA B A. Nollywood in global perspective. New York: Palgrave Macmillan, 2019: 55.

[2] 资料来源于纽约时报网站。

[3] HAYNES J. Nollywood in Lagos, Lagos in Nollywood films[J]. Africa today, 2007(2): 131-150.

以看到诺莱坞及其他非洲电影。[1]

第三节 文化名人

一、思想家

（一）奥拉达·艾奎亚诺

奥拉达·艾奎亚诺（1745—1797）是思想家、作家、废奴主义者，他的自传《奥拉达·艾奎亚诺生平奇事》是第一部国际知名的废奴主义作品。在这部作品中，艾奎亚诺表达了强烈的废奴主义立场，以亲身经历向世人讲述了惨绝人寰的跨大西洋奴隶贸易，详细描述了18世纪下半叶尼日利亚的生活，是了解和研究罪恶奴隶贸易的重要资料。[2]

根据他的描述，他在11岁时，在自己生活的伊博村庄被卖为奴隶，运往西印度群岛。从那里，他去了弗吉尼亚，成为船长迈克尔·亨利·帕斯卡尔的奴隶。帕斯卡尔给他取名为古斯塔夫·瓦萨，并带他游历四方。在这个过程中，他接受了一些教育。1776年，他买下了自己的自由，前往英格兰定居；此后，他四处发表演讲，宣扬废奴思想，成为著名的废奴主义者。他控诉英国奴隶贩子的残酷行径，鞭挞了黑奴贸易的罪恶行径。

艾奎亚诺的作品广受欢迎，先后九次出版。他在世时，他的自传被翻译为荷兰语、德语和俄语，向世人揭露了奴隶贸易中受奴役的非洲人亲身经历的悲惨遭遇，展示了18世纪非洲的社会和谐是如何遭受了贪婪的破坏，

---

[1] FALOLA T, OYENIYI B A. Africa in focus: Nigeria[M]. Santa Barbara: ABC-CLIO, 2015: 251.

[2] 资料来源于大英百科全书网站。

以雄辩的语言表达了支持废奴主义的立场。

（二）索菲·奥卢沃尔

索菲·奥卢沃尔（1935—2018）是当代尼日利亚哲学家、思想家，是第一位从尼日利亚大学获得哲学博士学位的女性，也是为数不多的致力于推动非洲哲学思想研究的知名学者。她一生致力于非洲本土哲学思想研究，尤其是约鲁巴传统思想研究，将约鲁巴文化推向了世界哲学领域。她敢于同殖民思想观念斗争，努力纠正西方对于非洲的偏见。[1]奥卢沃尔认为，非洲哲学界必须努力纠正西方殖民教育体系中对非洲的错误叙事。她说："西方人说非洲人不会思考，说我们没有思想家，说我们原始愚昧。但是，我要弄明白，果真我们不会思考吗？我想证明他们是错的。"[2]

奥卢沃尔深受约鲁巴人先贤奥里查·奥润米拉和古希腊哲学家苏格拉底的影响，她认为，两人分别代表着非洲的古老传统和西方的价值观念。她说，西方人认为苏格拉底是西方哲学之父，但苏格拉底本人并没有留下任何文字记录，是他的学生记录了他的思想。但是，约鲁巴人的祖先奥润米拉留下了约鲁巴人口头传唱的经典，而且奥润米拉比苏格拉底所处的时代还要久远。所以，为什么不能将奥润米拉尊为非洲哲学之父？事实上，约鲁巴传统中蕴藏的知识同西方的知识一样丰富，一样复杂。她说，英国殖民者对尼日利亚长达一个世纪的武装干涉和殖民压迫，破坏了尼日利亚悠久的历史文化。非洲学者需要重新建构非洲哲学的传统，改变西方对尼日利亚根深蒂固的歧视。[3]

---

[1] 资料来源于 funtimes 网站。

[2] 资料来源于独立报网站。

[3] 资料来源于独立报网站。

二、文学家

尼日利亚现代文坛群星璀璨，涌现出首位享誉国际的英语作家、著名小说家阿莫斯·图图奥拉，小说家钦努阿·阿契贝，女权主义作家芙洛拉·恩瓦帕，非洲第一位诺贝尔文学奖获得者、著名剧作家沃莱·索因卡，知名女作家布奇·埃梅切塔，新生代女权主义作家奇马曼达·南戈齐·阿迪奇等。

（一）阿莫斯·图图奥拉

阿莫斯·图图奥拉（1920—1997）是首位享有国际声誉的尼日利亚英语作家，是成功用英语将尼日利亚文化传播给世界的文化先驱，有"非洲文学怪才"的美誉。他的作品带有深深的约鲁巴民族烙印，人物形态怪异、荒诞离奇，情节扑朔迷离、怪诞不经，语言简洁明快、内涵丰富、耐人寻味。他将民族语言、神话传说、习语典故、逸闻趣事等巧妙地引入英语文学，从而赋予英语文学浓厚的非洲色彩，成为后世非洲英语作家效仿的典范。[1] 其代表作《棕榈酒鬼》以第一人称的手法，讲述了一个无名的酒鬼历尽千辛万苦寻找死去的酒保的故事。故事融入约鲁巴族神话传说，将现实与虚幻自然地结合，描述了主人公神奇、魔幻、恐怖、有趣的丛林之旅，揭示了"不劳而获终将一无所获"的深刻道理。[2]

（二）钦努阿·阿契贝

钦努阿·阿契贝（1930—2013）是当代尼日利亚著名小说家、诗人、文

[1] 张毅. 非洲英语文学 [M]. 北京：外语教学与研究出版社，2011：28-31.
[2] 颜治强. 论非洲英语文学的生成：文本化史学片段 [M]. 北京：外语教学与研究出版社，2019：125.

学评论家，享有"现代非洲小说之父"的美誉。[1]阿契贝一生出版了五部长篇小说，分别是《瓦解》（1958年）、《动荡》（1960年）、《神箭》（1964年）、《人民公仆》（1966年）和《荒原蚁丘》（1987年），前三部反映了尼日利亚殖民时期各个主要阶段的社会生活，后两部则反映了独立后尼日利亚社会的各种矛盾和政治危机。[2][3]其中，《瓦解》是阿契贝的成名之作，也是非洲文学的经典。小说以20世纪初伊博族传统村社乌姆菲亚村为背景，呈现了西方殖民者和传教士深入非洲内陆，特别是入侵尼日利亚前后真实的历史画面。[4]小说表面呈现的是奥贡喀沃的悲壮人生，实则寓意着面对西方殖民者的入侵，非洲传统社会形态的土崩瓦解。小说出版后很快获得了英国最高文学奖"布克文学奖"，之后又被翻译成50多种语言，畅销全球1 100万册，成为20世纪最重要的小说之一。[5]

（三）芙洛拉·恩瓦帕

芙洛拉·恩瓦帕（1931—1993）是尼日利亚知名小说家、诗人、剧作家、散文作家，享有"现代非洲文学之母"的美誉。1966年，恩瓦帕出版了她的第一部小说，也是其成名之作——《埃弗茹》。这是非洲女作家在国际上出版的第一部作品。此时的欧美社会正处于女权主义第二次浪潮的高涨时期。法国文学家西蒙娜·德·波伏娃的《第二性》、美国女权主义作家贝蒂·弗里丹的《女性的奥秘》等都在以不同的形式鞭挞男权社会的男性沙文主义以及对女性的歧视。恩瓦帕的《埃弗茹》唤醒了人们对于非洲女性不同的认知：崇尚自由、独立和自强。《埃弗茹》成为非洲妇女对世界

[1] 张毅. 非洲英语文学 [M]. 北京：外语教学与研究出版社，2011：40.

[2] 伊宏. 思想的金字塔 [M]. 天津：百花文艺出版社，2001：477.

[3] 俞灏东，杨秀琴，俞任远. 非洲文学作家作品散论 [M]. 银川：宁夏人民出版社，2012：227.

[4] 朱振武. 非洲英语文学研究 [M]. 上海：华东理工大学出版社，2019：57.

[5] 张毅. 非洲英语文学 [M]. 北京：外语教学与研究出版社，2011：44-45.

的宣言，恩瓦帕成为非洲女权主义的代言人、非洲妇女文学的先驱。作为《埃弗茹》的创作者，恩瓦帕的追求和勇气不仅体现在彰显非洲文化、重塑妇女形象上，还体现在她积极参与社会工作、为非洲的觉醒和复兴不遗余力上。她把妇女的命运与社会的发展紧密相连，鼓舞了众多非洲妇女——特别是非洲妇女作家，走向自强，走向世界。[1]

（四）沃莱·索因卡

沃莱·索因卡（1934—）是尼日利亚知名剧作家、诗人、小说家，享有"非洲的莎士比亚"的美誉，于1986年获诺贝尔文学奖。他的作品将喜剧、悲剧、政治荒诞剧、讽刺剧、黑色幽默等手法巧妙地融为一体，把西方现代戏剧艺术与非洲传统音乐、舞蹈、戏剧有机地结合了起来，成为现代非洲文学中一个独具特色的典型。[2]索因卡的作品深深地植根于非洲的传统与现实之中，寓意深刻，情节曲折，语言犀利，生动形象，富有哲理。那古老的神话、离奇的传说、怪诞的习俗、多姿的舞蹈、强烈的节奏，无不彰显着这片热土上人类创作的神奇；那殖民者的贪婪、军政府的残暴、命运的多舛、前途的渺茫、抗争的艰辛，无不呈现着非洲剧变的阵痛和个体碰撞此消彼长的交替。他不仅"成功地让非洲以外的人们用非洲人的眼光看待非洲人和非洲的事件"，也成功地将非洲元素引入英语文学的殿堂。[3]

[1] 张毅. 非洲英语文学 [M]. 北京：外语教学与研究出版社，2011：64-70.

[2] 伊宏. 思想的金字塔 [M]. 天津：百花文艺出版社，2001：482.

[3] 张毅. 非洲英语文学 [M]. 北京：外语教学与研究出版社，2011：35.

（五）布奇·埃梅切塔

布奇·埃梅切塔（1944—2017）是尼日利亚知名的第二代女性作家。虽然长大后侨居海外，但她的作品深深植根于非洲那片黑色的土地，生动地展现了非洲传统文化与现代文明的尖锐冲突，着重探讨了妇女在世俗规约和社会发展中所遭受的压迫。她的代表作《新娘彩礼》（1976 年）、《奴隶女孩》（1977 年）、《为母之乐》（1979 年）等讲述妇女在尼日利亚伊博族传统社会中扮演的角色，其中《奴隶女孩》获得了"新政治家－约克·坎贝尔奖"。1983 年，英国图书营销委员会遴选埃梅切塔为 20 位"最优秀的英国年轻作家"之一。[1]《新娘彩礼》的主人公阿库纳虽想追求思想独立、个人自由，却被淹没在传统迷信的洪流之中；《奴隶女孩》的主人公奥吉贝塔"宁做自由人，不做富家奴"的信仰则成就了她不同的人生。如果说阿库纳在挣脱藩篱的过程中遭遇到挫折甚至失败，那么，奥吉贝塔在同传统抗争的过程中更加勇敢，更加坚定，结果也就更接近于自己的目标。

（六）奇马曼达·南戈齐·阿迪奇

奇马曼达·南戈齐·阿迪奇（1977—）是尼日利亚新生代女权主义作家。她于 2003 年出版了第一部小说《紫芙蓉》，获得了巨大成功，2004 年获得"奥兰治小说奖"，2005 年获得"英联邦作家最佳处女作奖"。她在 2006 年出版了第二部小说《半轮黄日》。小说以尼日利亚内战为背景，描述了内战前和内战期间伊博族人不同寻常的经历。小说在 2014 年被改编为同名电影。2009 年，阿迪奇出版了短篇小说集《你脖子上的东西》，书中的故事探讨了男性与女性、父母与子女、非洲与美国的关系。2013 年，阿迪奇

---

[1] 资料来源于英国文化教育协会网站。

出版了第三部小说《美国佬》，讲述了一位尼日利亚年轻人在美国遭遇的种族问题。小说出版后，立即被《纽约时报》评选为"2013 年度十大最佳作品"之一，2014 年获得"美国书评界奖"。得克萨斯大学奥斯汀分校的尼日利亚史教授托因·法罗拉在接受采访时谈到尼日利亚"知识界的英雄"时，将阿迪奇同"现代非洲小说之父"钦努阿·阿契贝，尼日利亚前教育部部长、著名教育家巴布斯·法冯瓦等知名人士相提并论。[1]

---

[1] 资料来源于大英百科全书网站。

第三章 教育历史

尼日利亚历史悠久、文化多元、族群多样。尼日利亚北部的豪萨－富拉尼族、西南部的约鲁巴族、东南部的伊博族等，都有丰富的传统部族教育历史。8 世纪，伊斯兰教传入非洲西部；11 世纪末，伊斯兰教传到加涅姆帝国；14 世纪末，加涅姆帝国定都博诺，史称博诺帝国。[1] 博诺帝国的建立促进了伊斯兰教在今尼日利亚东北地区的传播。1809 年，伊斯兰教领袖奥斯曼·丹·福迪奥统一尼日利亚北部豪萨诸邦，建立了富拉尼帝国，伊斯兰教成为富拉尼帝国教育的基础。

1900 年，英国在尼南北部分别建立保护国，试图传播基督教，推行西方教育，但在尼北部遭到了穆斯林社会精英的强烈抵制，而在西南部和东南部，逐渐被约鲁巴族和伊博族接受。因此，在英国殖民统治时期，北部伊斯兰教育仍占主导，南部西方教育和传统部族教育并存，前者在城镇中较为发达，后者在乡村中较为普遍。

1960 年尼日利亚独立后，尼日利亚政府大力推行现代教育。但是，由于伊斯兰教育在北部的影响广泛深刻，导致现代教育在此处城乡发展并不平衡，在乡村或者欠发达地区，伊斯兰教育仍占主导。在南部，现代教育稳步发展，传统部族教育日渐式微。尽管如此，传统部族教育的精髓已逐

---

[1] FAFUNWA A B. History of education in Nigeria[M]. Oxford: Routledge, 2018: 53.

渐融入现代教育体系并成为其重要组成部分。

第一节 历史沿革

一、传统部族教育

（一）教育目标

在谈到尼日利亚传统部族教育时，尼日利亚知名教育家巴布斯·法冯瓦（1923—2010）曾经指出，尼日利亚虽族裔社群众多，文化传统各异，但教育目标却大同小异，即培养诚实、正直、有技能、富有合作精神并能遵守社会风尚的公民。具体来讲，就是如下七个目标：鼓励儿童通过模仿开发体能；促进儿童品格养成；教导儿童尊重长辈、敬重权威；发展儿童智力；开展职业培训；培养家庭和社区意识；继承和发扬文化传统。[1]

1. 鼓励儿童通过模仿开发体能

儿童喜欢探索周围环境，观察和模仿成人活动。在这一点上，非洲儿童和欧洲、亚洲儿童并无二致，但其具体做法可能不同。在传统非洲社会，儿童喜欢模仿他们的兄弟姐妹，如跳跃、爬树、跳舞、表演身体平衡等。非洲人普遍喜欢音乐和舞蹈，儿童不需要专门的老师或专家教他们舞蹈基础知识。他们观察、模仿成人或其他孩子的舞步，很自然就跟上了节奏。

---

[1] FAFUNWA A B. History of education in Nigeria[M]. Oxford: Routledge, 2018: 17+20.

非洲舞步变化无穷，种类繁多，这也成为儿童进行体育锻炼的最佳方式。音乐与舞蹈也是重要的社交活动，有助于鼓励儿童培养团队合作精神。

2．促进儿童品格养成

非洲本土教育强调儿童品格培养。例如，约鲁巴族传统部族教育就将品格培养和宗教教育列为两大主要目标，其他教育目标则是通过品格培养和宗教教育来实现。孩子的父母、兄弟姐妹、家族其他成员都参与到孩子的教育过程中。大家都希望孩子友善、诚实、勇敢、谦虚、坚忍不拔、值得信赖。在教授孩子学习行为准则、传统习俗、道德观念、社会法律等的过程中，父母、祖父母、外祖父母、其他亲戚、同宗族人及街坊邻居等都负有责任。尽管父母和家庭成员是直接责任人，但孩子的教育本身是一个合作的过程。例如，当孩子遇到问题时，长辈会教他们怎么应对；如果孩子犯了错误，长辈会教他们如何改正或者在未改正时给予孩子一定的惩罚促使其改正。

3．教导儿童尊重长辈、敬重权威

在传统部族教育中，尊敬长辈、敬重权威，特别是敬重酋长、部族领袖、宗教领袖、亲戚（特别是叔伯）以及年长的邻居是重要的学习内容。问候是表达尊敬的重要方式。在非洲，问候方式非常复杂。向父母、长辈、同辈、酋长等人表达问候或者称呼他们都有专门的方式，而且在上午、下午、晚上不同时间表达问候的方式也不尽相同；在祭拜祖先、演奏、跳舞、击鼓、落座、起立、农耕、打鱼、织布、游泳、行走等不同场合，问候方式也不同；在不同的节日或仪式上，如埃贡贡节、薯蓣节、生日、葬礼、婚礼，称呼或表达敬意的方式也各异。

4．发展儿童智力

如果我们把智力定义为"融合经验的能力"，把智力培养定义为"开展抽象推理的过程"，那么，可以说，尼日利亚传统部族教育是特别鼓励培养和发展儿童智力的，尽量使每个儿童、青少年熟知当地族群历史、地形地貌、雨季旱季、土壤肥瘠、狩猎时机等。在每个家庭，长辈在讲述历史事件时，经常会伴着优美的赞歌和歌唱英雄的故事，这种寓教于乐、口口相传的形式令听者难以忘怀。

儿童通过观察的方式学习和理解植物和动物，在教学过程中常常伴随着演示。了解动物习性是学习中一个特别重要的话题，其目的一是保护动物，二是为饲养动物做准备。谚语和谜语是开发儿童智力、培养思维能力、训练推理能力、提高决策能力的重要方式。约鲁巴人的谚语使用颇为高明，可以实现很多交际功能。在交谈或争论中，如遇语焉不详、语意不明时，可用谚语来表示，达到简明扼要、通俗易懂的效果。如遇不方便直接回答的问题，可用谚语来委婉表达，以避免尴尬或冲突。约鲁巴族传统部族教育中也使用谜语、绕口令、诗歌等训练思维。

计算也是智力训练的一个重要途径。约鲁巴人开发了一种算数系统，既有基数词，也有序数词，能有效地表达大小不同的数字。孩子从小就通过具体实物学习数数，家里、农田都可以作为学习的场所。约鲁巴人使用贝壳作为货币，也为孩子学习计数提供了有效的途径。他们可以有效地进行加减乘除，以 10 位为单位计数。此外，努佩族的计算系统同约鲁巴族的计算系统相似，但更加详尽、易懂、实用，使用范围更广。

5．开展职业培训

在传统部族教育中，教育的主要目标就是品格养成和职业培训。职业教育大致分为三类：农业、工艺、专门行业。

　　农业教育包括农耕、捕鱼、兽医学（饲养、照顾家畜）。工艺教育有编织（编席、织布、织花篮等）、冶炼（炼铁、银、金等）、狩猎、雕刻（木雕、铜雕等）、油漆、装饰、木工、建筑、理发、击鼓、杂技、编辫、制衣、造船、制作皮革用品、制作肥皂、制陶、串珠、打谷、玻璃制作、染印、铸币以及销售各种产品（制成品和农产品等）等。专门行业教育主要培养医生、牧师、巫医、公职人员、村长、酋长和国王、税收官员、传令官、法官、市政议员、警察、寺庙管理员、士兵等。在传统社会中，职业培训大致依赖于学徒制来完成。通常情况下，孩子的职业培训不是由父母在家完成的，而是由所属领域的师父教授的，这样能确保孩子严格遵守纪律约束，集中注意力学习。[1]

6．培养家庭和社区意识

　　在传统部族教育中，参与家庭与社区活动、了解自身社会角色、培养责任感是儿童教育不可或缺的一部分。孩子一出生就是家里每一个长辈甚至是朋友和邻居的孩子。孩子早期教育不仅是父母的责任，也是家庭和社区每一位成员的责任。在传统社会中，每一个大家庭都是一个社会经济群体。大家分享快乐，分担忧愁。大家庭中如果有孩子出生，有人结婚，或者有人去世，每个人都把这个事看成自己的事。

---

[1] FAFUNWA A B. History of education in Nigeria[M]. Oxford: Routledge, 2018: 30-45.

7．继承和发扬文化传统

无论是在古代还是现代，教育的目标都是继承和发扬社会的文化传统。传统部族教育对此尤为重视。但是，文化的传承并不是通过精密的设备或者复杂的教学方式完成的。孩子们在部族文化中成长，不断习得，久而久之，就内化于心，外化于行。孩子们观察、模仿、效仿长辈和同辈的行为，观察婴儿的起名仪式、宗教仪式、婚嫁习俗、葬礼仪式、国王加冕典礼、酋长即位庆典、薯蓣节、舞蹈节、行会杂技表演等，还和同龄人或者亲戚一起参加这些活动。在传统社会，孩子们时刻浸润在他所处的文化传统下，并予以继承和发扬。

（二）不同年龄段的教育重点

尼日利亚传统部族教育针对不同年龄段的学生提出了不同的教育重点，具体如下。

1．从出生到 8 岁

8 岁以前儿童接受的早期教育主要由母亲承担，这自然在家庭中进行。健在的祖父母通常会协助母亲教育孩子。孩子接受的教育主要是饮食起居、个人卫生习惯以及简单的道德规范方面的教育。

2．8—10 岁

男女儿童大约从 8 岁开始起居有别。此时，男孩会多依赖父亲，女孩会多依赖母亲。儿童会更多地参与家务，但大部分时间与同龄伙伴度过。除了经常会玩"过家家"的游戏，一些儿童会开始接受一些正规教育，课后可能会做一些其他事情。

3. 10—15岁

在这一阶段，孩子会更多地参加成人活动，不时会做些成人的工作，逐渐肩负起家庭责任。有些孩子跟着父亲、亲戚或者师傅做学徒，学习一些职业技能。一些职业技能是代代相传的。在此阶段，教育的责任大部分落在家族成员身上。必要时，长辈会斥责、惩戒、规劝或奖励孩子。

4. 15岁以后

"引导仪式"始于15岁或16岁，意味着从青少年过渡到成年人。经过引导后，青少年才有资格参与成年人的社会活动。在一些穆斯林社区，"引导仪式"的基本内容就是"净心"的过程。

陶冶性情和培育高尚的道德情操是传统部族教育的首要内容。这些品质是通过抑恶扬善的戏剧演出、故事讲述、歌曲表演、问题讨论等方式逐渐培育起来的。角力比赛等体育活动则是用来培育孩子勇敢、坚毅的性格与强健的体魄。友善之情是通过与其他儿童或者长辈的联系和交往中培育起来的。诚实品质则是通过长辈的谆谆教导和循循善诱来养成。基于此，传统课程包括如下几个方面：体育卫生教育、工艺与职业教育、文化与艺术教育、智育、德育等。

总而言之，尼日利亚的传统部族教育体系比较完备，也讲求实际应用。孩子们边做边学，在观察、模范、效仿、参与的过程中，在家庭成员、亲戚、朋友、邻居的帮助下学习。长辈的言传身教对孩子的成长具有重要影响。当然，传统部族教育因袭旧规，也会限制孩子的好奇心和求知欲。但是，不可否认，传统部族教育的精华已经逐渐融入尼日利亚现代教育体系之中，成为尼日利亚现代教育思想不可或缺的重要组成部分。[1]

二、伊斯兰教育

（一）伊斯兰教育的传播

1. 在尼日利亚北部的传播

阿拉伯语教学同伊斯兰教传播是相辅相成的。在古代西非，无论是疆域辽阔的庞大帝国，还是面积狭小的城邦王国，伊斯兰学者在传播伊斯兰教的同时，也带去了阿拉伯语教学。因此，在伊斯兰世界，特别是在非阿拉伯国家，教授阿拉伯语的历史往往也是传播伊斯兰教的历史。伊斯兰教经典《古兰经》是用阿拉伯语写成的。学习伊斯兰教，就需要读《古兰经》；读《古兰经》，就需要学习阿拉伯语。因此，在尼日利亚，阿拉伯语学校又名古兰经学校。学生在学习《古兰经》的同时，也在学习阿拉伯语。在豪萨族聚居区，有两种古兰经学校：一种是初级经文学校，又名"石板学校"，为初学者开办，因学生手持写着经文的石板朗诵而得名；另一种是高级经文学校，学生在此深入学习伊斯兰教教义。这些学校以传播伊斯兰教为目的，学生在学习和背诵《古兰经》的同时，逐步掌握阿拉伯语和读写算的基本常识。学习通常从5—7岁儿童开始，至17岁结束。在古代豪萨城邦、加涅姆帝国和博诺帝国，那些精通阿拉伯语、通晓伊斯兰教义的伊斯兰学者都深受统治阶层的器重。这些人担任政府官员，参与政府管理，

---

[1] 安瓦娜，赵宝恒. 尼日利亚传统的教育体系 [J]. 外国教育动态，1985（5）：48-50.

协助帝国加强同北方伊斯兰国家之间的联系。正是因为受到皇家器重，许多伊斯兰学者不辞辛苦，从北非和埃及远道而来，在尼日利亚北部豪萨城邦和博诺帝国传播伊斯兰教。

2．在尼日利亚南部的传播

在伊斯兰教传到尼日利亚南部（特别是约鲁巴兰，也就是约鲁巴族聚居地）前，北方的穆斯林就知道此地。在 18 世纪以前，约鲁巴兰地区几乎没有伊斯兰教的踪迹。英国圣公会教牧师、著名历史学家萨缪尔·约翰逊（1846—1901）在《约鲁巴人的历史》中指出，伊斯兰教在 18 世纪末传入约鲁巴兰。可以确定的是，伊斯兰教所到之处，《古兰经》《圣训》、伊斯兰教义也如影随行。

在 19 世纪 30 年代，伊洛琳已经是一个重要的伊斯兰教文化中心。伊洛琳有很多古兰经学校，也有一些伊斯兰教高等学府，来自尼日利亚北部卡齐纳、卡诺和西非其他地方的伊斯兰学者都聚集在此。其中一些学者从伊洛琳南下，来到约鲁巴兰，在此传播伊斯兰教。在这个过程中，伊巴丹成为伊斯兰教育中心。[1] 在伊巴丹伊斯兰教育发展过程中，有一位学者值得一提，他就是沙伊克·阿布·巴克尔·本·贾斯姆。沙伊克·阿布·巴克尔来自伊巴丹，他和父亲都曾经在伊洛琳学习伊斯兰教。学成之后，他回到伊巴丹，建立了一个古兰经学校，讲授阿拉伯语语法、伊斯兰教教义、《古兰经》经文、伊斯兰教传统等。他的学生来自尼日利亚各地，其中一些学生成为知名的伊斯兰教学者，如阿米努·阿拉、马立克·本·胡赛因、奥绍博酋长的儿子沙伊克·哈伦等。伊巴丹的伊斯兰学者也前往伊洛琳学习伊斯兰教。沙伊克·阿布·巴克尔建立的古兰经学校开启了伊斯兰文化

---

[1] FAFUNWA A B. History of education in Nigeria[M]. Oxford: Routledge, 2018: 57.

南下传播的先河，伊巴丹也成为约鲁巴兰重要的文化中心。沙伊克·阿布·巴克尔的学生哈伦把老师的语录都翻译成了约鲁巴语。

如前所述，在约鲁巴兰，伊斯兰文化的中心在伊洛琳。但是，随着时间的推移，在沙伊克·哈伦的推动下，伊巴丹也成为一个重要的伊斯兰文化中心。他设立了沙伊克·哈伦奖学金，资助伊斯兰文化研究。苏丹、索科托等地的学者不辞辛苦、长途跋涉，慕名而来。这样一来，伊巴丹和伊洛琳吸引了大批约鲁巴学者研究伊斯兰文化。学成之后，他们回到家乡，创办古兰经学校。很快，约鲁巴兰几乎每个城镇都建立了古兰经学校。[1] 如同古豪萨语一样，古约鲁巴语也采用了有大量阿拉伯字母拼写的阿贾米文字。后来，约鲁巴学者萨缪尔·克劳瑟改用罗马字母来书写约鲁巴语，创造了约鲁巴语语法和词汇。

（二）古兰经学校

古兰经学校通常设立在清真寺里。世界上最古老的伊斯兰大学，开罗的爱兹哈尔大学（972 年建立）就建在清真寺里。当然，也有很多古兰经学校建在清真寺外面。在传统古兰经学校里，毛拉（伊斯兰宗教老师）坐在树下，或在家里会客厅，或者在门廊授课，周围摆放着《古兰经》和其他伊斯兰教书籍。毛拉手上拿着一根教尺。距离毛拉稍远的地方，围着半圈蹲坐着大约 10—40 个学生。学生们手上拿着一个宽大的木板，木板上写着《古兰经》经文。有时候，毛拉会让一个年龄较大或优秀的学生做他的助手。

一般情况下，孩子三岁时开始读《古兰经》。毛拉领读，孩子跟读；毛拉听学生朗读，确保每一位孩子发音正确，然后安排孩子自己朗读，直到

---

[1] FAFUNWA A B. History of education in Nigeria[M]. Oxford: Routledge, 2018: 58.

能够背诵为止。《古兰经》有 60 个部分，每个部分由许多章节组成。在这个阶段，毛拉会要求学生能够背 1 个或 2 个部分，通常是从简短的章节开始。这些章节是每日祷告所需的内容。接着，毛拉会教孩子们学习阿拉伯语的字母表。阿拉伯语字母由辅音字母和元音字母组成。学生先学习辅音字母，这个阶段一般是 6—36 周不等。毛拉对学生的辅音发音感到满意之后，就开始教元音。学生掌握了字母表后，毛拉带着学生用所学技能学习《古兰经》前两部分。这个阶段一般持续 6—8 个月不等。一旦学生掌握了阿拉伯语的拼写规律，他们就可以开始独立阅读阿拉伯语文本。这就是古兰经学校教育的初级阶段。每一位穆斯林都要达到这个水平，因为每日祷告以及其他宗教仪式，甚至婴儿出生、结婚、葬礼等场合都要使用阿拉伯语。

进入中级阶段以后，课程学习更广泛、更深入。学生开始学习如何理解《古兰经》经文。毛拉会尽力解释文本，但是在很多情况下，这些经文不仅学生学起来困难较大，毛拉讲起来难度也较大。除了《古兰经》，学生还要学习《圣训》等其他伊斯兰教典籍。毛拉一般会采用翻译的方法教学，也会强调学生反复朗读所学经文的重要性。

进入高级阶段以后，学生学习的课程有阿拉伯语词法、句法，逻辑、算数、代数、修辞、诗歌、法学、神学、《古兰经》评论、伊斯兰教法解读、《圣训》等。由于课程专业性较强，所以会由多位毛拉讲授。

在高级阶段，学生也会考虑将来选择某个专业领域，为升入大学做准备。学生会考虑去摩洛哥菲兹的卡鲁因大学、马里廷巴克图的桑科雷教经学院、廷巴克图大学或埃及的爱兹哈尔大学等地学习，抑或在当地跟着知名伊斯兰学者学习。在此阶段，学生对阿拉伯语的掌握已经达到一定的水平，能够阅读、理解、解读本领域学者的一些作品。他们在完成学校教育后，会得到一个从业"执照"，从事教学或者宗教事务，如做毛拉或者阿訇。

对于伊斯兰学者来说，一生中最重要的时刻莫过于毕业典礼。在传统古兰经学校，孩子通过了初级阶段，也可以举行毕业典礼。典礼一般在毛拉家里举行。毕业典礼本来是一个普通的仪式，但是在许多社区，如今已经变成一个盛大的仪式。典礼上，学生们把自己的"石板"拿给毛拉。毛拉会在"石板"的一面写上一段《古兰经》经文，在另一面画一个长方形，里面再画上一些几何图案。典礼当天，孩子们把"石板"装饰一番，在伙伴们的陪伴下，自豪地向毛拉、父母、家人、亲戚展示。孩子们会诵读"石板"上的经文，表示自己真正完成了《古兰经》学习。孩子们诵读完毕后，父母、家人、亲戚会送给他们礼物。在这种场合，家长会买一只公羊或一头母牛，把一半的肉留给毛拉。家长还会向毛拉赠送各种礼物，如谷物、小米、少量钱、头巾、一件华丽的衣服等。[1]

（三）阿拉伯语和伊斯兰教育改革

19 世纪 40 年代，英国传教士进入尼日利亚南部传教，他们开办教会学校，传播西方的宗教信仰和价值观念，在当地培养英国殖民政府所需的管理人才。英国在尼日利亚建立保护国之后，加大了对传教士办学的资助力度。英国传教士也曾试图进入尼日利亚北部传教办学，但因遭到穆斯林的强烈反对而作罢。由于英国传教士开办的学校是建立在英国教育模式基础上的，因此，学校的毕业生能够很容易在英国殖民政府中找到工作。但是在古兰经学校培养的人才，因为既不熟悉殖民政府的管理模式，也不会讲英语，所以在殖民政府里找不到工作。在英国殖民统治下的尼日利亚人很难看到自己的未来，在此情形下，一些穆斯林知名人士开始考虑改革传统的阿拉伯语教学和伊斯兰教育。

1934 年，阿尔哈吉·阿卜杜拉西·巴耶罗从麦加朝圣归来后，结合自

---

[1] FAFUNWA A B. History of education in Nigeria[M]. Oxford: Routledge, 2018: 59-64.

己在中东和阿拉伯国家的所见所闻，在卡诺建立了"北方省份法学院"，致力于复兴伊斯兰教教法，培养伊斯兰教人才。1947年，学校更名为"阿拉伯研究院"。研究院由英国殖民当局控制，旨在培养从事阿拉伯语教学、伊斯兰研究、英语教学、数学教学的教师。

众所周知，古兰经教育体系同西方教育之间几乎没有联系。但是，随着尼日利亚独立步伐的加快，1954年，英国殖民当局提出了一项教育计划，规定未接受过培训的小学低年级教师统一在阿拉伯研究院学习。1954—1961年，三分之二的小学教师都接受了阿拉伯研究课程培训。这在相当程度上提高了教师的基本素质和教学水平。1960年，阿拉伯研究院更名为阿卜杜拉西·贝尔奥学院，也就是现在的贝尔奥大学。尼日利亚北区教育部门同该校合作推出一个综合项目，将传统的阿拉伯语和伊斯兰教育有机融入（以西方教育体系为基础的尼日利亚）现代教育体系。同时，位于索科托的阿拉伯研究院也开始朝这个方向发展。伊斯兰高等院校的学生虽然在阿拉伯语教育和伊斯兰文化研究方面基础比较扎实，但是他们在英语语言和现代教育学科方面的知识仍然比较匮乏。

在尼日利亚南方，伊巴丹大学阿拉伯与伊斯兰研究系也推出了阿拉伯语教育和伊斯兰文化研究文凭项目。伊费大学和尼日利亚大学也都设有宗教与哲学研究系，开设伊斯兰教、伊斯兰哲学、伊斯兰历史及伊斯兰教的非洲传播等课程。另外，1899年，英国殖民当局在拉各斯建立了一所伊斯兰小学。1922年，拉各斯的穆斯林社区也建立了一所伊斯兰小学。此后，伊斯兰小学和中学数量虽然有所上升，但是在基督教学校占绝对优势的尼日利亚南方仍在数量上处于绝对的劣势。[1]

---

[1] FAFUNWA A B. History of education in Nigeria[M]. Oxford: Routledge, 2018: 64-72.

三、现代教育

（一）产生背景

尼日利亚现代教育是西方传教士带到尼日利亚的。西方传教士到尼日利亚的首要目标是宣传基督教的思想和价值观念。在这个过程中，教育是一种重要手段。他们认为，能了解《圣经》内容，会唱基督教圣歌，会背诵教义问答手册，能够用口头和笔头进行沟通交流，是一个合格的基督教徒应该具备的基本能力。早期的传教士也认识到，需要用英语或者尼日利亚当地语言来培训当地牧师、教义手册讲解员、普通读者和虔诚的教师，以便向当地人讲授基督教。但是他们错误地认为，非洲的文化和宗教（泛灵论）没有系统的伦理学和行为准则。也正是在这种认识的驱使下，他们决定创办学校。由此可以看出，传教士到尼日利亚的首要目的是传教，办学只是传教的一个重要手段，学校就是教会的附属品。

但家长们关心的却是学习技能。英国正教传教会授予的第一位非洲主教，也是尼日利亚早期知名教育家萨缪尔·克劳瑟在考察尼日利亚东南部卡拉巴尔和邦尼两地传教士创办的学校后写道：酋长们不让他们的孩子学习基督教宗教知识，因为孩子在家里已经学习了足够的宗教知识。他们在家里也教孩子宗教知识。他们想让孩子尽快学习如何准确地计算棕榈油的重量及其他商业或者贸易知识。而传教士们一般只能答应酋长们的要求。

教会学校的教学方法同古兰经学校的教学方法比较相似。机械记忆是教师常用的方法。教师几乎只教课本上的内容。基本课程是阅读、写作和算术。上课的时间一般是周一到周四。周五一般是排练《圣经》上的章节，或者安排复习、考试等内容。每天上课的时间大约是 5 个小时。

早期传教士不懂当地语言，他们起初只能用英语开展教学。即使家长们也希望孩子能够学习英语这种"代表着商业、文明和基督教"的语言，但他们并不想让自己的孩子讲白人的语言。随着传教士对当地语言了解增多，他们开始倾向于用当地语言教学，特别是讲授基督教，他们认为，这样有助于学生更好地理解《圣经》。传教士们发现，孩子或者成人用自己的母语学习，会对课程理解得更深入，吸收得更好。1845—1865年，在传教士创办的学校里，有些孩子被送到了英国学习各种技能课程。例如，正教传教会荣誉秘书亨利·维恩就曾经送一些孩子去英国邱园皇家植物园学习植物学，另一些孩子去学习医学、化学、航海技术等。有些学生后来成为尼日利亚知名人物，例如托马斯·巴宾顿·麦考雷牧师（1826—1878），他后来创办了正教传教会拉各斯文法中学，也就是尼日利亚最早的中学。再如詹姆斯·戴维斯（1828—1906），他是工业实业家、政治家、慈善家、英国皇家海军军官。威廉·鲍顿·戴维斯（1831—1906）和詹姆斯·霍顿（1835—1883）是尼日利亚最早的知名医生，曾在伦敦国王学院学习医学。[1]

必须指出的是，早期传教士创办学校的首要目的是传播基督教，办学只是手段。在传教士创办的学校里，学不仅教授基督教教义，也教授地理、数学、阅读、算术、写作等课程，其目的就是希望学生能够更好地学习基督教的作品，将来更好地履行宗教职责。许多学生毕业后也确实成为教师、僧侣、牧师等。但同样不可否认的是，传教士学校也确实为尼日利亚各行各业培养了一批人才。例如，詹姆斯·霍顿不仅是一位知名的军医，也是知名教育家、科学家、金融家、政治思想家。他的作品《为非洲种族辩护》强烈批评了西方学者对非洲的种族歧视;《英属西非政治经济学》《西非国家与人民》对20世纪50年代、60年代尼日利亚民族解放运动产生了重要影响。因此，他也被视为非洲民族主义奠基人之一，有"现代非洲政治思想之父"的美誉。[2]

---

[1] FAFUNWA A B. History of education in Nigeria[M]. Oxford: Routledge, 2018: 88-90.

[2] 资料来源于伦敦国王学院网站。

（二）发展历程

西方对尼日利亚正规教育的影响始于 1842 年，正教传教会、卫理公会教派和天主教等传教组织开始根据自己的理念创办小学教育。中学教育要晚一些。1859 年 6 月 6 日，尼日利亚牧师、教育家、约鲁巴人托马斯·巴宾顿·麦考雷创办了尼日利亚第一所中学，也就是位于拉各斯的正教传教会文法中学。

1861 年，英国在拉各斯建立领事馆，成立殖民政府。此后数十年，这所文法中学为拉各斯殖民地培养了大量的本土神职人员和行政人员。在殖民政府刚建立的十年间，由于政治原因和资金不足，英国殖民当局并未介入传教士们在拉各斯创办的各式教育。1872 年，英国政府开始以捐资助学的方式介入，鼓励学校把英文作为核心课程。

1882 年，英国殖民当局制定了《1882 年教育法》，试图加强英国对当地教育的控制。这部教育法令把学校分为公立和私立，公立学校完全由政府出资，私立学校从政府获取的资金非常有限。同时，法律把用英文讲授课程同政府资助联系起来，规定只有参加用英文举行的考试才可以获得教育证书。但是，这部法律执行起来并不顺利，因为当地人认为英语是压迫者的语言，拒绝给予配合。况且，英语对于尼日利亚学生而言太过陌生，同当地语言差异太大，很难成为有效的沟通媒介。

鉴于此，英国殖民当局于 1887 年制定新的教育法，承认学校可以用当地人的语言开展教学活动。尽管这部法律只适用于拉各斯地区的一些城市，但是，在当时看来，新教育法是殖民当局有效资助尼日利亚学校教育的开始。[1]从此，殖民当局雇佣更多外籍教师开展教学活动，同时建立了更多的学校，为各种传教组织、志愿机构甚至个人提供更多资金，鼓励他们兴办教育。

---

[1] 资料来源于 Language Conflict 网站。

1893 年，英国确立了对尼日利亚南部约鲁巴地区的殖民统治；1900 年，确立了对尼日利亚北部的殖民统治。1914 年，英国将尼日利亚南北合并，确立了对整个尼日利亚的殖民统治。1916 年，时任英国尼日利亚总督弗雷德里克·卢加德提出一些新的教育理念，于 1916 年 12 月 21 日颁布新的教育法，即《1916 年教育法》，此法适用于尼日利亚全境。但是，长期以来，尼日利亚北部一直在抵制西方教育、殖民当局，甚至传教士的影响。卢加德同尼日利亚北部部落酋长见面，试图说服他们，西方的教育不会影响伊斯兰传统。卢加德深知，对于尼日利亚北方穆斯林而言，伊斯兰的传统远比西方教育重要。[1]

1923 年，国际传教士委员会编写了西非教育政策备忘录，即《奥尔德姆备忘录》，强调传教团体与殖民当局必须建立教育合作。1925 年，英国殖民部副大臣的奥姆斯比·戈尔召集东西非殖民地的总督前往伦敦，命令其实施更加积极的教育政策，要求殖民当局加强同教会的合作，并对教会学校提供必要的资助。此后，殖民当局加大了对教育的投入，成立了政府检查团，确保所资助的学校的教师都经过培训，并按照教学大纲组织教学。在穆斯林地区，如北尼日利亚，殖民政府建立了隶属于地方政府的学校，配备经过培训的教师。为此，在 1925—1939 年，尼日利亚初级教育的水平有了一定提高。但是，小学入学儿童总数没有明显增加，仅有三分之一的学龄儿童入学，不过，绝大多数在校儿童可以至少读到四年级了。

正是在基督教教会教育的基础上，英国殖民当局在尼日利亚建立了现代教育制度，在一定程度上促进了尼日利亚当地教育的发展。1912 年，尼日利亚南方有 313 所小学和 10 所中学。到 1926 年，这个地区有 3 828 所小学、18 所中学和 12 个教师培训机构。而在北方，1925 年，这个地区有 125 所小学，大批伊斯兰学校，以及 1 所接受 55 名左右学员的教师培训机构。

---

[1] 资料来源于 Nigerian Finder 网站。

1932 年，尼日利亚第一所高等教育机构——亚巴高等学院成立。亚巴高等学院于 1934 年正式招生开课。1948 年，伊巴丹大学学院成立，起初有 104 名学生。1960 年 10 月 1 日，尼日利亚宣布独立。1962 年，尼日利亚大学数量增加至 5 所。此后高校数量和其他各类学校以及学生数量明显增加。数据显示，1980 年，尼日利亚小学生达到 1 200 万人，中学生达到 120 万人，大学生达到 24 万人。[1] 2019 年，尼日利亚大学本科生达到了 180 万。[2]

第二节 教育人物

一、奥斯曼·丹·福迪奥

奥斯曼·丹·福迪奥（1754—1817）于 1808 年建立富拉尼帝国。他非常重视教育，强调教育在国家发展中的重要作用。他说："一个人不学习，就像一个国家没有居民。一个领导人和普通民众最好的品质就是热爱学习，渴望去学习，敬重有知识的人……假如一个领导人不学习，随心所欲，就会把臣民引入歧途，就像脱缰的野兽，偏离了道路，所经之处，一切皆遭到破坏。"[3]

福迪奥也特别重视妇女教育。他在《心中之光》一书中这样写道："他们把自己的妻子和女儿当作家里的器具，用完了，用破了，就扔到垃圾堆里了。啊！这怎么行？他们怎么能够每天给他们的学生教授知识，却把妻子和女儿永远丢弃在无知的黑暗中？这是完全错误的。"福迪奥的两个女儿

---

[1] 资料来源于 Nigerian Finder 网站。

[2] 资料来源于 Statista 网站。

[3] AKINADE A E. Christian responses to Islam in Nigeria: a contextual study of ambivalent encounters[M]. New York: Palgrave Macmillan, 2014: 46.

接受了良好的教育，她们在文学方面的贡献也是西非伊斯兰女性学者的榜样。他的大女儿在高等学府讲授伊斯兰教义、法律和法学。他的小女儿阿斯玛·娜娜是一位著名的诗人。福迪奥允许妇女参加他的讲座和讲经活动，这本身就是在践行他自己的主张。[1]

福迪奥的教育思想促进了尼日利亚北部地区文化教育事业的发展。伊斯兰教的基本知识、哲学思想、教法教规不仅在富拉尼帝国各地开花结果，而且还传向了西非其他国家。阿拉伯语最终成为西非商业交往、读书识字、信函往来的官方语言。西非各国阿拉伯语学校如雨后春笋般地建立了起来。1903 年，在英国殖民者船坚炮利的攻击下，富拉尼帝国瓦解。但是，英国殖民政府清楚地认识到，伊斯兰教在尼日利亚北方具有强大的影响力，伊斯兰传统力量仍是英国殖民当局需要依赖的重要力量。[2]

二、托马斯·巴宾顿·麦考雷

托马斯·巴宾顿·麦考雷（1826—1878）是尼日利亚教育家、牧师，曾在伊斯灵顿教会学院和伦敦国王学院就读。他于 1859 年 6 月 6 日在拉各斯郊外巴达格里创办了尼日利亚第一所中学：正教传教会拉各斯文法中学，并担任第一任校长（1859—1878 年）。建校以来，这所学校为尼日利亚培养了大量社会精英，特别是教会神职人员和政府行政人员，其校友遍布尼日利亚政治、经济、社会、文化、教育、司法、宗教、艺术、音乐等领域。

---

[1] FAFUNWA A B. History of education in Nigeria[M]. Oxford: Routledge, 2018: 53-56.

[2] AKINADE A E. Christian responses to Islam in Nigeria: a contextual study of ambivalent encounters[M]. New York: Palgrave Macmillan, 2014: 48.

三、亨利·罗林森·卡尔

亨利·罗林森·卡尔（1863—1945）是英国殖民地塞拉利昂福拉湾学院第一位获得荣誉学位的学生，1882 年在福拉湾学院获得数学和物理学学士学位。1883—1884 年在伦敦林肯律师学院、圣马克学院和皇家科学院学习。1885 年 6 月回到尼日利亚，担任正教传教会拉各斯文法中学高级校长助理，1889 年担任拉各斯殖民地首席教育事务官、教育部中学事务副督学，1890 年任地方事务秘书助理，1900 年担任英国南尼日利亚保护国督学、拉各斯殖民地行政长官，1924 年退休。

卡尔一生的主要兴趣是教育。他认为，教育对个人成长和国家发展至关重要，主张政府必须设立特色鲜明的教育项目。他的著作有《洛克三角学原理》《拉各斯教育总报告》等。1920 年，他先后获得"帝国服务勋章"和"大英帝国勋章"。

四、阿尔万·伊科库

阿尔万·伊科库（1900—1971）是尼日利亚教育家、政治家和社会活动家。1928 年，他在伦敦大学获得哲学学士学位。1931 年，在阿罗丘库地区创办阿格里纪念学院。1946 年，在尼日利亚东区教育部任职。1947 年，作为东区三位代表之一，担任拉各斯立法委员会委员。在此期间，他大力推动尼日利亚教师工会建设，并于 1955 年担任教师工会全国主席。在他的推动下，拉各斯立法委员会接受了尼日利亚教师工会提出的 44 项教育法令修改建议。他还多次代表尼日利亚教师工会提出在尼日利亚推行统一的教育的主张，但未得到英国殖民当局采纳。

尼日利亚独立后，尼日利亚政府采纳了他提出的一系列教育改革主张。

这些主张为尼日利亚国家教育政策的制定奠定了基础。20 世纪 60 年代初伊科库退休后，在尼日利亚多家教育机构任职，担任西非教育委员会（今"西非考试委员会"）成员、伊巴丹大学董事会成员等。为表彰他对教育事业的杰出贡献，1965 年，伊巴丹大学授予他法学荣誉博士学位。坐落于伊莫州首府奥韦里的阿尔万·伊科库教育学院以他的名字命名。他的头像也被印制在尼日利亚 10 奈拉纸币上。

五、埃尼·纽约库

埃尼·纽约库（1917—1974）是尼日利亚教育家、植物学家。纽约库在曼彻斯特大学学习植物学，1947 年以优异成绩获得学士学位，1948 年获得硕士学位，1954 年在伦敦大学获得博士学位。回到尼日利亚后，在伊巴丹大学担任讲师、教授、科学学院院长，1956 年担任尼日利亚电力公司主席，1962 年担任拉各斯大学副校长，1966 年担任尼日利亚大学（恩苏卡分校）副校长。

纽约库曾在多个国外学术机构担任委员，如英联邦科学委员会、联合国科技应用咨询委员会、联合国教科文组织自然学科咨询委员会等。他也曾担任赞比亚大学委员会、扎伊尔大学（刚果民主共和国）委员会委员。他著作颇丰。1964 年，他获得尼日利亚大学理学荣誉博士学位，1966 年获得密歇根州立大学法学荣誉博士学位，1973 年获得拉各斯大学理学荣誉博士学位。

六、肯尼斯·昂武卡·戴克

肯尼斯·昂武卡·戴克（1917—1983）是尼日利亚著名教育家、历史学家，主张以非洲史作为非洲教育的基础。戴克分别在英国杜伦大学、阿伯丁大学和伦敦大学获得学士、硕士和博士学位。他的博士论文《尼日利亚三角洲贸易与政治（1830—1890 年）》是对历史编纂学的重要贡献之一。这部著作在 1956 年出版，是以非洲视角看待非洲历史的标志性作品。其他作品有《尼日利亚历史记载的保存和管理》《百年英国统治下的尼日利亚》《尼日尔河探险的起源》等。

1956 年，戴克成为伊巴丹大学历史学教授，也是担任伊巴丹大学校长的第一位非洲人。他成功地改造了伊巴丹大学历史系，改革课程体系，开创了用非洲方法讲授非洲历史的先河。他启动了许多学术研究项目，伊巴丹大学历史系也因此成为非洲新的历史学研究的引领者。戴克在 1956 年创建尼日利亚历史学会，促进尼日利亚各级教育的历史研究。在尼日利亚历史学会、伊巴丹大学历史系、西非考试委员会等机构的共同努力下，西非国家中学历史课程大纲得以出台。

七、巴布斯·法冯瓦

巴布斯·法冯瓦（1923—2010），教育家、学者，曾担任尼日利亚教育部部长，是尼日利亚第一位教育学教授。担任教育部部长期间，他重新评估尼日利亚殖民认知体系，将相关文化目标、学科、当地语言引入尼日利亚教育体系，以适应尼日利亚社会发展和文化特征。他也是尼日利亚教育规划史方面的权威。

法冯瓦 1950 年在美国获得理学优等学士学位，1955 年获得管理与高等教育优等硕士学位，1958 年在纽约大学获得教育学博士学位，成为第一位获得教育学博士学位的尼日利亚人。1961 年在尼日利亚大学（恩苏卡分校）任教，1966 年晋升为教育学教授，并担任尼日利亚大学教育学院院长。1967 年，尼日利亚内战爆发，法冯瓦离开恩苏卡，前往伊费大学任教。他也曾担任卡拉巴尔大学副校长和董事会主席，多次担任非洲教师教育协会会长。1978 年，他在尼日利亚创办了第一所督导学院。1990—1992 年，担任尼日利亚教育部部长。

在尼日利亚大学（恩苏卡分校）工作期间，他提出将"二级教师"纳入教育学院两年制学位项目。这一建议得到官方认可，也直接促成了尼日利亚教育证书制度和尼日利亚教育学院制度的确立。他不断开展教育创新，进行教育学士学位课程建设。尼日利亚大学（恩苏卡分校）也成为全国第一所开展教育学士学位课程建设的大学。

1977 年，尼日利亚政府接受了他多年坚持的一项主张，即将本土语言纳入国家教育体系。他和其他一些非洲教育家认为，不经过认真评估就完全照搬外国的教育制度有可能会导致认知上的偏差，而在熟悉的环境中将文化目标引入教育教学过程，不仅有利于孩子在社区中成长，也有利于文化的传承。法冯瓦的主要著作有《尼日利亚高等教育史》《尼日利亚教育史》《非洲教育新视角》《用母语开展教育：伊费小学教育项目》《尼日利亚教师发展史》《尼日利亚教育部部长回忆录》《尼日利亚教育的优点和不足》等。

八、格蕾丝·艾莉－威廉斯

格蕾丝·艾莉－威廉斯（1932—2022）是尼日利亚知名教育家、数学教育教授，1985 年担任贝宁大学副校长。1954 年，她以优异成绩从伊巴丹大学学院获得数学学士学位。1958 年前往美国佛蒙特大学攻读硕士研究生，获得教育学硕士学位。1959 年在芝加哥大学攻读博士学位，1963 年 3 月博士毕业，1963—1965 年，在伊巴丹大学教育学院从事博士后研究。

1965 年，艾莉－威廉斯开始在拉各斯大学讲授数学，1976 年晋升为教授。1975—1985 年，担任拉各斯大学教育系主任。在此期间，她推出教师证书课程，特别针对培训年长的妇女成为小学教师。1973—1979 年，她担任前本德尔州课程评估委员会主席，1979—1985 年，担任拉各斯州课程评估委员会和考试委员会主席。1985—1991 年，她担任贝宁大学副校长，成为非洲第一位大学女校长。

为表彰艾莉－威廉斯在教育方面的杰出贡献，1987 年，尼日利亚政府授予她"尼日尔河勋章"。她也曾当选尼日利亚数学学会会员、尼日利亚教育学会会员、第三届世界妇女科学组织非洲区域副主席、非洲数学女性教育联盟委员会主席等。2014 年 2 月，总统古德勒克·乔纳森授予她尼日利亚"世纪成就奖"。2017 年 11 月和 2018 年 11 月，贝宁大学和伊巴丹大学分别授予她荣誉博士学位。她的著作有《现代数学教师手册》等。

九、博兰乐·阿维

博兰乐·阿维（1933—）是尼日利亚知名教育家，曾担任尼日利亚大学（恩苏卡分校）副校长。阿维是尼日利亚史和约鲁巴史史学教授。她在苏格兰圣安德鲁斯大学获得历史学硕士学位，在牛津大学萨默维尔学院攻读历史学博士学位。1960 年回到尼日利亚，成为伊巴丹大学历史系第一位女教师，也是尼日利亚大学第一位女教师，1976 年成为口述史教授。

阿维对口述史非常感兴趣，对尼日利亚被殖民统治的历史和约鲁巴人的历史进行了搜集、整理与研究。她主张在历史研究中采取去殖民化的方法。她是女权主义历史学家，主张用口述史来恢复以前被人们忽视或曲解的妇女历史。她参与建立了妇女研究和文献中心，协调和促进尼日利亚妇女研究。1982年，获得"尼日利亚联邦共和国勋章"[1]。

1990—1992年，她担任尼日利亚国家妇女委员会首任主席。2005年，担任尼日利亚大学（恩苏卡分校）副校长。2018年，获得伊巴丹大学荣誉博士学位。阿维的著作有《历史数据：约鲁巴赞美诗》《尼日利亚妇女：历史视角》《祖先的足迹：生存的秘密》等。

---

[1] 尼日利亚最高荣誉勋章有两个，一个是"尼日尔河勋章"，另一个是"尼日利亚联邦共和国勋章"。

第四章 学前教育

　　学前教育是国民教育体系的重要组成部分，对提高义务教育质量和提升国民素质具有重要意义。作为个体接受教育的第一阶段，学前教育对于促进儿童认知形成、智力开发、习惯养成、情感表达、身心健康、学习愿望、生活体验等意义重大。在尼日利亚，学前教育指儿童从出生到正式上小学之前接受的幼儿教育（0—4岁）和学前班教育（5—6岁）[1]。前者主要由私人机构和社会机构举办的托儿所和幼儿园开展，后者的主要形式为学前班。[2]自从1960年独立以来，尼日利亚学前教育目标逐步明确，课程层次趋于合理，课程内容不断丰富，师资培训也逐步展开，幼儿入园率已有明显提高。但是，必须承认，学前教育立法起步较晚，入学率仍偏低，师资仍然短缺，地区和城乡之间发展仍不平衡，教学质量仍有改善空间。

---

[1] 在尼日利亚，学前班教育被称为小学前教育，属于基础教育范畴。为集中论述，将之放在学前教育这章与幼儿教育一并探讨。

[2] 资料来源于尼日利亚联邦教育部网站。

第一节 学前教育的发展和现状

一、学前教育的发展

在尼日利亚，现代意义上的学前教育始于英国殖民当局颁布的《1887年教育法》。法令规定，政府向幼儿教育提供资助。幼儿教育被视为小学教育的基础阶段。幼儿教育合格后，学生进入小学低年级和小学高年级学习。但是，1903—1948年殖民政府行政机构的调整和教育法令的颁布，都未对建立幼儿学校产生积极影响。1930年，《小学教育重组备忘录》甚至在将小学教育从8年缩减为6年的同时，在小学教育中取消了原本的幼儿教育阶段。1945年，联合非洲公司在今尼日利亚南部河流州阿林索·澳卡努地方政府所在地为其员工子女建立了幼儿园。入园儿童年龄参差不齐，多数儿童在6岁以上。但这是个例。1948年，殖民当局颁布《1948年教育法》，适用范围覆盖尼日利亚全境，但是，法令中并未提及发展幼儿教育事宜。[1]

1956年《尼日利亚东区教育法》是第一部正式将幼儿教育纳入正规教育体系的法令。法令规定，幼儿教育是小学教育的一部分，指5—6岁儿童在幼儿园接受的两年教育。在幼儿园，儿童将学习养成良好的习惯（如学习正确的坐、站、走、跑姿势等），学习与同伴合作，接受社会化训练。幼儿园课程包括做游戏、讲故事、简单手工、绘画以及适合这个年龄段的孩子的活动。但是，法律未规定幼儿园教师资格及培训事宜。值得注意的是，1955年，一个由来自英国、爱尔兰、尼日利亚妇女组成的非政府组织——克罗纳妇女协会在今拉各斯州建立了克罗纳学校（又名"埃科伊幼儿园"），

---

[1] GABRIEL A O I. One hundred years of education in Nigeria: early childhood care and development education in colonial and post-colonial periods[J]. Scholarly journal of education, 2015(1): 7.

开启了幼儿教育民间办学的先河。可以看出，在殖民时代，英国殖民当局并未真正重视学前教育。虽然有非政府组织零星开办了一些幼儿园，从事学前教育，但是影响极其有限。[1]

独立初期，政府未意识到学前教育的重要性，也未将学前教育纳入国家正规教育体系，非政府组织和个人在推动学前教育方面发挥了重要作用。学前教育机构主要由非政府组织建立。例如：1961年，年轻妇女基督教协会建立了第一个托儿所；1962年10月，格拉蒂丝·阿杜克·范格汉夫人在伊巴丹建立了一个托儿所；1966年10月，海伦·埃娜·埃索夫人在伊巴丹又建立了一个托儿所。[2]

1977年《国家教育政策》对尼日利亚教育体系进行了重组，在课程大纲中首次用学前教育指3—5岁儿童教育。文件强调，这一时期的教育应该确保儿童实现从家庭到学校顺利过渡；为儿童接受小学教育做好准备；确保儿童在父母外出工作期间得到充分的照顾和监护；开展社会规范教育；带领儿童探索自然环境和当地环境；教孩子玩玩具，参与艺术和音乐活动等，培养儿童的探索意识和创造精神；培养儿童的合作意识和团队精神；寓教于乐，教儿童学习基本的数字、字母、颜色、形状等；培养儿童良好的习惯，特别是卫生习惯等。[3]

为实现上述目标，政府须承担如下责任：鼓励私人参与并提供学前教育；建立教师培训机构，为希望从事学前教育的师范生提供培训；为尼日利亚众多部族语言开发拼字法，开发用当地部族语言编写的教材，确保教学媒介主要用儿童的母语或社区普遍使用的语言进行；确保寓教于乐的教

[1] GABRIEL A O I. One hundred years of education in Nigeria: early childhood care and development education in colonial and post-colonial periods[J]. Scholarly journal of education, 2015(1): 7.

[2] GABRIEL A O I. One hundred years of education in Nigeria: early childhood care and development education in colonial and post-colonial periods[J]. Scholarly journal of education, 2015(1): 8.

[3] GABRIEL A O I. One hundred years of education in Nigeria: early childhood care and development education in colonial and post-colonial periods[J]. Scholarly journal of education, 2015(1): 8.

学方法，确保教师培训学院课程设置满足这一需求；规范和监督学前教育，确保学前教育机构教师得到应有的培训以及基本教学设备充足；确保学前教育机构设立符合法律规定，从事学前教育的教师具有基本的资格，这些机构也具有基本的教学设施。各州教育厅将定期对学前教育机构进行检查，确保教学质量。《国家教育政策》强调，学前教育主要由非政府组织和私人提供，政府的主要职责是规范学前教育机构的行为。

从 20 世纪 70 年代到 90 年代，学前教育主要是精英教育。在此期间，尼日利亚经济发展出现严重困难，绝大多数人生活贫困，根本无力支付昂贵的学前教育费用。所以，学前教育机构数量也大幅减少。在 80 年代末，联邦政府通过尼日利亚教育研究和发展委员会扩大了学前教育覆盖范围，将 0—2 岁也纳入学前教育。1987 年，尼日利亚教育研究和发展委员设立了幼儿保育教育分委会。1987—1990 年，委员会建立了 5 个幼儿保育试点中心，分别设在奥约州、翁多州、奥孙州、包奇州和克罗斯河州。1991—1995 年，委员会在 10 个试点州建立了 10 所幼儿保育中心。这些政府保育中心的设立，极大地促进了地方政府、社区机构、私人机构以及个人创办幼教中心的热情。到 1995 年，尼日利亚已经有 1 272 个幼教中心，注册学生达到 145 469 名。到 1999 年，幼教中心达到 7 379 个，注册学生达到 40 万名。幼教中心数量大幅增长，为更多的儿童，特别是乡村地区的儿童提供了接受幼教的机会。[1]

1999 年，总统奥巴桑乔提出了普及基础教育项目，将幼儿教育纳入其中，目的是向每一位学龄前儿童提供免费义务教育。2004 年，尼日利亚国民议会通过了《普及基础教育法》，幼儿教育成为尼日利亚正规教育的一部分。该法规定，将幼教课堂纳入所有小学学校，基础教育包含学前教育、小学教育和初中教育。截至 2014 年，尽管只有少数几个州（如翁多州、阿

---

[1] GABRIEL A O I. One hundred years of education in Nigeria: early childhood care and development education in colonial and post-colonial periods[J]. Scholarly journal of education, 2015(1): 9.

夸伊博姆州、拉各斯州、奥贡州、河流州等）有效执行了这项法令，但对尼日利亚幼儿教育而言，这无疑是一个重大进步。2014 年《国家教育政策》对幼儿教育的规定更加切实可行：联邦政府仅将五岁以上儿童纳入政府幼童教育计划。但是，在尼日利亚小学教育形势严峻的情况下，要真正将联邦政府这些措施有效付诸实施，仍任重而道远。在可以预见的将来，社会组织、非政府机构、私人机构仍是学前教育的主体。[1]

二、学前教育的现状

尼日利亚学前教育分为两个层面，一是幼儿教育（0—4 岁），二是学前班教育（5—6 岁）。2014 年《国家教育政策》指出，幼儿教育指 0—4 岁儿童在托儿所和幼儿园接受的照顾、保护、激励和学习。也有学者将幼儿教育界定为未达到法定小学年龄儿童所接受的教育。这种半正规化教育通常安排在家庭以外进行，在集体环境中采取寓教于乐、游戏活动等教学方式，促进儿童在不同成长阶段身心健康发展和社会交往能力。无论是国家政策文件，还是学者观点，都表明：学前教育对儿童成长至关重要。[2]

目前，尼日利亚幼儿教育机构既有政府支持，也有社会机构和个人创办，前者属于公立幼儿园，后者属于私立幼儿园，公立幼儿园经费来自地方政府，私立幼儿园来源于社会机构、个人及学费等。学前班一般设在小学学校，是小学教育的一部分。

在尼日利亚，幼儿教育是非强制性的，托儿所、幼儿园入学率低于40%。2018 年，大约有 720 万儿童接受学前教育，430 万儿童在公立幼儿

[1] GABRIEL A O I. One hundred years of education in Nigeria: early childhood care and development education in colonial and post-colonial periods[J]. Scholarly journal of education, 2015(1): 7.

[2] OLOWONEFA G S. Early children care and development education (ECCDE) administration in Nigeria: challenges and way forward[J]. International journal on integrated education, 2022(10): 195.

园，290 万儿童在私立幼儿园。在公立幼儿园数量方面，有 2.44 万个在乡村，7 900 个在城市。公立学前教育教室有 8.13 万间；私立幼儿园教室达到 14.65 万间。[1] 2019 年，接受学前教育的儿童大约有 860 万。总体而言，公立幼儿园的儿童数量高于私立幼儿园。例如，在 3 岁以下儿童中，约有 200 万在公立幼儿园，约 12 万进入私立幼儿园。在 3 岁儿童中，约有 180 万在公立幼儿园，90 万在私立幼儿园。在 4 岁儿童中，约有 550 万在公立幼儿园，约有 240 万在私立幼儿园。在 5 岁儿童中，约有 200 万在公立幼儿园，约有 80 万在私立幼儿园。在 5 岁以上儿童中，约有 100 万在公立幼儿园，约有 40 万在私立幼儿园。[2]

　　2023 年 4 月 19 日联合国儿童基金会发布的数据显示，在尼日利亚 3—5 岁（36—59 个月）幼童中，仅有三分之一的幼童上幼儿园；也就是说，至少有 1 000 万幼童未上幼儿园。入园率在东北地区是 49%，在西北地区是 55%，在经济条件最差的家庭中，这个数字是 46%。综合来看，在 3—5 岁儿童幼童中，有五分之二的孩子未接受任何形式的儿童教育。这不仅剥夺了儿童接受教育的权利，也增加了他们患心理疾病的风险，延迟了他们进入小学的时间，影响了他们未来的学习效果。[3]

---

[1] 资料来源于 Statista 网站。

[2] 资料来源于 Statista 网站。

[3] 资料来源于 ICIR Nigeria 网站。

第二节 学前教育的特点

一、教育目标不断明确

1977 年尼日利亚《国家教育政策》是第一份正式将学前教育纳入国家教育体系的法律文件。经过几次修订，到 2013 年发布第六版，2014 年重印，政策文件已日臻完善，教育目标也不断明确。《国家教育政策》（2014 年）规定，尼日利亚学前教育由幼儿教育和学前班教育组成。幼儿教育的目的是帮助儿童做好从家庭到学校的过渡；为儿童适应小学教育做准备；在父母上班期间，为儿童提供充分的照顾、监管和安全；开展道德教育和社会价值观教育；通过探索自然、环境、艺术、音乐及玩具使用，培养学生的好奇心和创造力；培养学生的合作意识和团队精神；培养儿童良好的习惯，包括健康习惯；寓教于乐，帮助孩子掌握基本的数字、字母、颜色、形状、物质形态等。为此，政府将制定托儿所和幼儿园必须达到的最低标准，并监督其执行；制定并发放相关政策文件，如统一的幼儿教育政策、幼儿园建设最低国家标准、幼儿教育课程大纲、幼儿教育执行指南以及其他促进幼儿教育的政策文件；鼓励社区和私人按照既定标准兴办幼儿教育中心；加强幼儿教师专业培训和再培训；确保幼儿教师培训课程以寓教于乐为导向；确保托儿所师生比例不低于 1：10，幼儿园师生比例不低于 1：25；加大监督力度，确保幼儿教育中心质量；编写、有效使用足够的学习和教学材料；确保教学语言以儿童的母语或者社区语言为主，为此，开发更多尼日利亚当地族群语言的正确拼字法，用尼日利亚当地族群语言编写教材、辅助读物以及其他教学材料。[1]

---

[1] 资料来源于尼日利亚联邦教育部网站。

学前班教育是 5 岁学生进入小学学习前开展的为期一年的学校教育，其目标是进一步巩固幼儿教育的目标。为此，政府将制定小学学前教育标准，并监督其执行；制定并发放相关政策文件，如学前班教育政策、国家最低标准、课程大纲、执行指南以及其他促进学前班教育的文件材料；为为期一年的学前班教育提供资金；努力开展学前班教育能力建设、人员培训等；促进社区和国家重视学前班教育；促进相关部委、部门、机构以及开发伙伴之间的协调，形成合力，做好学前班教育工作。为有效促进学前班教育，师生比例应该控制在 1∶25。[1]

二、课程层次日趋合理

尼日利亚学前教育的目标是培养儿童身体灵活性，教他们掌握正确的姿势，帮助他们确定自我身份认知，加强性格养成，学会与他人交往，发展智力，激发创造力，探索自然，认识环境，学习艺术、音乐，玩玩具等。为此，不同阶段的儿童需要不同的课程内容。

对于托儿所 6 个月至 2 岁的幼童来说，主要培养他们上卫生间和其他生活习惯；教他们玩玩具。对于 2—3 岁的幼童来说，教会他们在小组中玩耍，培养他们的认知技能，如读字母表、简单的韵文、诗歌、句子，算数能力以及互动性。

3—4 岁的儿童课程比较广泛。孩子们会学习更长的诗歌、更难的韵文、更多的字母、更复杂的物体形状和颜色、阅读更复杂和更长的故事，使用积木开展有创造性的手工制作、阅读、游戏等，进行更多的互动和更复杂的表达等。

---

[1] 资料来源于尼日利亚联邦教育部网站。

5 岁及以上的孩子要学习所有字母、数字、形状和颜色。他们会参与更加复杂的活动，学习尊重和帮助同龄人、监护人和老师，独自或在小组中学习解决更加复杂的问题，能够猜谜语，搭积木等。他们还要学会尊重他人的财物，参与更复杂的活动，如跳跃、跑步、游泳等，使用更多的词语和表达方式，开始学习表演戏剧、背诵诗歌等。[1]

三、课程内容不断丰富

1981 年，尼日利亚教育研究和发展委员会提出，幼儿教育课程应该包括创意艺术、社会研究、体育教育、健康教育、语言教育、沟通技能、数学技能、基础科学等。这个课程大纲使用了 20 年，到 2001 年才得以修订。1994 年，在联合国儿童基金会的帮助下，尼日利亚教育研究和发展委员会在幼儿教育大纲中增加了一些非传统议题，如艾滋病教育、儿童权利教育等，帮助儿童认识性别差异、学习如何健康生活、如何保护个人安全、如何避免受到伤害以及饮食、营养等方面的知识。在这个过程中，尼日利亚卫生部、水利部、环保部、教育部也都参与进来了。

需要指出的是，在儿童教育实践中，尼日利亚各地儿童教育课程并不一致，尼日利亚教育研究和发展委员会提出的课程大纲也并未得到统一贯彻和执行。这一点在私人幼儿园中表现得尤为明显。幼儿园仍会按照自己确定的大纲或者引进国外的大纲开展教学。当然，在尼日利亚教育研究和发展委员会资助的幼儿园中，委员会制定的教学大纲还是基本得到了落实。[2]

---

[1] GABRIEL A O I. One hundred years of education in Nigeria: Early childhood care and development education in colonial and post-colonial periods[J]. Scholarly journal of education, 2015(1): 10.

[2] GABRIEL A O I. One hundred years of education in Nigeria: Early childhood care and development education in colonial and post-colonial periods[J]. Scholarly journal of education, 2015(1): 10.

四、师资培训逐步展开

教师是教育事业成败的关键。学前教育教师在保障教育质量、促进学前儿童健康成长方面扮演着重要角色。思想道德崇高、业务素质精湛、育人水平高超的幼师队伍对于学前教育的成功至关重要。但是，在 20 世纪 70 年代以前，尼日利亚几乎没有大学或者院系开设学前教育专业或者学前教育课程。

到了 20 世纪 90 年代和 21 世纪初，有些大学开始开设学前教育课程，如拉各斯州州立大学、三角洲州州立大学、埃邦伊州州立大学、阿夸伊博姆州州立大学、阿缔肯雷·阿加森大学、奥拉比斯·昂那班大学、泰·萨拉林教育大学等大学也开始开设学前教育课程。2012—2013 学年，所有联邦教育学院都被要求开设学前教育课程，以培养更多的学前教育教师。

这些项目包括 3—4 年的全日制教育学院学士学位（帮助学生至少考取尼日利亚教育证书和高中教育证书）、为获得一级证书和二级证书的在校教师提供证书和准证书项目（实施于 20 世纪 80 年代）以及英国文化协会等组织的课程、尼日利亚教育学院开设的三年全日制学前教育课程（为考取尼日利亚教育证书）、尼日利亚国家教师学院 2005 年开设的学前教育证书课程等。

尽管如此，从 20 世纪 70 年代到 90 年代，许多学前教育学校的教师本身并不是攻读学前教育专业出身。许多学前教育学校毕业的学生也并未真正从事学前教育工作。有学者统计，2009 年，实际从事学前教育的教师有80 922 人，缺口高达 969 078 人。[1] 学前教育仍不如小学教育和中学教育那么具有吸引力。许多在校大学生对于学前教育课程并不感兴趣。从事学前教育工作的绝大多数是女性。在城乡接合部及乡村地区，学前教育教师薪

---

[1] GABRIEL A O I. One hundred years of education in Nigeria: Early childhood care and development education in colonial and post-colonial periods[J]. Scholarly journal of education, 2015(1): 10.

资不高。

研究显示，2014 年，尼日利亚各级各类学校教师严重不足，师生比例为 1∶47，距离《国家教育政策》规定的 1∶20 相差甚远。为此，尼日利亚每年需要培养 330 033 位教师才能实现国家教育目标。2019 年，尼日利亚教师缺口仍然很大，其中学前教育教师缺 135 319 人，小学教师缺 139 772 人，初中教师缺 2 446 人。[1]

第三节 学前教育的挑战和对策

一、学前教育面临的挑战

（一）教育经费不足

教育经费不足一直是尼日利亚学前教育面临的突出问题。尼日利亚独立以来，儿童数量急剧增长。要满足学前教育需求，就需要政府投入大量资金。但是，联邦政府在教育投入方面做得远远不够。作为非强制性教育，学前教育能够得到政府资助的经费就更少了。尼日利亚学前教育资金有三个主要来源：地方政府、州政府和联邦政府。

有学者指出，联邦政府每年会从"统一税收基金"中拿出 2% 的金额来支持教育事业。这个资金中 70% 的份额用来支持州一级教育项目。州政府再从 70% 的份额中拿出 5% 的金额，分配给学前教育。对于尼日利亚这样一

[1] OGUNODE N J, OJO I C. Management of early child education in Nigeria: problems and the way forward[J]. Middle European scientific bulletin, 2021(16): 49.

个儿童数量庞大的国家而言，这个拨款数量显然是不够的。[1] [2]

虽然 2004 年修订的《国家教育政策》将学前教育纳入政府直接拨款资助的范畴，2004 年的《普及基础教育法》也将为期一年的学前班教育纳入小学教育资助范畴，但是，因缺乏配套资金支持，在实践过程中，这些法律都未得到有效落实。为此，尼日利亚学者纷纷指出，经费严重不足大大制约了尼日利亚学前教育的发展。

（二）教学基础设施和教学材料严重不足

教学基础设施严重不足也是制约尼日利亚学前教育的重要因素。教室、办公室、操场、图书馆、水电设施、互联网、桌椅、白板、电子设备等教学设施在教育教学中扮演着重要作用。教学基础设施不足，会严重影响教学活动的开展及教学大纲的落实，从而影响学前教育教学效果。在尼日利亚，相当多的学前教育公立机构教室不够，儿童只能在临时搭建的房屋里学习，有些教室非常简陋，教室里仅有的家具就是几个垫子。在这样的教学环境中，很难开展有效的教育。

教学材料严重不足也是制约尼日利亚学前教育的一个重要因素。许多公立学前教育中心缺少足够的教学材料，如教材、识字图片、玩具等。众所周知，教学材料是开展教学活动的重要资源和辅助工具，教学材料的质量在相当程度上决定了教学效果和学习效果。然而在 2021 年，一些学者调研发现，很多学前教育中心，尤其是公立教育机构，教学材料，如玩具、

---

[1] OLOWONEFA G S. Early children care and development education (ECCDE) administration in Nigeria: challenges and way forward[J]. International journal on integrated education, 2022(10): 199.

[2] TAOFIK H M. Managing and funding early childhood education in Nigeria: the way forward[J]. Journal of contemporary education, 2020(8): 311.

图片、画报等严重缺乏。[1]

（三）师资严重短缺，能力建设不足

在学前教育中，保育员和幼儿教师是学前教育发展的关键。要有效执行学前教育课程大纲，就需要大量符合学前教育要求的师资。但是，教师严重不足是制约尼日利亚学前教育健康发展的重要因素。2019 年，尼日利亚学前教育教师缺口达到 135 319 人。截至 2021 年，这种状况仍未得到改善。[2]

2018 年，尼日利亚学者巴谷杜和哈米杜·巴拉在阿达马瓦州中部教育区调研时发现，该地区 454 位从事学前教育的教师中，仅有 55 人是幼教方面的专家，其余 399 人不具备从业资格。在 44 所学前教育中心里，仅有 30 所学前教育中心的教学环境和基础设施达到最低标准，14 所未达标。基于此，阿达马瓦州普及基础教育委员会应该加强同州政府合作，额外提供 170 个学前教育教师岗位，以满足该地区学前教育需求。该州普及基础教育委员会也要为不具备从业资格的教师提供在职就业培训、研习、研讨机会，帮助他们获得从业资格。[3]

学前教育保育员和教师能力建设不足也是影响尼日利亚公立学前教育中心有效实施学前教育课程大纲的一个重要问题。能力建设对于保育员、教师、行政管理人员和质量监督人员至关重要。这些人都是学前教育有效

---

[1] JACOB O N, YEMI D A I T, AKINBUSOYE I J. Implementation of early childhood curriculum in Nigeria: problems and way forward[J]. International journal of development and public policy, 2021(1): 213.

[2] JACOB O N, YEMI D A I T, AKINBUSOYE I J. Implementation of early childhood curriculum in Nigeria: problems and way forward[J]. International journal of development and public policy, 2021(1): 213.

[3] BAGUDO A A, BALA H. Assessment of early childhood care development and education (ECCDE) curriculum implementation policies in Adamawa central education zone, Adamawa state, Nigeria[J]. Global scientific journals (GSL), 2022(2): 485.

开展的利益攸关方，需要不断接受培训和再培训。[1] 况且，学前教育大纲的有效实施绝非易事。所以，保育员和教师需要不断更新知识和技能，提高落实教学大纲的本领。学前教育教师应该经常参加会议、培训、研讨班等，提高教学水平。研究表明，经常参加培训和再培训的人员比那些不参加培训和再培训的人员工作效果要好得多。[2]

（四）政策执行不力，缺乏有效监督

政策是行动的指南，质量是成效的关键。认真贯彻教育政策，有效保障教育质量是学前教育发展的前提。政策执行不力，学前教育可能会偏航；质量监督不力，教育效果会大打折扣。因此，认真执行政策，开展有效监督，是确保学前教育质量的关键。

政策执行不力已经在相当程度上影响了尼日利亚学前教育的成效。众所周知，只有得到充分贯彻落实，教育政策才能真正促进学校的管理，从而保障教学质量。反之则会严重影响课程大纲的实施。例如，师生比例、教育经费、教师资格等方面的政策的落实，都对保障教育质量意义重大。有尼日利亚学者在 2016 年表示，由于联邦政府未能制定必要的文件，来落实政府制定的学前教育政策和课程大纲，导致很多保育员和教师不了解教育政策，缺乏政策意识，更谈不上用政策指导教学实践。[3]

缺乏有效监督是尼日利亚学前教育有效开展面临的另一个重要挑战。课程大纲要实现既定目标，就需要有效的监督。尼日利亚多位学者都强调，

[1] ROTSHAK J Y, MUKTAR S, PODOS J N. An analysis of early childhood education (ECE) and integrated early childhood development (IECD) in Nigerian public schools[J]. American journal of humanities and social sciences research, 2020(8): 278.

[2] JACOB O N, YEMI D A I T, AKINBUSOYE I J. Implementation of early childhood curriculum in Nigeria: problems and way forward[J]. International journal of development and public policy, 2021(1): 213.

[3] JACOB O N, YEMI D A I T, AKINBUSOYE I J. Implementation of early childhood curriculum in Nigeria: problems and way forward[J]. International journal of development and public policy, 2021(1): 214.

学前教育监督有助于儿童的全面发展，有效实施课程大纲，促进维持教育基本标准，发现教育中存在的问题，激励、丰富和促进儿童的个人发展和教师的职业发展。

监督不力也不利于促进尼日利亚学前教育机构的有效管理。如果学前教育机构得不到有效管理，那学前教育的质量也就无法得到保障。尼日利亚学前教育就存在监督不力的问题，主要体现为教育资金监督不到位，监督人员专业能力不足，监督材料管理不规范等。

（五）地区发展极不平衡

尼日利亚学前教育发展不平衡，主要体现在地区差异和城乡差异。例如，西南部和东南部多数州整体教育水平较高，学前教育也从中受益。在北部一些州，整体教育水平较低，学前教育也深受影响。另外，城市学前教育水平总体上高于乡村地区，如拉各斯、伊巴丹、卡拉巴尔、阿布贾、卡诺等。即使在城市中，富人区和穷人区的教育发展水平也不尽一致。很多高质量的私立幼儿园都建在富人区；很多贫困区的公立学前教育中心普遍存在师资力量薄弱、教学设施落后等问题。[1]

二、学前教育的应对策略

为有效应对学前教育存在的突出问题，有尼日利亚学者向政府建议：加大学前教育资金投入，有效促进学前教育管理和课程大纲实施；增加学前教育师资力量，促进学前教育项目开展；向全国所有公立学前教育中心

---

[1] 资料来源于 poverty-action 网站。

提供更完备的教学基础设施和更多的教学材料；加强对全国学前教育项目的监督，保障学前教育质量，促进学前教育政策的充分贯彻与实施；加强所有公立学前教育机构保育员和教师的培训和再培训工作。[1]

还有尼日利亚学者建议，在尼日利亚教育学院课程大纲中加入强调学前教育基本原则、理论与实践的内容；国家大学教育委员会为教育学院确立学前教育应该达到的最低标准；在目前公立小学中建立3—5岁儿童教学中心；贯彻落实2006年尼日利亚教育研究和发展委员会同联合国儿童基金会共同制定的《学前教育保育员培训手册》；制定指导原则，落实《国家教育政策》规定的学前教育政策；在首都阿布贾建立"学前教育国家资源中心"；协调联邦政府相关部门、学前教育开发伙伴、社会组织等参与学前教育等。[2]

学前教育关乎儿童未来发展。儿童未接受学前教育就直接上小学，可能会在情感、社会、智力甚至身体方面出现问题。因此父母、儿童监护人以及幼师应该积极参与发展学前教育，政府及社会各界应努力提供学前教育所需的基础设施（如教室、教学材料、教学设备等），共同促进尼日利亚学前教育事业的发展。

[1] JACOB O N, YEMI D A I T, AKINBUSOYE I J. Implementation of early childhood curriculum in Nigeria: problems and way forward[J]. International journal of development and public policy, 202(1): 215.

[2] ROTSHAK J Y, MUKTAR S, PODOS J N. An analysis of early childhood education (ECE) and integrated early childhood development (IECD) in Nigerian public schools[J]. American journal of humanities and social sciences research, 2020(8): 280.

第五章 基础教育

　　基础教育是对国民实施的基本的普通文化知识教育，对学生掌握基础知识和基本技能、培养公民素质和创新精神、树立国家意识和责任担当、提高升学机会和就业能力等都意义重大。在尼日利亚，基础教育为免费义务教育，学制是 10 年，包括 1 年小学前教育、6 年小学教育和 3 年初中教育。[1] 高中教育与职业发展在尼日利亚属于后基础教育，为了论述方便，本书将其放在基础教育这章一并探讨。

　　尼日利亚基础教育历史悠久。20 世纪 60 年代初到 90 年代末，受到政治动荡、经济失衡、社会冲突等影响，尼日利亚基础教育发展困难重重。1999 年政局稳定后，基础教育焕发了生机与活力。自 21 世纪以来，基础教育发展取得了巨大进步。但是，由于学生基数庞大、教育投入有限、安全问题突出等因素，尼日利亚基础教育发展困难重重，任重道远。

---

[1] 资料来源于尼日利亚联邦教育部网站。

第一节 基础教育的发展和现状

一、小学教育

（一）历史沿革

尼日利亚现代基础教育始于 15 世纪末 16 世纪初。1472 年，葡萄牙商人和传教士来到拉各斯王国和贝宁王国。到 1515 年，天主教传教士已经在奥巴王宫里建立学校，给国王和酋长的儿子们讲授基督教教义。但是，国王和酋长们更感兴趣的不是教义，而是数理知识和商业技能。此后三百年，葡萄牙人、法国人、荷兰人、丹麦人、英国人接踵而至，从事惨绝人寰的奴隶贸易。1803 年，英国议会通过废除奴隶制法案。英国海军和传教士加快了殖民非洲（特别是西非）的进程。传教士在西非建立教堂，开办教会学校。例如，1842 年英国卫理公会牧师托马斯·伯奇在拉各斯王国巴达格里建立"新生教会托儿所"，这是当地第一所教会学校；1842 年 12 月，英国正教传教会牧师亨利·汤森和萨缪尔·克劳塞在巴达格里建立教会学校，1846 年他们又在奥贝库塔建校；1853 年，南方浸信会在伊加伊耶建校，1855 年在奥博莫绍和拉各斯建校；1868 年，天主教教会也在拉各斯建校。

19 世纪西方传教士建立的学校以小学为主，主要目的是传播基督教教义，促使非洲当地人皈依基督教。学校开设的主干课程有基督教教义、数学、阅读和写作，辅助性课程有农业、自然、手工艺等。课程主要教材是《圣经》及相关宗教典籍。教会和学校融为一体。学校教师也是教会神职人员和翻译人员。学校完全由基督教教传教士组织、控制、管理和提供资金。

毫无疑问，这些学校是西方殖民扩张的工具和文化侵略的产物，普遍存在如下问题：教学管理方法存在很大差异；缺乏统一的教育法规、课程大纲、教学大纲和教科书；课程内容以基督教教义讲授为主，目的是将学生培养成基督教徒；学校办学过度依赖捐赠，办学资金没有保障；缺乏严格的规则来规范教师的行为；缺乏有效的指导和监督；缺乏训练有素、资质合格的教师，也没有教师培训学院；缺少统一的教学服务等。

但是，这些学校的建立，从客观上开启了尼日利亚现代教育的先河。学校引入了英语。尼日利亚独立后，英语也成为尼日利亚的官方语言。从19世纪40年代初到20世纪50年代末，这些学校以及后来英国殖民当局建立的学校为尼日利亚培养了一批社会精英，如牧师、医生、律师、教师、新闻记者等。从20世纪20年开始，尼日利亚民族主义运动兴起，这些学校培养的许多社会精英也成为推动尼日利亚民族独立运动的重要政治力量。[1]

（二）发展现状

独立初期，尼日利亚基本继承了英国的教育体系。但是这种教育体系显然无法应对尼日利亚教育面临的种种挑战。1976年，尼日利亚政府提出了"普及小学教育"计划，但是效果不彰。1977年，尼日利亚制定了第一份《国家教育政策》，加大了政府对教育的投入。但是，由于政局持续动荡、经济困难重重、社会矛盾加剧等因素干扰，尼日利亚教育发展受阻严重，学生辍学率高。例如，在20世纪90年代初，小学毛入学率为86%，但到了初中，仅为25%。1997年，时任教育部部长在考察全国教育状况后悲观地表示，学校基础设施，如校舍、实验室、体育设施、教学设备、图书馆等呈现一片破败的景象。大多数学校的办学条件令人担忧。1999年政局稳定后，联邦政府随即提出了"普及基础教育"计划，目标是为每一位6—15岁的尼日利亚公民提供"免费、义务基础教育"。在接下来的几年中，政府

---

[1] BABATUNDE M M. Historical foundations of western education in Nigeria[M]. London: Lambert Academic Publishing, 2019: 78-86.

为该计划实施做了大量社会动员工作。2004 年 4 月,《普及基础教育法》通过,正式启动了该计划。[1]

《普及基础教育法》的颁布在很大程度上促进了尼日利亚基础教育的发展,学校数量、入学人数、教师数量都有明显的增加。尼日利亚小学包括公立小学、私立小学和游牧小学。例如,2018—2019 学年,尼日利亚小学数量达到 11.7 万所,其中公立小学约 6.2 万,私立小学约 5.5 万所。在 11.7 万所小学中,拉各斯州的小学最多;奥约州和奥翁州分列第二、第三位;巴耶尔萨州最少。2019 年,尼日利亚有约 4 000 所游牧小学。游牧小学是尼日利亚正规小学教育的组成部分,目的是为所有社会群体提供公平的受教育机会,使之不受族群、地理位置、性别或社会阶层的影响。游牧小学数量最多的是包奇州和卡诺州。包奇州有 477 所,卡诺州有 380 所。[2]

在学生入学方面,2018—2019 学年,尼日利亚公立小学(6—11 岁)在校生人数是 2 270 万人,其中乡村地区学生人数大约有 200 万人;私立小学在校人数 540 万。[3]

在师资方面,2018—2019 学年,尼日利亚有 100 万名小学教师,其中克罗斯州和卡杜纳州的小学教师都超过 10 万人,居尼日利亚各州之首。[4]

小学教育在学生 6—12 岁时进行。教育目标是:帮助学生掌握基本的识字、算数及有效沟通的能力;为培养学生科学思维、思辨能力、反思能力奠定坚实基础;培养学生热爱国家、公正诚实、谅解他人的品质,促进国家统一、民族团结;培养学生的道德情操、社会责任感及正确的价值观念;培养学生适应环境变化和处理事务的能力,使他们在力所能及的范围内有效参与社会事务、履行社会功能。为此,小学教育应该是高质量、全民、

---

[1] 资料来源于 Statista 网站。

[2] 资料来源于 Statista 网站。

[3] 资料来源于 Statista 网站。

[4] 资料来源于 Statista 网站。

免费、义务教育。[1]

二、中学教育

（一）历史沿革

尼日利亚第一所中学是托马斯·巴宾顿·麦克雷牧师于 1859 年在拉各斯创办的"正教传教会文法中学"。到 1882 年，学校在校生达到 44 人。学校开设课程包括阅读、写作、速记、英国历史、罗马历史等。1878 年，英国卫斯理循道宗协会在拉各斯创办了"卫斯理循道宗男子中学"，后来更名为"循道宗男子中学"，学生有 20 人。1879 年，"循道宗女子中学"在拉各斯成立，学生有 23 人。1885 年，南方美国浸信会教徒在拉各斯创办"浸信会中学"（后来更名为"浸信会学校"），有 80 名学生和 4 位教师。[2]

1859—1949 年，尼日利亚南部共建立 31 所中学，其中 22 所为教会建立，8 所为英国殖民当局建立，1 所由私立建立（拉各斯埃库男子中学）。除了上述学校外，教会建立的学校还有卡拉巴尔霍普·瓦德培训学校（1895年）、奥约圣·安德鲁学校（1896 年）、圣·保罗培训学校（1904 年）、奥贝库塔文法中学（1908 年）、翁多杜克男子中学（1919 年）、奥尼查丹尼斯纪念馆文法中学（1923 年）、阿萨巴圣·托马斯学校（1929 年）等。英国殖民当局在尼日利亚南部建立的第一所中学是拉各斯国王学校（1909 年）。1929—1949 年，英国殖民当局还建立了乌姆阿西亚政府学校（1929 年）、伊巴丹政府学校（1929 年）、雷根纪念馆浸信会女子中学（1941 年）、亚巴高

---

[1] 资料来源于尼日利亚联邦教育部网站。

[2] BABATUNDE M M. Historical foundations of western education in Nigeria[M]. London: Lambert Academic Publishing, 2019: 86-91.

中（1941 年）、阿吉吉高中（1948 年）、新时代女子高中（1949 年）和奥里乌学校（1949 年）。[1]

（二）发展现状

从 1859 年至今，尼日利亚中学在发展过程中，形成了多种不同类型的中学，包括文法中学、政府中学、政府资助中学、私立中学、现代中学、商业中学、初级中学、综合性高中、伊巴丹国际学校、联邦政府学校、特殊教育中学等。

如前所述，尼日利亚第一所文法中学建立于 1859 年，目的是为教会培养牧师，为殖民当局和英国商会培养职员。学校主要有拉丁语、希腊语、理科课程。学制一般是六年。

政府中学由英国殖民当局建立，教学质量高，由具有教师资格证的教师任教。课程既有文学，也有科学。学校鼓励学生学习体育、运动、竞技、冶炼、木工等课程，以拓宽就业机会。

政府资助中学一般是社区拥有、英国殖民当局拨款资助。

私立中学由企业、宗教团体、个人拥有、管理、出资。有些私立学校资金充足，管理有序，师资力量强，学术水平高，也有一些私立中学不尽如人意。

现代中学的学制是三年，是小学教育的延伸，旨在帮助那些具有小学文化程度但学业水平不足以进入文法中学深造的学生获得实践教育的机会。学生除了学习文化课以外，还学习农业、冶炼、木工、家务、针线活等。学校毕业生有望在政府部门找到职位较低的工作，也可以进入教师培训学院、技术学院和贸易中心工作。

---

[1] BABATUNDE M M. Historical foundations of western education in Nigeria[M]. London: Lambert Academic Publishing, 2019: 86-91.

商业中学教授文学和商业相关课程，学生有望考取西非学校证书（商业方向）和伦敦皇家学会艺术学院证书。商业中学仅限于尼日利亚北部地区，包括布库鲁、卡诺和奥基尼等地的商业中学。卡诺商业中学在20世纪80年代更名为阿米努卡诺学校，奥基尼商业中学更名为奥基尼雷诺纪念学校。

初级中学始建于20世纪60年代初。1961年"班卓委员会"提议在西部区建立初级中学。当年，六所初级中学建立，目的是为学生在接受职业教育和非技术教育之前夯实学业基础。

综合性高中起源于1895年联合长老会在卡拉巴尔建立的中学。学校提供两年普通教育和三年专业教育，包括学术课程、商业课程、技术课程、农业培训等。第一所发展比较成熟的综合性高中坐落于奥贝库塔附近的埃耶托罗。第二所综合性高中坐落于哈尔科特港。

伊巴丹国际学校为满足尼日利亚外国侨民子女的教育需求设立。学校小班授课，学生享有更多的学术自由，强调学生性格养成和道德教育。有些尼日利亚社会精英，特别是西部地区的权势阶层也将子女送往这所学校学习。

联邦政府学校是由尼日利亚联邦政府管理的中学，目的是培养学生维护国家团结、促进族群融合和爱国的精神。为此，这些学校又被称为"民族团结学校"。在这些学校里，来自不同族群、不同地域、不同宗教背景，具有不同文化传统的学生共同学习成长。学生只要参加普通入学考试，结合一定的配额机制，就可以入选到这些学校。学校是寄宿学校，教学质量高，教学设备良好，遍布尼日利亚36个州和联邦首都区。

特殊教育中学主要招收具有特殊需要的学生群体，如残疾、失能、失明以及那些有特殊天赋的学生。残疾学校专为那些因身体或智力障碍无法进入正常学校学习的学生设立。天才学校专为那些从小学就已经确定学术能力超强的学生设立，为他们创造能最大限度发挥他们潜能的学习环境。[1]

---

[1] BABATUNDE M M. Historical foundations of western education in Nigeria[M]. London: Lambert Academic Publishing, 2019: 86-95.

目前，尼日利亚中学又可分为公立中学和私立中学。公立中学由政府出资建立，学校运营主要靠政府拨款；私立中学由社会机构、团体、个人出资建立，学校运营主要靠出资方筹措的资金和学费。[1]

（三）教育目标

1. 初中教育目标

初中教育目标是帮助学生掌握各种基础知识和基本技能，为学生开拓创新、未来深造奠定基础；培养学生的爱国情操，为服务社会发展、履行社会责任作贡献；培养学生正确的价值观念、良好的道德情操、强烈的社会责任感、独立思考和欣赏劳动价值的能力；引导学生跨越个人天赋、宗教信仰、肤色、族群、社会经济背景等差异，树立国家意识，学会与人和谐相处。[2]

2. 高中教育与职业发展目标

高中教育与职业发展，又名"后基础教育与职业发展"，指的是学生在完成10年基础教育、通过基础教育证书考试、通过初中阿拉伯与伊斯兰课程证书考试后接受的教育。它包括以下三项内容：一是高中教育，二是高等中学教育证书（普通中学教育文凭），三是职业高中。前两项属于学术课程，第三项属于职业教育。

高中教育与职业发展的目标是为普通初中毕业生（即基础教育证书持有者）和伊斯兰学校初中毕业生（即初中阿拉伯语伊斯兰课程证书持有者）

---

[1] 资料来源于 Statista 网站。

[2] 资料来源于尼日利亚联邦教育部网站。

提供深造学习的机会，不会因为性别、社会地位、宗教背景、族群背景的差异而受到不同待遇；提供多样化的课程，以满足不同学生的需求，使他们不会因为天赋、秉性、机遇或者未来社会角色的差异而受到不同待遇；为应用科学、技术、商业等领域提供训练有素的人力资源；为学生提供创新创业、技术职业技能，帮助学生实现自立自强，服务农业、工业、商业和经济发展；促进尼日利亚民族语言、艺术、文化的发展；激励学生实现自我发展，自我超越，励志成才；培养学生的爱国情怀，促进国家团结和国家安全，突出不同民族之间的共同纽带；培养学生的道德情操，以及适应社会发展的能力、独立理性思考的能力、尊重他人观点和情感的能力，并使他们尊重并欣赏劳动。[1]

第二节　基础教育的特点

一、教育目标明确

基础教育由政府提供，是高质量的全民免费义务教育。尼日利亚基础教育目标明确，主要内容如下：帮助学生掌握各种必要的基础知识和基本技能，培养其开拓创新、创造财富、继续深造的能力；培养学生的爱国情怀，引导其服务社会发展，履行公民责任；引导学生跨越个人天赋、宗教信仰、肤色、族群、社会经济背景等差异，树立国家意识，学会与人和谐相处；创造机会，培养学生处理事务的能力，使他们在力所能及的范围内有效参与社会事务、履行社会功能。[2]

---

[1] 资料来源于尼日利亚联邦教育部网站。

[2] 资料来源于尼日利亚联邦教育部网站。

二、课程门类丰富

（一）小学课程

小学一至三年级主要学习以下课程：英语、一门尼日利亚民族语言、数学、基础科学和技术（包括基础科学、技术常识、信息技术、身心健康教育）、宗教和民族价值观（包括基督教课程、伊斯兰教课程、社会科学、公民教育、安全教育）、文化艺术和创新艺术、阿拉伯语（选修）。

小学四至六年级主要学习以下课程：英语、一门尼日利亚民族语言、数学、基础科学和技术（包括基础科学、技术常识、信息技术、身心健康教育）、宗教和民族价值观（包括基督教课程、伊斯兰教课程、社会科学、公民教育、安全教育）、职业基础教育（家庭经济学、农业）、法语、文化艺术和创新艺术、阿拉伯语（选修）。

（二）初中课程

初中主要学习以下课程，包括英语、一门尼日利亚民族语言、数学、基础科学和技术（包括基础科学、技术常识、信息技术、身心健康教育）、宗教和民族价值观（包括基督教课程、伊斯兰教课程、社会科学、公民教育、安全教育）、职业基础教育（家庭经济学、农业）、法语、文化艺术和创新艺术、商业课程、阿拉伯语（选修）。为有效开展教学，初中师生比例必须控制在 1∶35 以内。

（三）高中课程

高中课程门类有科学与数学课程、技术课程、人文学科课程、商业课程。必修通选课有：英语语言、普通数学、贸易 / 商业精神、公民教育。学科领域课程如下：科学与数学、生物学、化学、物理、高等数学、健康教育、农业、体育、计算机科学；技术课程有技术绘图、普通金属原理、基础电学、电子学、汽车修理、建筑学、木工学、家庭管理、食品与营养；人文学科课程有基督教研究、伊斯兰教研究、视觉艺术、音乐、历史、地理、政治学（政府）、经济学、英语文学、法语、阿拉伯语、任何一门尼日利亚民族语言；商业课程有储存管理、会计学、商学、办公室实践、保险学等；经商 / 创业课程有汽车修理与喷漆、汽车电路、汽车机械原理、汽车配件经营、空调与冰箱、焊接制作工程技术、电器安装及维修、垒石、制砖、喷漆与装潢、排水与管道安装、木工、家具制作、室内装潢、服装制造、布料制作与纺织、染色与漂白、印刷、整容、摄影、开矿、旅游、皮革产品制造与维修、速记、数据处理、店面管理、簿记、通信网络维护与维修、市场营销、产品推销等。在这些课程中，学生可选择 8—9 门课程。

三、培养路径清晰

（一）小学教育

小学教育必须是参与型、探索型、实验型、以孩子为中心；在单一语言社区，小学前三年教学语言必须是孩子所处社区的语言；在此期间，英语必须作为一门课程来学习。从四年级开始，教学语言将逐步使用英语，教学环境也转为英语环境。在此期间，法语和阿拉伯语将作为课程来学习。政府部门将委派专任教师讲授如下课程，如数学、基础科学、技术常识、身心健康教育、语文（如英语、阿拉伯语、法语、手语、尼日利亚民族语言）、音乐、美术、家庭经济学、农业等。小学升初中不设统一考试，每个州和联邦首都区必须按照规定的标准做出适当的安排。

（二）初中教育

学生平时学习成绩和学校考试比例必须为 4 : 6。这个成绩是学生升级的依据。这个规定既适用于公立学校，也适用于私立学校。学生完成 10 年正规教育后，将参加基础教育证书考试或初中阿拉伯语和伊斯兰研究证书考试，这些证书由每个州和联邦首都区教育管理部门颁发。州政府和联邦首都区政府必须确保将正规教育有机融入古兰经学校、伊斯兰学校及特殊需求学校。各级政府、相关部门及家长必须鼓励所有女孩接受教育，特别关注在受诸多因素影响地区的男孩"辍学综合征"。联邦政府、州政府、联邦首都区政府及地方政府必须制定恰当的战略和措施为处于特殊环境（如游牧家庭、猎户家庭、渔民家庭、孤儿、学徒儿童等）的每一位儿童提供基础教育。各级各类学校必须努力保证教育公平、提高教育质量、推动教育包容。所有学校必须按照法律要求，自觉地升国旗，每个教学日活动开始前，必须唱国歌、宣誓效忠国家。

包括公立学校在内，政府欢迎志愿组织、社会团体及个人创办托儿所、幼儿园、学前班、小学和中学。在当今信息化时代，信息技术在促进知识学习、技能培养方面发挥着重要作用。为此，政府努力建设信息技术基础设施、有效使用信息技术来促进尼日利亚基础教育发展。小学和中学建设规划必须在社区附近，确保学生就近入学。如有特殊情况，政府将建立初中寄宿学校，确保学生入学。每一所学校都必须尽其所能培养学生的国家归属感。政府采取措施（如创新艺术、文化艺术、参观博物馆等）保护和传承尼日利亚国家文化。体育运动、课外活动（如俱乐部、社团）对于性格养成至关重要，因此，必须积极鼓励。政府将为基础教育提供如下设施：学校图书馆、医疗室、指导和咨询、教育资源中心、实验室和研读间。鼓励政府通过本地餐饮健康项目为学生提供营养餐，确保儿童健康成长，鼓励学生在校学习，防止学生辍学。

（三）高中教育及职业发展

为促进高中教育及职业发展，政府欢迎志愿组织、社区机构及个人参与并管理高中教育与职业发展。政府规范学校的建立、加强监管、定期检查学校办学，确保所有学校都遵守课程大纲、符合国家教育政策规定。高中及职业教育师生比例必须控制在1∶40以内。只要学生平时成绩和考试合格，将获得西非高中证书、高中证书、国家技术证书、国家商业证书、国家职业证书、阿拉伯语和伊斯兰研究高中证书等。法定考试机构将负责学生毕业考试，确保考试全国统一。在考试时，必须严格遵守考试伦理道德。

初中后教育到大学教育都将遵循适当的选拔机制；国家将努力确保职业教育领域的性别平等，为高中及职业学校毕业生提供培训的机会，鼓励产业和教学机构之间加强合作。

四、重视机制建设

尼日利亚形成了以普及基础教育委员会为核心，以国家流动家庭教育委员会为辅助的基础教育培养机制。

（一）普及基础教育委员会

尼日利亚联邦政府于1999年9月启动"普及基础教育项目"，目的是向每一位尼日利亚儿童提供免费、义务、普及的基础教育。这也是尼日利亚对"人人享有教育""千年发展目标""可持续发展目标"等全球议程的回应和执行。2004年，尼日利亚通过《普及基础教育法》，将"普及基础教育项目"提高到了法律层面。"普及基础教育项目"包含三部分：幼童教育（3—5岁）、小学教育（6—11岁）和初中教育（12—14岁）。为切实推动基础教育发展，尼日利亚专门成立了普及基础教育委员会。

普及基础教育委员会是一个干预和协调机构，授权支持尼日利亚36州和联邦首都区向全国所有儿童提供高质量的基础教育，使他们不受性别、地域或社会经济背景等因素的影响，这同国际教育公约和协议的精神是一致的。州普及基础教育委员会和地方政府教育局是基础教育的执行者。

普及基础教育委员会是联邦教育部下辖政府机构，是一个三级管理机构。委员会设1位执行秘书和2位常务副执行秘书，执行秘书也是委员会主席，总体负责委员会事务。执行秘书办公室下设5个科室：特别项目科、古兰经学校教育协调科、法律事务科、公关科、服务通信科。委员会下设11个部门，每个部门设1名主任，主任直接向执行秘书汇报。这11个部门是：学术服务部，行政后勤部，财务部，内部审计部，基建规划部，规划、研究和数据统计部，采购部，质量监督部，社会动员部，专门项目部，教师发展部。委员会还设有6个区域事务办公室、1个联邦首都区事务办公室和36个州事务办公室。区域事务办公室和联邦首都区办公室设有办公室主任。区域事务办公室负责监督各自行政区域所辖各州事务办公室。[1]

委员会主要职能包括：为普及基础教育项目成功运行制定政策指南；接收联邦政府教育拨款，将其分发给各州、地方政府及相关基础教育执行

---

[1] 资料来源于普及基础教育委员会网站。

机构，这些拨款按照普及基础教育委员会董事会制定的规则分配，经联邦执行委员会同意后方可分发；按照国家教育政策和国家教育委员会指令制定基础教育最低标准，确保这些标准得到有效监督执行；同州地政府、地方政府及相关利益攸关方开展协商，为基础教育均衡、协调发展定期制定总体规划，勘校规划稿，确定需要干预的领域，如教育基础设施建设；定期协同州政府和地方政府，对基础教育教学人员和非教学人员进行人事审核；监督联邦政府基础教育投入执行情况；通过教育部部长向总统提交基础教育项目执行进展报告；同非政府组织和多边机构，协调基础教育相关活动的执行；加强同基础教育发展捐助机构和其他合作伙伴之间的联络；制定并分发基础教育课程大纲和教学材料；建立基础教育数据库，开展基础教育研究；支持基础教育教师和行政人员国家能力建设；动员公众、社会机构及所有利益攸关方参与基础教育建设，实现免费、义务、普及基础教育的总目标；开展其他有助于《普及基础教育法》实施的相关活动；执行教育部部长不定期赋予的其他任务。

（二）国家流动家庭教育委员会

流动家庭子女是尼日利亚基础教育中的弱势群体。尼日利亚专门成立国家流动家庭教育委员会和相关机构，帮助他们完成小学基础教育。流动家庭子女教育指的是为乡村贫困地区弱势群体儿童提供的小学六年基础教育。流动家庭包括三个群体，一是从事畜牧业生产的游牧家庭，二是流动渔民家庭，三是流动农民工。流动家庭子女教育的目标是为流动家庭儿童提供相关功能性基础教育；提高流动家庭儿童的生存技能，帮助他们掌握基本知识和技能，为其改善生活水平，提高家庭收入，有效参与国家社会、经济和政治生活奠定基础。联邦教育部向国家流动家庭教育委员会提供必要的资金，促进项目顺利开展；鼓励国家和国际合作伙伴及金融机构帮助顺利开展项目；向各州和地方政府提供相应资金，为顺利开展流动家庭子女教育提供保障。

国家流动家庭教育委员会的主要职能包括：制定同流动家庭子女教育事项相关的政策和指南，执行学校发展项目；加强流动家庭子女研究和人力培训，开展流动家庭子女教育发展项目，为开展流动家庭子女教育所需设备、教学材料、教室修建以及其他设施提供资金；对流动家庭子女教育机构开展的各项活动进行有效监督与评估，在牧区、渔区、农场等地建立、管理、维护流动家庭子女教育示范中心，包括在政府规划设立的流动家庭居住区建立学校等；执行指导方针，确保流动家庭子女教育活动区域分布合理，并特别关注跨州流动家庭子女教育；联络协调、促进流动家庭子女教育部门之间的合作，建立跨部门委员会，为牧区、大坝区域、渔港／渔区、耕地区、私人诊所等提供社会福利服务；对学校开展有效监督检查；整理、分析、发布流动家庭子女教育相关信息，获取有效执行流动家庭子女教育项目相关信息；确定流动家庭子女学校学生学习技能标准，定期评估这些标准；确定流动家庭及其适龄入学子女的数量；搭建桥梁，为流动家庭子女教育争取外部资源；接受政府及他机构（如全民基础教育委员会）资金，向各州政府、地方政府、社区、大学中心、地区办公室等分配资金；监督流动家庭子女教育各种项目的执行，如各级政府、发展机构、教育部门开展的项目；向教育部门、教育机构以及从事流动家庭子女教育规划的组织提供有关流动家庭文化背景和人口结构的必要数据；为促进流动家庭子女教育募集资金，寻求其他必要支持；组织活动，促进流动家庭同其邻居之间和睦相处；制定政府政策，开发政府项目，促进流动家庭子女公民教育及其他国家关注的教育议题的探讨。

各州及联邦首都区流动家庭子女教育单位将在各州普及基础教育委员会监督下，开展以下工作：管理本州流动家庭子女学校；分配联邦政府和州政府提供的所有资金；建立效果良好、功能齐全的监督单位；监督本州和地方政府流动家庭子女教育单位；为流动家庭子女学校的教师提供培训和进修机会；为流动家庭子女新校建设提供指导；督促流动家庭子女学校校长和学监撰写、提交学校发展报告；完成教育委员会或州普及基础教育委员会主席分配的其他工作。

各州及联邦首都区流动家庭子女教育单位/部门/董事会同各州及联邦首都区大众教育委员会加强协调，为流动家庭成年人提供识字扫盲项目服务。地方教育机构负责辖区内流动家庭子女学校的日常管理、指导和监督，学校教师和非教学人员的任命、招聘、调任、晋升、监督等工作；以及学校教学材料和设备的采购和分配；调动社区积极参加流动家庭子女学校的建设和管理；定期向本州流动家庭子女教育管理部门提供教育项目管理反馈；执行州普及基础教育委员会分配的其他工作。

第三节　基础教育的挑战和对策

一、基础教育面临的挑战

（一）学生辍学率高

联合国国际儿童基金会 2021 年 10 月发布的报告显示，尽管尼日利亚小学教育是免费义务教育，但是，在基础教育阶段，世界上辍学学生有三分之一来自尼日利亚，其中小学生为 1 020 万人，初中生为 810 万人。在尼日利亚，有 1 240 万适龄儿童从未上过学，590 万适龄儿童未毕业就离开了学校。在青少年人群中，仅有三分之一的初中毕业生有资格读高中。超过 50%

的女童未接受基础教育。在未上学的儿童中，66% 来自东北地区，86% 来自乡村地区，65% 来自经济最不发达的地区。[1]

联合国国际儿童基金会 2022 年 2 月发布的报告再次显示，世界每 5 个适龄辍学儿童中就有一个在尼日利亚。在尼日利亚，5—14 岁儿童中，有 1 050 万儿童辍学；6—11 岁儿童中，仅有 61% 的儿童在正常上学。在尼日利亚北部，情况更加严重，儿童入学率仅有 53%。东北部和西北部女童入学率分别仅有 47.7% 和 47.3%。换言之，有超过一半女童辍学。北部女童辍学率高有各种因素，如经济上的障碍、社会文化观念等。在尼日利亚东北和西北各州，分别有 29% 和 35% 的儿童是穆斯林，他们接受古兰经教育。尼日利亚政府在统计入学教育时，将他们排除在外。政府认为，这些孩子应接受识字及数学方面的教育。[2]

联合国儿童基金会和美国国际发展署 2023 年 4 月联合发布的报告显示，尼日利亚小学教育情况并未发生明显改善，有 70% 的儿童未掌握基础读写能力，也未掌握基本数学运算。在校学生中，只有 49% 的小学生掌握了基础读写能力，55% 的小学生掌握了基本数学运算。在识字率方面，西北地区女童识字率仅为 38%，东北地区仅为 42%；西北地区男童识字率为 57%，东北地区为 53%。在全国最贫困的五分之一地区，女童识字率仅为 14%。在女童教育方面，截至 2022 年 7 月，有 760 万女童辍学，其中小学生 390 万人，初中生 370 万人。在基础教育阶段，超过 50% 的女童没有上学；在未上学的女童中，有 48% 来自东北和西北地区。在尼日利亚北部，古兰经学校学生数量接近 200 万。但是，从现代教育的视角来看，尼日利亚政府认为这些学生都不属于在校生，所以，统计时将他们排除在外，而大多数古兰经学校分布在尼日利亚北部。[3]

---

[1] 资料来源于 ICIR Nigeria 网站。

[2] 资料来源于联合国儿童基金会网站。

[3] 资料来源于 ICIR Nigeria 网站。

世界知名数据库 Statista 于 2022 年 2 月 11 日发布的数据也显示，中小学生辍学率高，是尼日利亚教育的一大挑战。统计表明，2018 年，尼日利亚小学生辍学率是 28.07%，初中生是 27.38%，高中生达到 40.8%。[1]

（二）安全问题突出

尼日利亚基础教育面临的一个重要问题是安全问题，特别是恐怖主义对学校的攻击。2020 年，有 1.15 万所学校因遭受攻击而关门，其中 76% 的学校在西北地区。2021 年，有 100 多万学生不敢返回学校。2022 年 2 月，有 25 所学校遭到恐怖袭击，1 470 人遭到绑架，其中 200 人失踪。[2]

联合国儿童基金 2022 年 2 月发布报告显示，在尼日利亚东北地区，特别是博尔诺州、约贝州、阿达马瓦州，因冲突不断，有 280 万儿童需要紧急教育支持。在这三个州，有 802 所学校关门，497 间教室被毁，1 392 间教室遭到破坏后仍未修复。[3]

（三）教育投入严重不足

2001—2017 年，尼日利亚平均每年将国民生产总值的 1.97% 投入教育。2021 年，教育支出占到国民生产总值的 1.2%，低于撒哈拉沙漠以南其他非洲国家。联邦政府支出中，仅有 7.2% 用于教育，在全国范围内（联邦政府和州政府），仅有 10.1% 的公共开支用于教育。2015 年以来，尽管尼日利亚人口持续增长，对教育的需求也持续增加，但是，联邦政府对教育的支出，每年却呈下降趋势。2018—2020 年，教育支出的缺口达到 36%（7 924 亿奈

[1] 资料来源于 Statista 网站。

[2] 资料来源于 ICIR Nigeria 网站。

[3] 资料来源于联合国儿童基金会网站。

拉）。2002—2021 年，普及基础教育委员会未拿到用于改善基础教育质量的 480 亿奈拉经费。同国际标准相比，尼日利亚教育支出严重不足，学前教育和小学教育尤其短缺。[1]

（四）师资力量薄弱，师生比例偏低

近年来，随着尼日利亚人口快速增长和对教师要求不断提高，教师缺乏的问题显得日益严峻。1998—2005 年，虽然学前及小学教师人数有一定的增加，但是，师生比例却一直处于下降趋势。1998 年师生比例为 1∶38，到 2005 年则降至 1∶40，阿达马瓦州的师生比甚至低至 1∶77。教师问题不仅仅是数量的不足，还有大量教师未取得教师资格证。尽管从 20 世纪 70 年代开始推行《普及小学教育计划》，尼日利亚已经重视并大力发展教育学院，提高教师质量，推进教师专业化发展，如采取教师资格分层制度，提高教育资格获得者的工资等措施，但到 2005 年，没有取得合格教师资格证的小学教师占比为 21.5%，中学教师占比为 32.4%，平均每一所学校合格教师仅 12.9 人。[2]

2022 年，尼日利亚基础教育机构有 177 027 家，小学生 31 771 916 人，初中生 8 003 397 人。师资方面，小学有 915 539 名教师，初中有 416 291 名教师。师生比各州不同，但是没有一个州达到国家教育政策设定的 1∶35 的目标。有些州的师生比甚至低至 1∶100。[3]

---

[1] 资料来源于 ICIR Nigeria 网站。

[2] 楼世洲. 从 UPE 到 UBE：尼日利亚推进基础教育的政策分析 [J]. 外国教育研究，2009（3）：3.

[3] 资料来源于 The Cable 网站。

（五）培训经费短缺，师资培训不足

2023 年 6 月，尼日利亚普及基础教育委员会执行秘书哈米德·鲍勃伊在教师职业发展大会上表示，2018—2022 年，尼日利亚公立学校有 67.5% 的教师未接受任何形式的在职培训，而这个数字在私立学校高达 85.3%，这种情况严重影响了教育质量。2009—2022 年，联邦政府向各州教师职业发展项目拨款超过 571 亿奈拉，但是远远不够。此外，各州政府严重依赖联邦政府拨款，对教师培训贡献较少或几乎没有贡献。[1]

二、基础教育的应对策略

为解决基础教育发展面临的难题，尼日利亚需要采取以下应对措施，从而有效实现既定的基础教育目标。

第一，增加政府对基础教育的投入，加强中小学基础设施建设（如办公楼、教学楼、报告厅、实验室、图书馆、操场、计算机技术设备等），向中小学校提供更多教学材料。

第二，聘用更多合格的教师，将其分配到全国基础教育学校中。培养专业化教师队伍，加强教师专业培训，不断提高教学质量；增加教师薪资福利待遇，稳定中小学教师队伍，减少人才流失，激励教师干事创业，献身教育事业。[2]

第三，加强基础教育质量监管，确保教学质量达到基础教育目标要求。

---

[1] 资料来源于 Daily Post 网站。

[2] ADANNA C M, JEGEDE D, OGUNODE N. Basic education in Nigeria: problems and solutions[J]. Central Asian journal of social sciences and history, 2022(6): 272-274.

第四，加强基础教育统计数据管理，帮助政府有效开展基础教育决策规划。

第五，严厉打击恐怖行为，确保校园安全，特别是师生人身安全。特别是在尼日利亚东北部地区，应加强打击恐怖主义的力度，促进经济发展、社会进步、教育繁荣。[1]

---

[1] HAYAB F J, MBATA F O, AYOKO V O. Analysis of challenges facing management of basic education in Nigeria[J]. Analytical journal of education and development, 2023(5): 14.

第六章 高等教育

高等教育承担着人才培养、科学研究、社会服务和文化传承的重要使命，在促进尼日利亚政治稳定、民族团结、区域发展、社会进步等方面都发挥着重要作用。尼日利亚高等教育可以追溯到 19 世纪初英国正教传教会在西非塞拉利昂创办的福拉湾学院。20 世纪初，英国殖民政府在拉各斯建立测量学校，这是尼日利亚第一所技术学校。20 世纪 30 年代，英国殖民当局在尼日利亚创办亚巴高等学院，这是尼日利亚第一所技术学院。20 世纪 40 年代末，英国殖民当局在尼日利亚西南文化名城伊巴丹创办伊巴丹大学学院，这是尼日利亚第一所大学，也是尼日利亚独立前唯一的一所高等学府。

尼日利亚独立后，历次修改宪法都将高等教育列为国家社会发展不可或缺的关键因素，也颁布了多部教育法令，促进高等教育发展不断迈上新台阶。但是，由于族群纷争、政变频发、经济衰退等因素的影响，尼日利亚高等教育发展经历了一个曲折的过程。1999 年尼日利亚民选政府执政以来，高等教育迎来了新的发展机遇，也取得了长足的进步。但是，由于人口基数庞大，经济发展缓慢，区域发展失衡，社会动荡时发，尼日利亚高等教育普及率仍然比较低，高等教育质量仍有待提高。

第一节 高等教育的发展和现状

一、高等教育的发展

（一）高等教育的起源

尼日利亚高等教育可以追溯到 1827 年英国正教传教会在西非塞拉利昂弗里敦建立的福拉湾学院。福拉湾学院是一个培训机构，目的是在非洲当地人中"为教会培养牧师、教师和非神职人员"。1864 年，福拉湾学院升格为福拉湾大学，隶属英国杜伦大学。1867 年，福拉湾大学面向英属西非全境招生，尼日利亚也在其中。福拉湾学院为英国在西非从事传教活动、开办教育、开拓殖民地、巩固殖民统治等培养了大量的当地人才。

福拉湾学院开启了西非高等教育的先河，为英属西非区，如尼日利亚、冈比亚、塞拉利昂、加纳等地教育的发展，做出了重要贡献。学院毕业生中既有教会牧师、教会学校教师，也有在英国殖民政府中任职的非洲籍公务员。随着时间的推移，学院毕业生在西非政治、经济、教育、社会服务等领域，特别是在西非一些国家促进民族觉醒、争取民族独立中发挥了重要作用。在这个过程中，尼日利亚籍学生（特别是约鲁巴族学生）曾扮演了不可替代的角色。

20 世纪初以来，尼日利亚其他族群也效仿约鲁巴人的做法，把他们的孩子送往福拉湾学院或者英国学习。例如，20 世纪 30 年代末，伊比比奥族一次性资助 12 位尼日利亚学生前往英国留学。伊博人也不甘落后，他们集资资助了一批伊博族学生出国学习。在 20 世纪 30—50 年代，尼日利亚不同族群竞相资助学生出国留学，这种现象在南部尤为普遍。为此，这段时间也成为尼日利亚高等教育发展史上的一个"黄金时代"。[1]

（二）本土高等教育的发展

1. 西非有识之士呼吁开创本土高等教育

为促进非洲本土高等教育的发展，19世纪末以来，西非一些有识之士一直在呼吁创办本土高等教育机构。1868年和1881年，詹姆斯·阿弗力佳努斯·霍顿、爱德华·威尔莫特·布莱登都提出建立非洲本土大学的主张。1911年，嘉士利·海福德、赫伯特·麦考雷等人发起建立西非大学的倡议。1920年，华莱士·约翰逊等西非知名人士在加纳阿克拉召开英属西非国民大会第一次会议。会后，他们将会议决议提交给英国西非殖民政府。决议中有一条，就是创办一所能够保持学生非洲民族身份的西非大学。拉各斯著名律师艾佳顿·香格勒和第一位非洲籍拉各斯殖民地教育督学亨利·卡尔也都呼吁创办非洲本土高等教育机构。[2]

从1908年起，英国殖民当局开始设立一些政府培训项目，提供高等教育培训。但是，这些项目仅限于政府低层官员。英国殖民当局仍然不愿意雇佣尼日利亚人在政府中担任重要的行政管理工作。正如英国非洲事务权威人士威廉·马尔科姆·海利伯爵指出的那样："（是否在非洲推行）高等教育主要是基于政治考虑，因为向尼日利亚人提供什么类型的教育取决于英国殖民当局期待接受教育的非洲人在尼日利亚社会从事什么样的工作。迄今为止，英国的政策并未清晰地表明，殖民当局期待接受教育的尼日利亚人未来从事什么样的工作。当然，在英国殖民史上，从未有过这样的先例：殖民当局已经非常清晰地界定了接受教育的当地人未来要从事什么工作，

---

[1] FAFUNWA A B. History of education in Nigeria[M]. Reprinted. Oxford: Routledge, 2018: 140-141.

[2] FAFUNWA A B. History of education in Nigeria[M]. Reprinted. Oxford: Routledge, 2018: 142.

或者有意识地调整教育制度来满足这个需求。"基于此，1908—1935 年，英国殖民当局根据殖民地政治、经济和社会发展需要，开设了一些培训课程。如前所述，19 世纪末以来，尼日利亚公众就不断向英国殖民当局施压，要求在尼日利亚创办高等教育机构，让尼日利亚年轻人不需要出国就能接受高等教育。[1]

2．亚巴高等学院：尼日利亚第一所技术学院

1930 年，英国殖民当局新任教育主任埃里克·哈斯伊提出《1930 年尼日利亚教育计划》，目标是扩大尼日利亚的教育体系。[2] 哈斯伊提出在尼日利亚建立三级教育体系：小学、中学和职业培训。职业培训的目的是培养医学、工程及其他行业所需的能胜任的助理，以及高中教师。英国殖民当局接受了他的建议，并决定在亚巴建立一个学院，提供各种职业培训课程，目标是最终达到英国大学的水平。由于时值经济大萧条，学院建设经费很难落实。1930—1931 年，殖民当局建立了两所培训学校，主要培养药剂师和医生助理，一个位于亚巴，一个位于扎里亚。1932 年 12 月，殖民当局开始修建亚巴高等学院校舍。同年学院开始招生，学生临时住在拉各斯国王学院。1934 年 1 月，亚巴高等学院举行落成典礼，学生们也乔迁新居。此时，亚巴高等学院已经有三个年级的学生，分别学习医学、农学、工程和教育四个专业。[3]

亚巴高等学院的建立，为尼日利亚人在本国接受高等教育提供了机会，也为本考虑远涉重洋、前往英美等国留学但缺乏资金的尼日利亚甚至西非的年轻人提供了另外一个选择。但是，亚巴高等学院本质上只是一个技术

---

[1] FAFUNWA A B. History of education in Nigeria[M]. Reprinted. Oxford: Routledge, 2018: 141.

[2] 资料来源于 Project and Materials 网站。

[3] FAFUNWA A B. History of education in Nigeria[M]. Reprinted. Oxford: Routledge, 2018: 143.

学院，不是一所真正意义的大学。它学科专业有限，招生名额极少，办学经费不足，注定难以持久。第二次世界大战爆发以后，英国殖民当局将亚巴高等学院办学经费挪作军费开支。1942 年，殖民当局又将亚巴高等学院用作军用医院。学院一些学生转至英国在西非的另外一个殖民地——黄金海岸（即后来的加纳）的阿齐莫塔学院，其他学生转送到拉各斯正教传教会文法中学。1947 年，亚巴高等学院并入新建的伊巴丹大学学院。自此，尼日利亚第一所技术学院完成了历史使命。[1]

3．伊巴丹大学学院：尼日利亚第一所大学

伊巴丹大学学院是尼日利亚第一所真正意义上的大学。学院于 1948 年建立，位于尼日利亚西南部文化名城伊巴丹。独立以前，伊巴丹大学学院是尼日利亚唯一的一所大学。伊巴丹大学学院同亚巴高等学院有着深厚的历史渊源。1947 年年底，亚巴高等学院开始并入伊巴丹大学学院。1952 年11 月，学院乔迁新址，即当今伊巴丹大学校址。1962 年正式更名为伊巴丹大学。

伊巴丹大学学院开始时只有 4 个专业：农业、医学、艺术和自然科学。医学学制是 8 年，其中 4 年在英国。农学是 5 年；艺术和自然科学都是 4年。学院教学大纲和课程开设要由伦敦大学设计或批准，毕业后由伦敦大学授予学位。由于伊巴丹大学学院提供的课程非常有限，大批尼日利亚年轻人选择到国外去学习法律、经济、工程、公共管理以及其他课程。[2]

作为殖民时期创办的唯一一所大学，伊巴丹大学学院最初只是伦敦大学的一个海外分支，依附于伦敦大学，无论是办学宗旨、课程设置、教学目标还是服务对象等都受伦敦大学控制，缺乏独立性。同时，出于政治考

---

[1] 楼世洲. 尼日利亚高等教育研究 [M]. 北京：中国社会科学出版社，2009：45.

[2] 楼世洲. 尼日利亚高等教育研究 [M]. 北京：中国社会科学出版社，2009：46.

虑，英国殖民当局也不可能为尼日利亚建立一个具有民族独立性的高等教育体系。因此，伊巴丹大学学院本质上是为英国殖民当局服务的。尽管如此，学院客观上也为尼日利亚培养了一些优秀的学者、管理人员和技术人员，成为尼日利亚同西方国家（特别是英国）开展学术交流的重要平台，也为尼日利亚民族独立、经济发展、社会进步做出了应有的贡献。直至今日，伊巴丹大学在尼日利亚大学体系中依然处于领军地位。目前，伊巴丹大学有 16 个学院，研究生占在校总人数的 50%，每年平均有 3 000 名硕士和 250 名博士毕业。[1]

二、高等教育的现状

（一）高等教育学生情况

作为非洲人口第一大国，尼日利亚高等教育学生数量也居非洲之首。2019 年，尼日利亚全日制本科在校学生约 180 万人，研究生约 24.2 万人，博士生约 1.76 万人。本科生中男生占 56%，女生占 44%。硕士研究生中，男生占 62%，女生占 38%。[2]

2019 年，尼日利亚本科生选择最多的专业是科学和社会科学，298 622 人；行政管理和企业管理位列第二，264 613 人。紧随其后的是科学，256 516 人；教育学，249 970 人；工程技术，127 285 人；艺术，121 318 人；基础医学与健康科学，110 633 人；农业，116 726 人；计算机，96 907 人；法律，65 305 人；环境科学，44 859 人；医学，24 800 人；药剂学，12 295 人，

---

[1] 资料来源于伊巴丹大学网站。

[2] 资料来源于 Statista 网站。

等等。[1]

2019 年，在硕士研究生中，选择行政管理和企业管理的学生数量最多，38 355 人；教育学位列第二，25 218 人。紧随其后的是科学，18 883 人；社会科学，15 397 人；工程技术，5 623 人；艺术，5 092 人；环境科学，3 123 人；农业，2 997 人；基础医学和健康科学，2 047 人；计算科学，1 920 人；法律，1 823 人，等等。[2]

2019 年，在博士研究生中，选择社会科学专业的学生人数最多，男生有 2 137 人，女生有 867 人，共计 3 004 人。紧随其后的是科学，2 706 人；教育学，2 620 人；行政管理和企业管理，2 149 人；艺术，1 914 人；工程技术，1 541 人；农业，1 142 人；法律，639 人；环境科学，574 人；基础医学和健康科学，550 人；计算科学，432 人，等等。[3]

2019 年，尼日利亚学生人数在 3 万人以上的大学有 15 所，分别是国家开放大学（565 385 人）、迈杜古里大学（74 522 人）、伊洛琳大学（53 782 人）、埃哈迈德·贝鲁大学（扎利亚）（52 705 人）、贝宁大学（51 282 人）、拉各斯大学（45 552 人）、乔斯大学（39 404 人）、卡拉巴尔大学（38 436 人）、贝尔奥大学（37 812 人）、阿穆布努斯·阿里大学（37 584 人）、纳萨拉瓦州州立大学（35 466 人）、恩南第·阿兹凯维大学（奥卡）（33 132 人）、尼日利亚大学（32 486 人）、哈科特港大学（32 462 人）、奥巴菲米·阿沃拉瓦大学（32 401 人）。[4]

---

[1] 资料来源于 Statista 网站。

[2] 资料来源于 Statista 网站。

[3] 资料来源于 Statista 网站。

[4] 资料来源于 Statista 网站。

（二）高等教育机构类型

1. 联邦大学

1960 年 9 月提交尼日利亚联邦教育部的《阿什比委员会报告》明确提出建立四所联邦大学，这项任务在 1962 年完成。加上 1970 年建立的贝宁大学，尼日利亚联邦大学数量达到 6 所。1974 年戈翁军政府修改宪法条文，宣布由联邦政府全面接管所有的大学，并在 1975 年建立了 7 所联邦大学，俗称"七姐妹大学"。到 20 世纪 80 年代，联邦政府建立了 9 所联邦大学。加上 20 世纪 90 年代新建的 3 所，截至 1999 年，尼日利亚联邦大学数量达到 25 所。[1]

1999 年宪法强调了教育在政治和解、民族融合、经济发展、社会进步等方便的重要作用，尼日利亚高等教育发展也迎来了新的时代。为扩大高等教育普及率，2007 年，尼日利亚建立联邦石油资源大学；2011 年，建立了 9 所联邦大学；2013 年，建立了 4 所；2018 年，建立了 3 所；2020 年，建立了 2 所；2021 年，建立了 4 所；2022 年，建立了 1 所。截至 2023 年 12 月，尼日利亚联邦大学数量达到 53 所。联邦大学是尼日利亚高等教育的旗舰，在尼日利亚高等教育体系中起着领头羊的作用。[2]

第一代联邦大学建立于尼日利亚独立之初。新建的联邦大学有尼日利亚大学（恩苏卡，1960 年）、拉各斯大学（拉各斯，1962 年）、艾哈迈德·贝鲁大学（扎里亚，1962 年）、奥巴菲米·奥沃洛瓦大学（伊费，1962 年）和贝宁大学（贝宁，1970 年），它们同 1948 年建立、1962 年升格的伊巴丹大学一起，构成了尼日利亚第一代大学体系。这一时期刚好同尼日利亚的两个国家发展规划（1962—1968 年；1970—1974 年）时间大致重合。在此期

---

[1] 资料来源于国家大学委员会网站。

[2] 资料来源于国家大学委员会网站。

间，尼日利亚大学学生数量也从 1 395 人增加到 26 448 人，增长将近 20 倍。与此同时，尼日利亚技术学院也发展到 8 所（其中联邦 3 所，州立 5 所），学生人数达到 2 620 人。尼日利亚教育学院也达到 13 所，其中联邦政府设立的教育学院 7 所，州与地方设立的教育学院 6 所。[1]

第二代联邦大学建立于 20 世纪 70 年代中期到 90 年代初。在此期间，尼日利亚建立了 19 所联邦大学。单 1975 年和 1977 年，尼日利亚就建立了 7 所联邦大学，即卡拉巴尔大学（1975 年）、乔斯大学（1975 年）、迈杜古里大学（1975 年）、奥斯曼·丹·福迪奥大学（索科托）（1975 年）、伊洛琳大学（1975 年）、科特港大学（1975 年）和贝尔奥大学（1975 年）。在校学生人数从 1973 年的 23 000 人上升到 1978 年的 52 000 人，增长了两倍多。[2]

在 20 世纪 70 年代末，随着科学技术的迅猛发展，世界各国对于科技人才的迫切需求达到了前所未有的程度。尼日利亚也不例外。在 20 世纪 70 年代，得益于世界对原油的巨大需求，尼日利亚石油产业迅速崛起，国民经济也实现了快速发展。但是，尼日利亚科技人才严重缺乏，不得不从英美等国引入。由于高昂的代价让尼日利亚不堪重负，因此，尼日利亚在 1977 年颁布的第一部尼日利亚《国家教育政策》中明确提出发展国家急需的理工科教育和技术教育。为此，20 世纪 80 年代，尼日利亚建立了一批联邦技术大学，如联邦技术大学（奥韦里，1980 年）、联邦技术大学（阿库雷，1981 年）、莫迪博·阿达马技术大学（约拉，1981 年）、联邦技术大学（明纳，1982 年）、尼日利亚国防学院（卡杜纳，1985 年）、阿布巴卡尔·塔法瓦·巴雷瓦大学（包奇，1988 年）、阿布贾大学（格乌瓦拉达，1988 年）、联邦农业大学（阿贝奥库塔，1988 年）、约瑟夫·沙尔午安·塔卡大学（马库尔迪，1988 年）等。20 世纪 90 年代，尼日利亚建立的三所大学是乌约大学（1991 年）、迈克尔·奥克帕拉农业大学（1992 年）和纳姆迪·阿齐克韦

---

[1] 资料来源于国家大学委员会网站。

[2] 资料来源于国家大学委员会网站。

大学（1992 年）。[1] 这些大学与传统综合大学不同，它们主要提供科学技术方面的课程。

第三代尼日利亚联邦大学建立于 21 世纪后。2002—2022 年，尼日利亚共建立了 25 所联邦大学，占尼日利亚联邦大学总数的一半。其中在乔纳森担任总统期间，尼日利亚在 2011 年建立了 9 所联邦大学，2013 年建立了 4 所大学，共计 13 所，分别是在吉加瓦州（2011 年）、卡齐纳州（2011 年）、贡贝州（2011 年）、纳萨拉瓦州（2011 年）、科吉州（2011 年）、埃邦伊州（2011 年）、巴耶尔萨州（2011 年）、埃基蒂州（2011 年）、塔拉巴州（2011 年）、约贝州（2013 年）、凯比州（2013 年）、扎姆法拉州（2013 年）等 12 个州建立的联邦大学，和在卡诺州建立的尼日利亚警察学院（2013 年）。2015 年布哈里担任总统以来，尼日利亚共建立了 10 所联邦大学：尼日利亚海洋大学（三角洲州，2018 年）、空军技术学院（卡杜纳州，2018 年）、尼日利亚陆军大学（博尔诺州，2018 年）、联邦健康技术大学（贝努埃州，2020 年）、联邦农业大学（凯比州，2020 年）、联邦技术大学（吉加瓦州，2021 年）、联邦技术大学（阿夸伊博姆州，2021 年）、联邦健康科学大学（包奇州，2021 年）、联邦健康科学大学（奥孙州，2021 年）、戴维·恩韦姿·乌玛伊联邦医科大学（埃邦伊州，2022 年）等。可以看出，乔纳森时代，尼日利亚政府把重点放在确保每一个州，特别是边远偏僻、经济欠发达的州都能够拥有一所联邦综合大学。到了布哈里时代，尼日利亚政府更侧重建立技术大学和医科大学。[2]

国家开放大学是尼日利亚联邦远程教育中心，也是西非地区第一个远程教育中心，学生人数居尼日利亚大学之首。它始建于 1983 年 7 月，总部位于尼日利亚拉各斯市维多利亚岛。1984 年 4 月因时任州军政府干涉被迫关闭。1999 年 5 月，奥巴桑乔政府上台后，致力于扩大高等教育规模、推

[1] 资料来源于国家大学委员会网站。

[2] 资料来源于国家大学委员会网站。

动高等教育机会均等、促进教育充分发展、构建多样化教育体系。奥巴桑乔认为，终身教育是国家教育政策的基础，发展远程教育是推动自主学习、促进终身教育的有效途径。在奥巴桑乔政府推动下，国家开放大学 2001 年 4 月在拉各斯恢复教学。2002 年 10 月 1 日，也就是尼日利亚独立 42 周年之际，奥巴桑乔为国家开放大学揭牌。国家开放大学的恢复，是尼日利亚运用现代技术和网络系统实施远程教育的新起点。国家开放大学总部起初设在拉各斯，2016 年迁至阿布贾，目前共有 78 个学习中心。

国家开放大学既是一个远程教育中心，也是一所具有法人地位的综合大学。在尼日利亚综合大学中，国家开放大学不论是在教学设备还是在办学经费方面，都在联邦政府优先考虑之内。国家开放大学的办学宗旨是为社会提供高水平、高质量的教育资源，通过终身教育推动高等教育发展，促进社会公平公正，增强民族凝聚力；运用现代信息技术和网络技术开展高质量学历教育和继续教育，为所有追求知识的人提供价格低廉、灵活方便的学习方式。[1]

国家开放大学的管理机构包括教学中心、继续教育和在职培训中心、课程资料开发中心、计算机和网络服务中心、学习者服务中心、学籍注册和管理中心、财务管理中心等。国家开放大学在各州都建立了政府学习中心。2019 年，国家开放大学学生人数超过 56 万人。国家开放大学的课程层次有国家资格证书和技术等级证书课程、本科学士学位课程、一年的研究生学位课程，以及一些专业学位课程。国家开放大学专门设立课程开发中心，中心不仅具有先进的教学设备，而且设有多媒体制作中心、视屏转播中心、专门频道广播电台、出版社和印刷厂，以及设在拉各斯和卡诺的教学视频中心等。

国家开放大学的恢复标志着尼日利亚大学体系向现代高等教育体系的

---

[1] 楼世洲. 尼日利亚高等教育研究 [M]. 北京：中国社会科学出版社，2009：163.

转型。它表明，尼日利亚正在致力于构建一个现代化、信息化、多元化和国际化的现代大学教育体系，用远程教育来构建一个推动全民化的终身教育体系，以适应经济全球化和知识经济时代的到来。但是，目前看来，国家开放大学要实现上述目标，仍然存在以下制约因素。[1]

第一，尼日利亚人口众多，区域经济发展极不平衡。目前，国家开放大学的 78 个学习中心主要设在各州首府，未能覆盖广大农村地区。所以，能够报名参加、坚持学习的学生比例较少。2019 年，尼日利亚总人口 2.1 亿人，报名参加开放大学的学生约 56 万人。这个比例是非常低的。

第二，尼日利亚电力基础设施落后，电力供应严重不足。国际货币基金 2019 年报告显示，供电不稳、电力不足一年给尼日利亚造成的经济损失高达 290 亿美元。没有稳定的电力供应，远程教育的效果会大打折扣。

第三，尼日利亚互联网不发达，加上网络服务公司分散经营，自成体系，网络规模小，线路严重超载。而且互联网使用费用昂贵，一般家庭很难承受。国家开放大学实行在线课程学习。如果没有稳定的、可负担得起的网络服务，在线学习开展起来很困难。

2001 年，尼日利亚联邦政府颁布了《国家信息技术政策》，制定并出台了信息技术的发展战略，旨在促进信息技术基础设施建设、电子政务使用、信息技术人才培养，并以研究为手段发展信息技术。[2] 2023 年 5 月，尼日利亚联邦教育部同时发布《国家数字学习政策》和《国家区块链政策》，这是尼日利亚政府在感知数字时代脉搏、紧跟数字时代发展、促进尼日利亚数字化教育建设方面推出的重要举措，必将对尼日利亚数字化发展注入强劲动力。

---

[1] OBA-ADENUGA O A. Access to university education: national open university of Nigeria as a veritable alternative[J]. National open university of Nigeria, 2021: 298.

[2] 楼世洲. 尼日利亚高等教育研究 [M]. 北京：中国社会科学出版社，2009：169.

2．州立大学

尼日利亚州立大学始建于 20 世纪 70 年代末。1979 年，宪法要求新成立的各州建立州立大学，在这个背景下，从 70 年代末到 80 年代，河流州州立科技大学（1979 年）、埃多州阿姆布努斯·阿里大学（1980 年）、拉各斯州州立教育大学（1981 年）、阿比亚州州立大学（1981 年）、埃基蒂州州立大学（1982 年）、埃努古州州立科技大学（1982 年）、奥拉比西·奥纳班乔大学（原名为奥贡州州立大学，1982 年）、拉各斯州州立大学（1983 年）等州立大学相继建立。在 20 世纪 90 年代，又有六个州先后成立了州立大学，如奥约州拉多克·阿金托拉技术大学（1990 年）、贝努埃州州立大学（1992 年）、三角洲州州立大学（1992 年）、伊莫州州立大学（1992 年）、翁多州阿德贡雷·阿佳森大学（1999 年）、科吉州州立大学（即阿卜巴拉尔·阿杜王子大学，1999 年）等。[1]

进入 21 世纪，尼日利亚州立大学建设进入了一个新的阶段。从 2000 年到 2024 年 3 月，尼日利亚先后建成了多所州立大学，涵盖了尼日利亚的大多数州，州立大学总数达到了 63 所，如埃邦伊州州立大学（2000 年）、阿达马瓦州州立大学（2002 年）、克罗斯河州州立技术大学（2004 年）、高原州州立大学（2005 年）、凯比州州立科技大学（2006 年）、翁多州州立科技大学（2008 年）、塔拉巴州州立大学（2008 年）、夸拉州州立大学（2009 年）、阿夸伊博姆州州立大学（2010 年）、第一技术大学（2012 年）、埃多州州立大学（2016 年）、农业与环境科学大学（2019 年）、三角洲大学（2021 年）等。[2]

---

[1] 资料来源于国家大学委员会网站。

[2] 资料来源于国家大学委员会网站。

3．私立大学

独立之初，尼日利亚高等教育体系中没有私立大学。到 20 世纪 70 年代末 80 年代初，联邦政府为了分解高等教育发展带来的财政压力，开始借助民间力量，在 1979 年颁布的国家宪法中允许私人和机构创办私立大学。这部宪法成为尼日利亚高等教育史上的一个里程碑。自独立以来，尼日利亚第一次允许私立大学以合法身份进入高等教育体系。虽然这一时期产生了一些私立高等教育机构，但它们都不是真正意义上的大学。1984 年年初，政府下令取缔全国所有私立大学，并禁止开办新的私立高等教育机构。至此，私立大学只存在了短短四年就销声匿迹了。

1993 年，尼日利亚联邦政府通过了《国家机构建立及基本标准修正案》，允许建立私人高等教育机构，私立大学重新获得了合法地位。但是直到 1999 年，私立大学一直处于严格的控制之下。事实上，1993—1999 年，尼日利亚没有出现严格意义上的私立大学。1999 年 5 月，即将离任的军政府宣布批准建立 3 所私立大学：埃多州的伊格比内登大学、奥贡州的巴布科克大学和阿南布拉州的玛当娜大学。伊格比内登大学由贝宁王国埃萨玛部落酋长、商人加布里埃尔·伊格比内登建立，是私人创办的大学；巴布科克大学由基督复临安息日会建立，玛当娜大学由天主教圣灵教会牧师伊曼纽尔·埃迪建立，都是教会创办的大学。

1999 年奥巴桑乔执政以后，制定了一系列政策鼓励私立大学的发展。国家大学委员会下属私立大学指导委员会每年会对私立大学进行督导，引导私立大学扩大经费渠道，并把社会服务工作和资金筹措能力作为考核私立大学的重要指标。自此，尼日利亚私立大学迅猛发展。截至 2024 年 3 月底，尼日利亚私立大学已经达到 149 所，数量超过了联邦大学（53 所）和州立大学（63 所）的总和。[1]

目前，尼日利亚私立大学办学主体主要有三种。一是宗教组织。尼日利亚很大一部分私立大学都是宗教组织创办的，如鲍恩大学是浸信会教派2001 年 7 月获批在奥约州伊乌市创办的。二是由私人或私营机构创办，如西三角洲大学是乌尔霍伯（尼日利亚南部部族）促进基金会在 2007 年 5 月创办的，2022 年 5 月获批的索科托西北大学是索科托州联邦参议员阿里乌·马加塔卡达·瓦马库创办的。[2] 三是由跨国组织创办。不少发达国家的大学或机构以及一些国际组织授权非洲的一些分支机构建立私立大学，这类大学以提供留学预备教育和远程教育为主，如 2002 年 2 月非洲发展基金会创办的泛非大学。

尽管尼日利亚私立大学数量众多，但是，其学生数量非常少，它们在尼日利亚大学体系中仍处于边缘状态。一般认为，因为学费昂贵，所以私立大学教学质量会比联邦大学和州立大学更高。但是，目前看来，私立大学远未建立起这样的声望。私立大学创办者要么以盈利为首要目标，要么为宗教组织或国际组织服务，无法肩负起大学教育的公益责任。尽管尼日利亚政府会通过年度督导和评估等政策措施监控、规范私立大学的办学行为，但是，私立大学追求短期目标的行为并未得到有效治理。私立大学的发展仍然任重道远。[3]

[1] 资料来源于国家大学委员会网站。

[2] 资料来源于索科托西北大学网站。

[3] 楼世洲. 尼日利亚高等教育研究 [M]. 北京：中国社会科学出版社，2009：101.

第二节 高等教育的特点

一、重视行政立法

1954 年，尼日利亚颁布宪法，将高等教育纳入法律范畴。为促进高等教育地区均衡发展，联邦政府于 1959 年 5 月成立了阿什比委员会，调研全国教育资源分布和社会需求。1960 年 9 月，阿什比委员会向联邦教育部提交了关于促进高等教育发展的报告。报告涵盖了高等教育的全部内容，包括学生入学、课程设置、教学管理、教师聘用、经费预算、学生资助等，并建议建立 4 所联邦大学，计划到 1970 年招生人数达到 7 500 人等。

1960 年独立后，尼日利亚历次宪法修改和《国家教育政策》修订都将高等教育列为国家社会发展不可或缺的关键因素。《国家教育政策》（2014 年）指出，高等教育是中学后教育，高等教育机构不仅有综合性大学，也有大学层级的高等教育联盟，如尼日利亚法语学习联盟、尼日利亚阿拉伯语学习联盟、尼日利亚国家语言研究所、创新创业机构、教育学院、单一技术学院、理工学院、农学院、健康学院、技术学院、国家教师学院等。

高等教育的目标是为国家发展培养高层次人才；为所有尼日利亚人提供接受优质正规和非正规教育的机会；提供高质量的咨询和终身学习项目，为学生自力更生、参加就业提供必要的知识和技能；为劳动力市场培养紧缺的熟练技术人员；鼓励学术、创业和社区服务；促进国家的团结；促进民族了解和国际交流。

高等教育机构将通过以下方式实现上述目标：招收优质生源，提供优质教学，促进科研发展，提供良好的设施、服务和资源，提供员工福利，提供发展机会，提供符合市场需求的实用课程，传播知识，培养技能，提高学生能力，服务国家和地方经济目标，帮助学生在知识经济时代获得成功，提供各种灵活的学习模式（如全职、在职、定期培训、日常培训、半工半读），提供培训经费（如企业培训基金、大学教育信托基金等），保障教育最低标准，实行国家统一、值得信赖的招生政策，通过奖学金和学生贷款为每位学生提供负担得起、平等的大学教育，开展大学校际合作和联系，通过课外活动和延展服务为社区提供社会服务。国家要求所有大学教师接受教学方法和技能培训，鼓励大学教育机构采取措施，募集教育经费，如社会捐赠、提供咨询服务、商业办厂等。每一所高等机构负责自身内部组织和管理，政府尊重学校的自主权利，包括招生（法律要求除外）、员工聘任、晋升和纪律管理自由，教学自由，研究自由，只要符合监管机构确立的最低标准，可以自由决定课程内容等。

高等教育将通过以下方式最大程度上为国家发展服务：根据国家需要，强化教学研究项目，促进其多样化，为高层次人才培养服务；确保专业课程内容反映国家要求；促进大学生全面发展，向所有学生提供如下基础课程——历史知识、哲学思想、爱国教育、信息技术；要求所有大学培养学生的创新能力。要求大学研究同国家发展目标一致，为此，鼓励大学同政府、企业和国际社会开展合作，从事并宣传这方面研究。大学教学必须通过项目研究和行动研究促进学生社区精神的培养；只要志愿机构、志愿者个人及团体能够满足联邦政府规定的最低要求，就必须允许他们建立大学；大学技能专业课程必须设有适应未来工作环境的实习机会；专业领域的教师必须具有行业和职业经历或者接触过此类专业；大学必须拿出相当一部分经费支持科学和技术发展；传统大学科学和科学相关课程不得低于总课时的60%，科技大学和农业大学的科学和科学相关课程不得低于总课时的80%。

开放远程教育指师生不需要面对面开展教学，学习环境有很大的灵活性，为学生提供接受高等教育的机会，能够提供各种技能学习，使用各种媒介和技术为大量学习者提供优质教育。开放远程教育本质上也属于高等教育的范畴。作为实施远程开放教育的主要机构，国家开放大学在尼日利亚高等教育中占有重要地位。

远程开放教育的目标是：为大众提供更多、平等接受优质教育的机会；为参加工作的雇员提供更多专门课程，以满足雇主和雇员日益增加的需求；鼓励大学教育国际化；应对尼日利亚高等教育人才内外流动的问题，充分利用尼日利亚高校教师专长，让他们无论身在何处，都能为尼日利亚高等教育做出贡献；鼓励终身学习。为此，联邦政府将确保远程开放教育课程同高校传统面授课程地位相等；鼓励、规范尼日利亚远程开放教育实践；就远程开放教育的发展和实践向政府建言献策，促进全国范围内的远程教育协调，特别是联邦、州或联邦首都区、地方教育当局之间的协调；确保各种教育机构提供的远程开放教育保持应有的标准；联络媒体办公室、信息技术供应商及其他相关机构，提升远程开放教育质量；鼓励私人机构和其他非政府机构利用远程开放教育方式提供优质教育；鼓励高等教育机构参与远程开放教育。

二、重视机制建设

为加强尼日利亚高等教育建设，1962 年，尼日利亚成立国家大学委员会，统筹尼日利亚大学教育发展。成立之初，国家大学委员会是内阁办公室的一个咨询机构，就尼日利亚高等教育发展向联邦政府建言献策，首任执行秘书是吉布里尔·阿米努。1974 年，委员会成为一个法定团体，负责统筹尼日利亚综合大学的发展和资金来源。1985 年，联邦政府赋予国家大学委员会管理高等教育、制定联邦大学经费预算、监控其教学质量、评估州立大学和私立大学办学质量等职能。1988 年，联邦政府赋予国家大学委员会更多职能，其管理权限进一步扩大。国家大学委员会隶属于联邦教育部，肩负着发展和管理尼日利亚大学的重任。经过多年的发展，国家大学委员会已经发展成为一个致力于推动尼日利亚高等教育发展和管理的重要政府机构。[1]

国家大学委员会的愿景是成为一个充满活力的调控机构，促进尼日利亚高等教育的发展和创新；宗旨是确保尼日利亚高等教育体制有序、高效、协调发展，提升高等教育质量和国际竞争力；目标是促进高等教育体系稳定，确保大学学术项目达标率超过80%，促进尼日利亚大学体系信息化建设，加强大学校园设施建设，提高大学教学质量，培养合格大学毕业生，满足国家人力需求，促进大学体系同私人机构之间的合作。

委员会的主要功能有：审批尼日利亚大学所有学术项目，审批尼日利亚大学设立学位、授予学位的高等教育机构，确保尼日利亚大学所有学术项目的教育质量达标，为尼日利亚大学发展争取外部支持。委员会设有十二个专门机构：学术规划部，督导部，管理支持服务部，私立大学设立部，学生支持服务部，研究、创新与信息技术部，财务会计部，学位授权部，开放教育与远程教育部，联络服务与国际合作部，企业沟通部，执行秘书办公室等。每个机构都设有主管一名。[2]

---

[1] 楼世洲. 尼日利亚高等教育研究 [M]. 北京：中国社会科学出版社，2009：87.

[2] 资料来源于国家大学委员会网站。

第三节 高等教育的挑战和对策

一、高等教育面临的挑战

尼日利亚高等教育面临诸多挑战，如办学经费不足、基础设施落后、师资力量薄弱、罢工事件频发、人才外流严重、科研能力不足、行政管理不善等。

（一）办学经费不足

尼日利亚政府教育投入不足已广为诟病。高等教育经费不足影响高等教育发展由来已久。近年来，尼日利亚高等教育需求迅速增加、高校学费不断上升，也给高等教育发展带来了新的压力。没有足够的资金支持，就很难实现高等教育最优化。联合国教科文组织建议，国家对教育的投资要达到国民经济的26%，尼日利亚距离这个目标相差甚远。高等教育经费不足严重影响了高校的教学质量、人才培养、学术创新和社会服务。究其原因，主要有财政规划不足、政治意愿不强、国家收入下降等。

（二）基础设施落后

尼日利亚许多大学缺少基本的基础设施，如水电设施、教学大楼、教工大楼、学生宿舍、学术大厅、教室和自习室、教工办公室、图书馆、实验室、计算机房、计算机及其他信息技术设备等，这些都严重制约了高等教育的发展。究其原因，主要有基础设施规划不力、基础设施维护不足、缺少必要的资金等。尼日利亚学者的调研发现，在尼日利亚大学中，只有

30% 的大学生有机会享受宽敞明亮的教室、先进的实验室、现代化的图书馆。[1]

（三）师资力量薄弱

尼日利亚学者 2021 年的调研发现，尼日利亚大学专业教师、行政管理人员及其他非专业教师数量严重不足。同世界知名大学相比，差距很大。例如，哈佛大学师生比例是 1：4，麻省理工学院师生比例是 1：9，牛津大学师生比例是 1：5，剑桥大学师生比例是 1：3。[2] 尼日利亚大学师生比例约为 1：30。[3] 在尼日利亚最知名的大学——伊巴丹大学，有些专业的师生比例可以达到 1：5（公共健康）、1：6（基础医学、牙科学、兽医学）、1：7（配药学）、1：10（可再生能源、科学）、1：12（经济学）、1：14（农学、艺术、技术）、1：18（教育学）等。但是，绝大多数大学并没有这么幸运。因师资匮乏造成师生比例过低，严重影响了教学效果。

（四）罢工事件频发

1999—2022 年，尼日利亚大学教师罢工次数高达 17 次，其中 2022 年罢工长达八个月之久。[4] 罢工事件导致学校停课、学生学业中断、毕业延迟等，严重影响了大学人才培养的质量。

---

[1] MONDAY O M, MALLO G D. Higher education in Nigeria: challenges and suggestions[J]. Middle European scientific bulletin, 2021(16): 56-57.

[2] MONDAY O M, MALLO G D. Higher education in Nigeria: challenges and suggestions[J]. Middle European scientific bulletin, 2021(16): 56-57.

[3] 资料来源于尼日利亚抨击报网站。

[4] 资料来源于 The Conversation International 网站。

（五）人才外流

尼日利亚很多知名公立大学的知名学者离开尼日利亚，前往别的国家，寻求更好的发展机会，这也严重影响了尼日利亚高等教育的质量。2020 年，尼日利亚大学教师工会报告指出，时年罢工事件已导致 200 位尼日利亚大学教授前往埃塞俄比亚以及南非、加纳、埃及等国家。尼日利亚驻埃塞俄比亚前大使曾表示，2006 年，在埃塞俄比亚工作的尼日利亚高级知识分子超过 3 000 人，其中大学教授就有 600 人。[1]

（六）科研能力不足

科研是高等教育发展的生命力，高校也是科研创新的重镇。但是，由于相关部门重视不够，科研项目资金短缺，人才流失严重，罢工事件频发，基础设施落后，安全问题突出，科技素养不足，校企合作薄弱，以及行政管理不力等原因，尼日利亚大学科研动力不足，科研产出不尽如人意。

二、高等教育的应对策略

为有效应对上述问题，学者提出，尼日利亚政府应采取增加办学经费、改善基础设施、加强师资建设、促进学术创新、强化行政管理、改善校园安全等措施。[2]

第一，增加政府投入，提供办学经费，加大对高校科研项目的支持

---

[1] 资料来源于 The Conversation International 网站。

[2] MONDAY O M, MALLO G D. Higher education in Nigeria: challenges and suggestions[J]. Middle European scientific bulletin, 2021(16): 60.

力度。

第二，加大基建投入，增加设备采购，改善基础设施，提高信息化水平。

第三，加强师资建设，招聘、培养更多的高校教学、管理人才，提高高校人才培养、学术创新、社会服务水平。

第四，强化行政管理，任命德高望重、管理水平高、学术能力强的人担任大学行政领导。

第五，加大校园保护力度，根除校园安全隐患，为师生教学、生活创造一个良好的环境。

第六，加强同大学教师工会组织的合作，履行对工会组织的承诺，稳定师资队伍，减少人才外流，杜绝罢工事件发生，创造和谐的校园环境。

第七章 职业教育

职业教育也称职业技术教育，是以培养符合职业或劳动环境所需的技能型人才为目标的一种教育类型，其本质是以技能为中心的综合职业能力教育，其培养的是直接的、现实的生产力。[1]尼日利亚职业教育包含两个层面：中等职业教育和高等职业教育。中等职业教育被称为"职业技术教育与培训"，同高中教育是一个层级；高等职业教育被称为"技术教育"，属于大学教育范畴。[2]

第一节 职业教育的发展和现状

职业教育在尼日利亚起步较晚。在英国殖民时期，职业教育发展基本上处于空白。1960年，尼日利亚宣布独立。在独立初期，政府首先关心的是扫除文盲和普及小学教育，职业教育不在优先考虑之列。到了20世纪70年代，联邦政府意识到，技术人才的极度匮乏严重制约了国民经济的发展。为此，尼日利亚于1972年成立了国家科技发展局，1977年成立了国家技术

---

[1] 杨汉清. 比较教育学 [M]. 3 版. 北京：人民教育出版社，2015：309.

[2] Federal Republic of Nigeria. National policy on education[R]. Lagos: The Nigerian Educational Research and Development Council, 2014: 24+45.

教育委员会，1985 年对国家技术教育委员会的职责作了更加明确的界定，1993 年授权国家技术教育委员会在尼日利亚建立私立理工学院和单科技术学院。[1]

1999 年以来，尼日利亚的政治趋于稳定，社会持续发展，对于职业技术人才的需求不断增加，综合性大学、理工学院、单科技术学院、技术教育学院、职业创业学院、创新创业学院等都成为职业教育的重要力量。目前，尼日利亚职业教育已经形成了以国家技术教育委员会为核心、国家技术教师培训咨询委员会为辅助、国家职业技术教育机构为支撑、国家技术资格证书为保障的职业技术教育体系。

一、国家技术教育委员会

国家技术教育委员会成立于 1977 年 1 月 11 日，职责是规范尼日利亚技术和职业教育与培训，成立之时的目的是回应联邦政府在实施第三个国家发展计划过程中所面临的人力资源严重匮乏的问题。第三个国家发展计划确定了以下教育目标：完善教育设施，促进教育公平；改革普通教育的内容，应对经济社会发展需求；发展技术教育，促进经济发展；促进国家高等教育体系发展，应对经济对社会劳动力的需求；精简机构，提高效率，促进教育发展；加大教育投入，促进教育制度改革。

成立之初，委员会由两大部门组成：一是规划部，主要负责基础建设和设备配备，包括全国的职业技术教育机构建设和设备的立项和资助；二是项目部，主要负责课程开发、科研、课程执行和课程认证与评估。总的来说，其功能主要包括以下四个方面。

---

[1] 资料来源于尼日利亚国家技术教育委员会网站。

第一，为协调和促进除大学以外的所有职业和技术教育的发展向联邦教育部建言；为国家制定职业和技术教育政策建言；为培养合格的技术员、技术工人及其他中等层次的技术劳动力向《国家教育政策》修订建言。

第二，咨询国家人力部、产业培训基金会等机构，了解其对技术人力和中等层次人力的需求；为国家人力资源培养规划，特别是理工学院和技术学院的均衡协调发展总体规划建言献策。

第三，制定和审核全国职业技术教育机构的经费预算；向联邦政府申报全国职业技术教育机构的财政支出，包括经常性支出和基础性建设费用；向职业技术教育机构分配政府资金。

第四，设立国家技术教育标准；审查理工学院的教育教学条件；就职业技术教育机构的入学标准、课程年限、学生评价等问题向联邦政府建言；制定国家资格方案，规范行业标准等。[1]

1985年8月，联邦政府颁布教育法令，对国家技术教育委员会的职责作了更加明确的界定。法令提出，教育部在对理工学院、技术学院和其他职业技术教育机构设定最低标准前，须咨询国家技术教育委员会的建议。标准确立后，由国家技术教育委员会负责监督执行。法令规定，所有职业技术教育机构需要开设的专业，授予的学历、学位及其他证书，以及组织的国家和地区考试，都需要经国家技术教育委员会审核、批准。

目前，国家技术教育委员会有7个部门、1个卓越中心和1个执行秘书办公室。7个部门分别是财务部，人力资源管理部，学术规划、研究、统计和信息与通信技术部，硬件设施规划与发展部，理工学院项目部，单科技术学院项目部以及职业、技术和技能培养部。[2]

---

[1] 楼世洲. 尼日利亚高等教育研究 [M]. 北京：中国社会科学出版社，2009：1.

[2] 资料来源于尼日利亚国家技术教育委员会网站。

二、国家技术教师培训咨询委员会

国家技术教师培训咨询委员会是尼日利亚职业技术教育的重要咨询机构。2019 年 4 月 17 日，国家技术教师培训咨询委员会在位于首都阿布贾的联邦教育部召开第一次委员会会议。会议呼吁恢复并执行尼日利亚技术教师培训项目，增加科学、技术、职业和数学等学科的合格教师数量，提高基础教育和后基础教育技术教育质量，满足 21 世纪尼日利亚国家发展对技术人才的强大需求。咨询委员会将就尼日利亚所需的技术教师门类（科学教育、职业教育、数学教育等）和数量、技术教师选拔标准和如何安置等问题向教育部建言献策，制定恢复和执行尼日利亚技术教师培训项目的框架和指导方针，确认技术教师培训机构，评估和维持技术教师培训项目所需的费用等。为实现上述目标，咨询委员会同高校专家举行磋商会议，开展合作研究，取得了初步成果。

根据国家技术教育委员会发布的《2015—2016 年国家技术和职业教育培训文摘》，尼日利亚公立中学需要 273 793 名技术教师，如此才能确保师生比例达到 1∶20。国家技术教师培训咨询委员会发布报告指出，在过去，联邦教育部在选择技术教师培训机构时，要求它们满足一定的标准，如具有训练有素的教师队伍、设备精良的实验场所等。培训项目只有一个资金来源，那就是联邦教育部拨款。实践证明，由于资金来源有限，培训项目很难实现可持续发展。结果，仅有 14 所高等教育机构参与了技术教师培训项目。为此，咨询委员会建议，技术教师培训项目首批必须达到 3 000 人，每个培训机构 150 人；在前五年，每年增长 10%。在接受培训的技术教师中，尼日利亚教育等级证书持有者将占 40%，教育硕士文凭持有者将占 25%，[1] 教育

---

[1] 尼日利亚教育等级证书（Nigerian Certificate of Education，NCE）是在尼日利亚从事教育工作必须满足的最低教育等级证书。教育硕士文凭（Postgraduate Diploma in Education，PGDE）的招生对象是大学毕业生，目标是为他们成为小学教师、中学教师和大学教师提供必要的知识和技能。

技术学士学位和科学学士学位持有者将占 35%。

咨询委员会强调，要改变尼日利亚技术和职业教育培训面临的困境，未来 10 年，尼日利亚应该至少培养 300 万名技术、职业、科学、数学等学科门类的教师，以确保每所学校至少拥有 21 名上述 4 个学科门类的教师。委员会建议在尼日利亚全国开展调研，确定技术教师、职业教师、科学教师、数学教师等的数量，确保师生比例能达到 1∶20。咨询委员会指出，在技术教师培训项目中，技术教育应包含建筑技术教育、木工技术教育、金属制造技术教育、汽车修理、电气／电子行业等；职业教育应包含商业教育、家庭经济学、酒店管理、农学教育等；科学教育应包含计算机、化学、物理学、生物学等。[1]

三、国家职业技术教育机构

尼日利亚职业技术教育机构包括联邦理工学院、州立理工学院、私立理工学院、农学院、健康学院、护理与产科学院、单科技术学院、创新创业学院、职业创业学院、技术学院等多个门类。[2]

截至 2023 年年底，尼日利亚职业技术教育机构达到 739 所。尼日利亚联邦理工学院数量为 40 所，其中 36 所归联邦教育部管辖，2 所归国防部管辖，1 所归联邦航空部管辖，1 所归石油资源部管辖。职业技术教育机构还包括 49 所州立理工学院，84 所私立理工学院，35 所农学院，68 所公立健康学院，21 所私立健康学院，55 所单科技术学院，180 所创新创业学院，80 所职业创业学院，127 所技术学院。[3]

---

[1] 资料来源于尼日利亚国家技术教育委员会网站。

[2] 资料来源于尼日利亚国家技术教育委员会网站。

[3] 资料来源于尼日利亚国家技术教育委员会网站。

四、国家技术资格证书

（一）尼日利亚国家证书

尼日利亚国家证书的课程大纲目前包括 50 余门课程，如水资源工程技术、运输规划与管理、税收、摄影、大众传媒、航海科学、海洋渔业、海洋气象学和海岸管理、水文学和水资源管理、地产管理、测量勘探、勘探与地理信息科学、城乡地区规划、土建工程、计算机科学、铁路工程科技、洗衣与干洗技术、海洋运输等。[1]

（二）尼日利亚国家高级证书

尼日利亚国家高级证书的课程大纲目前包括 50 余门课程，如会计学、银行与金融、生物化学、化学工程、计算机科学、焊接与制造、电子工程科技、环境生物学、房地产管理、石油工程管理、物理与电子科学、测量学、铁路工程、环境生物学等。[2]

（三）尼日利亚国家创新证书

尼日利亚国家创新证书的课程目前包括约 30 门课程，如农业、汽车机电一体化、银行运营、广播新闻、建筑、商业信息科学、环境与安全管理、影视制作、消防工程技术、宝石学与金匠技术、伊斯兰银行与金融、安全管理与技术、船运管理、软件工程、太阳能技术等。[3]

---

[1] 资料来源于尼日利亚国家技术教育委员会网站。

[2] 资料来源于尼日利亚国家技术教育委员会网站。

[3] 资料来源于尼日利亚国家技术教育委员会网站。

（四）尼日利亚国家创新高级证书

尼日利亚国家创新高级证书仅有两门课程，一门是计算机软件工程技术，另一门是计算机硬件工程技术。[1]

（五）尼日利亚国家创新创业证书

尼日利亚国家创新创业证书的公共课程有三门，一是沟通技巧，二是数学，三是创业精神。[2]

（六）尼日利亚国家职业证书

尼日利亚国家职业证书的课程大纲目前包括约 20 门课程，如计算机、混凝土铺路、木工制作、美容与医疗美容、电器安装与修理、服装设计、家具制作与装潢、酒店与旅游管理、汽车修理、文秘、水管制造与安装、印刷技术、冰箱与空调修理等。[3]

（七）尼日利亚国家职业标准证书

尼日利亚国家职业标准列出的证书项目约有 50 余项，如铰接式车辆驾驶、铅管制造、石匠工作、油漆粉刷、贴砖和装饰石雕、酒店管理与餐饮服务、旅游管理与服务、电力系统维护、涡轮机维护、机械辅助设备维护、系统电力操作、计算机硬件维护与修理、全球移动通信系统维护、人造卫

---

[1] 资料来源于尼日利亚国家技术教育委员会网站。

[2] 资料来源于尼日利亚国家技术教育委员会网站。

[3] 资料来源于尼日利亚国家技术教育委员会网站。

星安装与维护。[1]

第二节 职业教育的特点

一、重视职业教育立法

《国家教育政策》（2014年）将职业技术教育分别放在"高中教育与职业发展"和"高等教育"两个章节阐述。这表明，在尼日利亚，职业教育有两个层次：一个是中等职业技术教育，一个是高等职业技术教育；前者同高中教育是一个层级，后者属于大学教育的范畴。该政策指出，职业技术教育是普通教育不可分割的一部分，是准备就业、走向社会的有效方式，也是开展终身教育、培养公民责任感、促进可持续发展、脱贫减贫的重要方式。职业教育的目标是培养应用科学、技术、商业所需要的训练有素的劳动力，特别是初级、高级手工艺技术人才；为农业、商业和经济发展提供职业知识和技能；培养具有一定技能、国家经济发展可以依赖的人才。[2]

（一）中等职业技术教育

尼日利亚高度重视职业教育的立法，在《国家教育政策》（2014年）中，对中等职业技术教育做出了明确规定。

---

[1] 资料来源于尼日利亚国家技术教育委员会网站。

[2] Federal Republic of Nigeria. National policy on education[R]. Lagos: The Nigerian Educational Research and Development Council, 2004: 30.

中等职业技术教育的对象是已经完成了基础教育的学生。职业技术教育与培训提供技术及相关科学课程，使学生掌握经济社会领域所需的实用技能、工作态度、理解方法、专业知识；其主要机构和机制包括技术学院、职业创业学院和国家职业资格认定制度。职业技术教育与培训的目标是为应用科学、技术和商业（特别是工业）领域输送训练有素的劳动者，提升其工艺和技术水平；为农业、商业和经济发展提供必要的技术知识和职业技能；为个人改善经济状况提供培训，传授必要技能。

技术学院的课程以行业模块为基础；每个行业都由五个部分组成：基础课程、理论课程、实践课程、工艺培训/生产工作、创业培训。为促进学生有效参与实践活动，技术学院的师生比例应达到1：20。完成技术学院项目的学生将会有三个选择，一是在完整的课程结束后或者完成一到两个技能学习模块后找到工作；二是个人创业，实现个人就业并有机会雇佣他人，帮助他人就业；三是在工艺或技术项目领域继续深造，或者进入高等职业技术院校学习。各州和联邦首都区都鼓励州内和区内至少一所技术学院提供高阶工艺课程，为工艺管理和教学岗位培养高级人才。技术学院的课程包括三年基础课程和一年高阶课程。每一个技术学院将建立一个生产单位，为学生开展职业培训、从事商业活动提供便利。

职业创业学院旨在培养学生的创新思维，为所有希望掌握专业技能、学习专业知识、考取技术资格证书的终端学习者服务，特别是为那些1—2年内暂不考虑进入大学学习或在为就业做准备的高中生服务。职业创业学院的培养目标如下：培养学生的创新思维，使其学以致用、改善生活；提供技能培训，指导学生了解自身该如何改善社会环境、服务国家目标；增加学生在高等院校接受技术教育的机会；提供培训来帮助学生获取专业工艺技能，参与全球竞争；提供培训来帮助学生掌握技能，提升能力，充分利用人生的机会；提供培训来帮助学生获取继续深造的能力，帮助他们自立自强、创造财富、为社会创造更多就业机会。

国家职业资格认定制度旨在开发、分类、认定个人所获得的技能、知识以及能力。该制度明确阐释了学习者必须掌握的知识内容和技能，同时也说明了学习过程可能在课堂内进行，可能在职业培训场所进行，或是通过其他非正式的方式进行。其还阐明了不同资格证书之间的兼容性和阶梯性。国家职业资格认定制度详尽描述了各种职业能力标准，确定了制度内包含的所有资格技能水平的统一评价标准。通过制定统一标准，提高就业市场质量和信誉，确保就业市场公开透明、运行有序。国家职业资格认定制度包含六个层级。第一级为入门水平和简单工作劳动力；第二级为基础技能劳动力；第三级为操作员和半熟练工种劳动力；第四级为技术人员和熟练技能劳动力；第五级为技术管理人员和初级管理人员；第六级为专业工程师和高级管理人员。

（二）高等职业技术教育

尼日利亚高度重视职业教育的立法，在《国家教育政策》（2014年）中，对高等职业技术教育做出了明确规定。

高等职业技术教育作为高等教育大范畴的一部分，首先要满足高等教育的基本要求。在此基础上，高等职业技术教育还应该满足如下具体目标：提供工程及其他技术课程、应用科学课程、商业管理课程，为培养高级技术人才服务；提供尼日利亚农业、工业、商业和经济发展必备的知识和技能，提供技术人员、科学人员及其他熟练技术人员创新创业、自力更生的必要技能；培养能运用科学知识解决环境问题的人才；让学生接触技术领域的专业研究。

尼日利亚高等职业技术教育的一大特色机构是创新创业学院。创新创业学院针对那些完成了高中课程，获得了相应学分，并希望获得相应技能、知识和证书以便从事某个行业或某项事业的学生设置。创新创业学院的目标是：培养高中毕业生的创新思维以及将知识通过技术过程转化成财富的能力；提供以技术为基础的技能培训，指导学生了解自身该如何改善社会环境、服务国家目标；获取创新技能；增加他们获得高等教育层次技术教育的机会；为学生提供专门行业的技能培训，提升他们参与全球竞争的能力。[1]

二、重视职业技能培养

尼日利亚职业技术教育不仅重视理论层面，更注重学习者实践能力的培养。学习者在获取各种证书的同时，也参与丰富的技能实践，为个人的就业和发展奠定坚实的基础。铰接式车辆驾驶员培训就是一个典型的例子。2022年2月，尼日利亚技能资格委员会下属机构——铰接式车辆驾驶员资格培训会在阿布贾举行。国家技术教育委员会秘书长伊德里斯·卜佳杰表示，尼日利亚必须加强大卡车司机培训，开展技能劳务输出，为创造外汇、促进就业、减少贫困做出贡献。他指出，世界上很多国家都通过大卡车司机劳务输出来赚取外汇，尼日利亚也不能落后。受新冠肺炎疫情影响，许多欧美国家的大卡车司机严重短缺。尼日利亚应该抓住这个机会扩大大卡车司机的劳务输出。得益于全球化和非洲大陆自由贸易区的建立，如今尼日利亚的大卡车司机有机会获得相应的驾驶执照，并得到加拿大、英国和欧盟的工作签证。技能已经成为就业领域里新的全球货币，尼日利亚机动车驾驶培训中心必须迎接挑战。在未来十年，尼日利亚将实施《国家职业标准》。这一标准的实施将助力一亿人脱贫。联邦道路安全委员会主任鲍勃耶·奥耶耶米也表示，尼日利亚必须发挥人口优势，向其他国家出口技能，

---

[1] Federal Republic of Nigeria. National policy on education[R]. Lagos: The Nigerian Educational Research and Development Council, 2014.

以此减少贫困和恐怖主义。尼日利亚也应该效仿发达国家，加强职业技能培训，而不是一味地追求学位证书。尼日利亚应该把技能人才输出作为一项重要工作来抓。[1]

三、倡导技术教育贯穿人的教育全过程

尼日利亚技术教育贯穿人的教育的全过程。[2] 例如，在幼儿园阶段，孩子们通过使用玩具接触技术教育；在小学，学生学习制作简单的手工艺品；在初中，学生接触基本电器常识、了解粗浅的建筑原理以及涉猎金属冶炼知识等；在高中，学生会学习汽车修理、垒砖技能、木艺等；在高等教育阶段，他们从事专业职业技术学习。尼日利亚职业技术教育的理念来源于国家的教育目标，即"把每个人培养成稳健、有效的公民，帮助他们完全融入社会，为所有公民提供平等接受正规和非正规初等、中等和高等教育的机会。"[3]

职业技术教育项目的目标是满足人的需求。为此，项目的设计应该回应人的需求。但是人的品位和时尚在不断地变化，所以，人们对于商品和服务的需求也会随之变化。这些商品的生产和服务的提供将通过职业教育培训来进行。在尼日利亚，职业教育培训早已有之，但是，它需要新的方式来满足学习者及社会的需求，从而更好地参与全球竞争。为此，在评估职业技术教育培训时，不仅需要考虑学习者、社会及全球的需求，也需要考虑新技术成果。

---

[1] OMOLAOYE S. Nigeria moves to recertify truck drivers for foreign market[N]. The Guardian, 2022-02-27.

[2] ONWENONYE C. Vocational technical education in Nigeria: journey thus far and the way forward[M]. London: Lambert Academic Publishing, 2018: 38-39.

[3] Federal Republic of Nigeria. The Constitution of the Federal Republic of Nigeria[R]. 2004: 7.

在此基础上，要开展课程设置和教学评估。在开展课程设置评估时，可以考虑建立一个单独的机构，专门负责职业技术教育培训项目的管理。这个机构需要包括职业技术教育培训领域的资深专家、课程设置专家、产业部门和企业雇主、职业技术教育培训教师、参与培训人员等。在职业技术教育培训过程中，产业部门的参与至关重要。课程设置、教学内容等应该涵盖各个领域的专业化。同时要建立有效的监督机制，确保培训符合国家规定的标准。应该淡化笔头考试的分量。培训环境应该复制实际的工作环境。这就要求为各地职业技术教育培训中心配备适当的设备。同时，应该发挥训练有素的职业技术专业人士和工艺专家在培训中的重要作用。政府也应该给各种培训项目提供必要的资金，对职业教育培训项目也应予以监管、监督、评估和审核。[1]

第三节 职业教育的挑战和对策

一、职业教育面临的挑战

尼日利亚职业教育存在的问题可归纳为如下方面：办学经费不足，教学设施落后；师资力量薄弱，教师培训不够；教师缺乏动力，教学质量不高；课程规划不合理，课程设置落实难；项目监管不力，造成资源浪费；校企沟通不足，学校培养与社会需求脱节，等等。在此，详细阐述如下几点。

---

[1] ONWENONYE C. Vocational technical education in Nigeria: journey thus far and the way forward[M]. London: Lambert Academic Publishing, 2018: 39-40.

（一）课程设置不够合理

职业教育是一项实践性非常强的教育，其首要目标是培养学生的实践技能。但是在尼日利亚，职业技术类学校重理论、轻实践的现象并未得到明显改善。在目前的课程设置中，理论知识课程仍占到65%—70%，实践技能课程仅占到30%—35%。[1] 在当今信息化时代，职业教育亟须转型，特别是要提升学生的信息技术素养。尼日利亚的课程设置问题重点体现在以下六个方面。一是课程设置照搬外国模式。外国模式是以师资力量充沛、教学设备精良、基础设施齐全、培训机会充足等理想条件为基础的。但是，像尼日利亚这样的发展中国家并不具备这些条件。二是教材不足以支撑课程。目前已有的多数教材都是引进国外的教材，但是，这些教材往往是外国背景，教材中讲的很多例子同尼日利亚当地的文化背景、就业环境等都有很大的差异。三是缺少教学能力强、经验丰富、熟练掌握现代科技的本土师资队伍和支撑团队来执行课程教学。四是课程设置过于注重理论和学术内容，教学内容偏重纯粹的科学和数学，严重忽视工程和技术。五是课程设置中缺乏人文学科、社会科学、商业管理、创业技能等基本素养培养，学生对于实际工作的准备严重不足。六是教学方法陈旧，大部分学校仍然沿用教师讲解、学生记笔记的传统方法。

（二）职业教育机会未能普惠多数青少年

在尼日利亚初中毕业生中，有16%的学生会继续上高中，其余84%的学生都是职业教育的潜在人群。但是，目前尼日利亚的职业教育体系只能容纳这个人群的十分之一。最需要职业教育的人群却无法获得他们赖以谋

---

[1] National Board for Technical Education. NBTE proposes upgrade of IEIs and VEIs[N]. NBTE News, 2022-06.

生的职业教育技能。职业教育是初中后教育，并不属于义务教育的范畴。许多贫困家庭的孩子负担不起职业教育的学费。况且，良好的职业技术院校一般都坐落于大城镇，而乡村青年前往这些学校求学的机会有限。城乡差距加剧了教育的不平等。对于尼日利亚的 10 年基础教育，最富裕的 20% 的家庭的孩子接受教育的平均年限是 9.7 年，最贫穷的 20% 的家庭的孩子接受教育的平均年限是 3.5 年。对于未能完成 10 年基础教育的人群，要继续接受职业教育培训，难度是很大的。[1]

（三）公众对职业教育的认知偏差

职业教育是有效培养熟练技术工人、促进社会就业、提高人们生活水平的教育和培训。但是，自从西方教育进入尼日利亚以来，公众对职业教育的认知是：初中学业成绩较好的学生升入高中学习，学业成绩较差的学生进入职业技术院校学习。因此，高中教育偏重传统读写能力和学术能力的培养，往往忽视职业技术能力的培养。社会对职业技术教育的价值及重要性的理解也不够。家长和学生普遍认为，在发展中国家从事职业技术工作低人一等；只有接受大学教育才会有较好的事业前景。他们拒绝进入职业技术院校，认为这些学校的课程（如技术和商业课程）不够"学术"。这些认知偏差严重制约了职业教育的发展。

（四）职业教育同社会需求脱节

职业教育同社会需求脱节也是造成尼日利亚职业教育发展举步维艰的重要因素。职业教育的课程设置同产业需求、企业需求之间的关系并不紧

[1] National Board for Technical Education. NBTE proposes upgrade of IEIs and VEIs[N]. NBTE News, 2022-06.

密。不论是在尼日利亚，还是在非洲其他国家，职业技术教育的课程设置仍然带有殖民色彩。职业教育的课程设置不是基于本国教育改革的需要，不是把本国的需求放在首位，而是去迎合西方国家的需求，这种观念不改变，尼日利亚的职业教育发展就很难有质的飞跃。

（五）职业教育信息化滞后

在当今信息化、数字化时代，掌握现代信息技术是促进经济发展和社会进步的重要手段。职业教育领域也是如此。但是，在尼日利亚的职业教育中，特别是在教学活动中，信息技术设备严重不足，信息技术基础设施有待完善，教师的信息技术素养有待提高，这些因素都制约了尼日利亚职业教育的健康发展。

（六）创新创业学院和职业创业学院招生困难

创新创业学院和职业创业学院是 2006 年尼日利亚联邦政府批准成立的职业技术教育机构。同传统的高等教育机构不同，它们是私立学院，其功能是开展职业教育、技术教育，其招生对象既包括高中毕业生，也包括其他希望满足行业需求、提升自身职业技能的申请人。但是，目前的创新创业学院和职业创业学院面临着一些困难和挑战，如招生困难、毕业生无法进入公立机构和国营单位等。截至 2022 年，国家技术教育委员会授权建立的 171 所创新创业学院中，只有不到 50% 的学院在正常运营；授权建立的 80 所职业创业学院中，只有不到 20% 的学院在正常运营。究其原因有三点：一是学院学生入学率低，二是学院资质未纳入联邦服务项目中，三是学院毕业生就业缺乏保障。国家技术教育委员会秘书长卜佳杰表示，国家正在考虑将创新创业学院和职业创业学院的地位分别提升至单科技术学院和技术学院的水平。[1]

二、职业教育的应对策略

面对职业技术教育存在的问题与挑战，国家技术教育委员会等机构以及诸多学者都在积极探索有效的应对策略。尼日利亚急需采取一系列措施，如开发本土课程大纲，加强校企合作，加强师资培训，促进课程改革，创造有利的商业环境，加强国际合作等，以推动职业技术教育的可持续发展并提升其质量，使其更好地适应社会和经济发展的需求。

（一）探索职业教育本土化发展路径

职业技术教育首先应满足尼日利亚本土对职业技术人才的需求。开发职业技术教育项目，首先要考虑本土的社会环境和发展需求。为此，尼日利亚职业技术教育需要转变观念，在课程设置方面，应充分考虑当地的市场环境，促进当地的经济发展、社会进步和技术创新。在全球化的背景下，当然要引进国外先进经验和先进技术，但是，必须将国外经验和技术有机融入当地的社会经济发展。因此，减少对外部经验和技术的过度依赖，增强本土经验总结和技术创新、激发本土职业技术活力，是促进尼日利亚职业技术教育发展的重要途径。

---

[1] National Board for Technical Education. NBTE proposes upgrade of IEIs and VEIs[N]. NBTE News, 2022-06.

（二）加强校企合作，增强人才培养的针对性

在全球化时代，学习知识和解决问题已不再是毫无关联的两个概念，职业教育机构和劳动力市场也不是相互独立的两座孤岛；相反，它们是紧密联系的命运共同体。学习知识和增强技能的目的是为了解决经济和社会发展中遇到的问题。因此，加强职业技术人才培养机构同企业雇主之间的密切合作，促进职业技术教育不断适应千变万化的经济环境和商业环境，对于职业技术教育的良性和可持续发展至关重要。促进校企合作，可以邀请雇主代表、校方代表共同建立校企合作专家咨询委员会、课程改革委员会，对企业需求、课程改革提出和交流宝贵意见和建议，开展职业技术教育指导和职业介绍。同时，加强本地市场调研，了解雇主需求和学生就业情况，跟踪用人单位对学生的评价等。这些反馈信息对于职业技术机构满足雇主及市场需求、提高学生培养质量裨益良多。

（三）促进观念转变，加强师资培训

增强政府和公众对职业技术教育的正确理解，纠正他们对职业技术教育的认知偏差，对于促进职业技术教育的发展意义重大。政府和公众需要认识到，职业技术教育不是为那些学业成绩不理想的学生寻找的一个教育项目。相反，它是培养国家急需人才、促进国家长久发展、具有重要战略意义的教育项目。为此，急需解决目前职业技术教育合格师资严重不足、有效师资培训严重缺失的问题。联邦政府应加大对技术教师培训项目的支持力度，培养高质量的职业技术教育师资力量；通过奖学金、奖教金及其他激励措施，支持职业技术教师提升自身能力；加强职业技术教师信息技术培训，助力其掌握现代信息科技，促进职业技术领域的发展；加强职业技术院校资源中心建设，增加教学设备，提高教学水平。

（四）支持中小企业发展，创造职业技术教育发展的有利商业环境

截至 2022 年年初，尼日利亚有 9 000 万年轻人处于失业状态，包括很多有学位和证书的高校毕业生，职业技术院校毕业的许多学生也在此列。国家技术教育委员会秘书长卜佳杰认为，要解决高失业率的问题，唯一的方法就是政府帮助失业青年获得谋生的技能；高校也必须把提供谋生技能作为解决失业问题的首要考虑。[1] 也有学者认为，支持中小企业发展，改善尼日利亚的商业环境，创造有利于职业技术发展的有利环境，才是解决尼日利亚年轻人失业率居高不下的关键。他们建议政府给中小企业减税，因为成千上万的中小企业是解决就业的生力军；建议加强交通、电力、通信、水利等基础设施建设，因为这些领域也需要大量的职业技术人才。[2]

（五）加强职业教育课程改革

尼日利亚各界都在积极推动职业教育课程改革，此处以大众传媒专业近年来的改革举措为例。

长期以来，各院校的大众传媒专业由于内容过于宽泛而广受非议。国家技术教育委员会也曾在尼日利亚各地多次召开会议，商讨大众传媒专业的课程改革事宜。2022 年 7 月，国家技术教育委员会课程改革中心主任玛尔·穆萨·伊思果果表示，委员会将综合各方意见，考虑将大众传媒项

---

[1] National Board for Technical Education. Nigeria has 90 million unemployed youth[N]. NBTE News, 2022-03.

[2] ONWUSA, S C. The issues, challenges and strategies to strengthen technical, vocational education and training in Nigeria[J]. International journal of research and innovation in social sciences, 2021(5): 54-55.

目分为三个门类，即新闻与媒体研究（包括平面媒体、广播电视、数字新闻）、战略沟通与媒体研究（包括公共关系、广告、媒体开发）以及电影与多媒体制作。与会人士表示，考虑到尼日利亚媒体行业的发展现状，大众传媒课程改革已经刻不容缓。[1]

2023 年 1 月，国家技术教育委员会秘书长卜佳杰表示，国家技术教育委员会已经批准正式将职业技术教育中的大众传媒项目细分为三个专业：新闻与媒体研究、战略沟通与媒体研究、电影与多媒体制作，学生可以任选一个专业。卜佳杰的特别助理玛拉姆·易卜拉欣·巴士尔·柏罗指出，这些课程将在所有职业技术教育机构的高级证书阶段开设；他要求所有职业技术教育机构及时更新课程体系。扎姆法拉州阿卜·古萨乌联邦理工学院大众传媒系首席讲师玛拉姆·拉瓦尔·乌玛尔·马顿称赞道，此举可以让理工学院的一线教师更加专注于大众传媒的一个专门领域。[2]

（六）加强职业教育国际合作

尼日利亚政府对内推动职业教育改革，对外加强国际交流合作，与中国、孟加拉国、摩洛哥、波兰等国家开展了各种形式的合作，合作形式包括联合办学、教师培训、技术援助和学生交流等。例如，在 2022 年 7 月，尼日利亚技术教育委员会代表团一行 12 人访问摩洛哥。在访问期间，同摩洛哥多家公立和私立职业技能中心和技术学院签署合作备忘录。代表团同

---

[1] National Board for Technical Education. NBTE unbundles mass communication in TVET institution[N]. NBTE News, 2022-07.

[2] GABRIEL J. NBTE splits mass communication course in higher institutions[N]. Daily Post, 2023-01-28.

摩洛哥汽车工业培训中心签署协议，决定派遣尼日利亚青年前往摩洛哥学习汽车发动机维修、机身维修和电子机械维修。代表团还参访了摩洛哥职业培训与劳动力促进中心、穆罕默德四世建筑与公共工程学院、贵奇·卢达亚接待与旅游中心、伊思马拉航空中心、汽车工业中心、融合与救助工作中心等机构。[1]

---

[1] National Board for Technical Education. NBTE unbundles mass communication in TVET institution[N]. NBTE News, 2022-07.

第八章 成人教育

尼日利亚独立后，因为政变频繁、政治动荡，教育发展曾一度受到严重干扰，成人教育也不例外。1999年，军政府还政于民，尼日利亚政治社会生活趋于稳定，成人教育也开始走上正轨。在过去的二十多年中，尽管受到经费不足、师资短缺、监管不力、学费上升等问题的困扰，尼日利亚成人教育仍在稳步推进，为尼日利亚经济社会发展做出应有之贡献。

第一节 成人教育的历史和发展

联合国教科文组织将成人教育界定为"专门针对成年人进行的教育，旨在提高其技术或专业资格，进一步发展其能力，丰富其知识，以期达到正规教育水平，或在新领域获取知识与技能，或更新其在特定领域的知识"。成人教育包括"继续教育""再教育"以及"第二次教育机会"。[1]《联合国2030年可持续发展议程》在谈到成人教育的目标时强调，应确保成年人掌握基本的识字和算数能力；确保其获得优质的技术教育、职业教育或高等教育；确保其获取寻找体面工作的技能；消除教育中的性别不平等；

---

[1] 资料来源于联合国教科文组织网站。

促进可持续发展；促使其做全球公民。该目标对应着四大方向：大众识字、继续教育、专业发展、合格公民。[1]

《国家教育政策》（1981 年修订）指出，成人教育和非正规教育指的是正规教育体系以外的青年人或成年人接受的功能性识字教育、继续教育、职业教育、美学教育、公民道德教育等。《国家教育政策》（2014 年）将终身学习理念正式纳入成人教育范畴中。2017 年 10 月，尼日利亚国家大众识字、成人教育及非正规教育委员会发布的《大众识字、成人教育及非正规教育政策指南》强调指出，扫除文盲、发展大众教育、建设学习型社会、促进个人自立自强和国家永续发展是成人教育的总目标。[2] 由此可见，在尼日利亚，成人教育同大众识字、成人扫盲和非正规教育等紧密关联。

一、成人教育的历史沿革

西方意义的成人教育在尼日利亚早已有之。11 世纪，豪萨人通过撒哈拉之路与阿拉伯国家进行贸易，深受伊斯兰文化影响。古豪萨文采用阿拉伯字母拼写的阿贾米文字。14 世纪，伊斯兰教进入尼日利亚北部的豪萨城邦。由于《古兰经》是由阿拉伯语书写的，穆斯林学者在讲授《古兰经》的同时，也教授阿拉伯语；豪萨人在接受伊斯兰教教义、法律、习俗的过程中，不仅习得了伊斯兰教的价值观念，也学习了阿拉伯语，提高了识字水平。所以，在尼日利亚，基础阿拉伯语学校被称为古兰经学校。

19 世纪 40 年代，基督教传教士开始大规模地在尼日利亚南部传教。为了促进基督教的传播，教会牧师建立教堂、开办学校、举办诵经会与祈祷

---

[1] POPOVIC K. Contemporary adult education: the challenges, risks and chances[J]. Adult education in Nigeria, 2002(1): xi.

[2] National Commission for Mass Literacy, Adult and Non-Formal Education (NMEC). Policy guidelines for mass literacy, adult and non-formal education in Nigeria[R]. Abuja: NMEC, 2017.

会等，帮助尼日利亚信徒阅读《圣经》等基督教经典，在客观上提高了尼日利亚信徒的识字水平。传教士为女信徒设立"家庭技能培训课堂"，开设识字认字、家政、健康教育、儿童护理、家庭管理等课程，帮助她们更好地管理家庭。到 1934 年，这些家庭技能培训课堂、职业教育课堂和婚姻家庭培训活动遍及尼日利亚南部地区。教会也为男信徒建立了一些职业培训项目。这些成人教育培训项目帮助信徒获得了一定的生活技能，有利于他们改善个人的经济生活和社会地位。

直到 20 世纪 40 年代，英国殖民当局才认识到成人识字教育对于促进当地经济发展和社会进步的重要意义。1944 年，英国殖民当局发布了《非洲社会大众教育》这一政策文件。1946 年，尼日利亚开始了大众教育运动，其中，成人识字运动旨在帮助尼日利亚成年人获得基本的识字能力，促进其有效参与社区中的政治、经济和社会活动。[1]

自 1960 年 10 月 1 日独立以来，尼日利亚不断推动成人识字运动。特别是 20 世纪 70 年代以来，尼日利亚政府为推动大众识字教育、扫除成年文盲做出了不懈努力。1977 年，政府颁布《国家教育政策》文件，将"在全国范围内推动大众识字作为教育改革发展的头等大事"。1999 年，时任尼日利亚总统奥巴桑乔提出了"普及基础教育项目"，将小学教育延伸到中学教育和成人教育。到 2014 年，《国家教育政策》已经经历了六次修订，每一次都将推动大众识字教育、扫除成年文盲作为重要目标。

为推动大众识字教育、扫除成年文盲，尼日利亚政府采取了一系列措施。例如，1971 年 3 月 27 日，尼日利亚在当时的首都拉各斯成立国家成人教育委员会；1980 年，尼日利亚各州成立大众识字、成人教育及非正规教育州委员会；1989 年，在卡诺市建立国家成人教育中心，并成立流动家庭子女教育委员会；1991 年，成立国家大众识字、成人教育及非正规教育委员会，

[1] OSUJI S N. New perspectives in adult education in Nigeria in the 21st century[R]. Educational Resources Information Center (ERIC), 2004.

其重要目标之一是在 2000 年以前，完成青年和成人扫盲工作。委员会采取了发动志愿者"一个教一个"或者"一个资助教会一个"的政策。

这种"志愿服务"的理论基础是，每一位接受过教育的尼日利亚人都应该通过教他们的文盲亲戚或邻居识字认字的方式来回馈社会。这种做法借鉴了 20 世纪 30 年代一些受过良好教育的尼日利亚人的做法。出于对英国殖民当局漠视在尼日利亚推动高等教育的不满，尼日利亚人自己开始开办课堂，推动识字运动。这些课堂在 1949 年融入了于前一年建立的伊巴丹大学学院。国家大众识字、成人教育及非正规教育委员会希望借助历史经验来推动尼日利亚大众识字和成人扫盲工作。[1] 但是，面对如此艰巨的任务，以民间"志愿服务"为主的模式能否取得预期的效果，是存疑的。

二、成人教育的发展现状

由于种种原因，尼日利亚的大众识字、成人扫盲工作一直效果不彰。2004 年，尼日利亚成人识字率仍在 66.8%。也就是说，文盲率是 33.2%。[2] 到 2010 年，成人识字率不升反降了大约 10%，跌至 56.9%；文盲率高达 43.1%。[3] 2015 年，成人识字率有所上升，达到 62%；文盲率有所下降，降到 38%。但是，6 年之后的 2021 年，成人识字率仍只有 62%；文盲率仍在 38%。[4] 考虑到这期间尼日利亚人口的快速增长，从绝对数字来看，成人识字人数和文盲人数都有所增加。2022 年，成人识字率升至 69%，文盲率下

[1] OSUJI S N. New perspectives in adult education in Nigeria in the 21st century[R]. Educational Resources Information Center (ERIC), 2004.

[2] OSUJI S N. New perspectives in adult education in Nigeria in the 21st century[R]. Educational Resources Information Center (ERIC), 2004.

[3] ADEDIGBA A. How we plan to produce 30 million literate Nigerians in three years—commission[N]. Premium Times, 2017-10-12.

[4] 资料来源于 Future Learn 网站。

降至 31%。这确实是一个很大的进步。[1]

尽管尼日利亚成人文盲率比较高，但不可否认，尼日利亚政府在推动成人识字、扫除文盲方面也做了不懈努力。例如，2017 年 10 月，尼日利亚国家大众识字、成人教育及非正规教育委员会召开年会。大会的主题是"2016—2030 年可持续发展目标：确保尼日利亚成人教育和终身学习可以实现的议程"。大会表示，计划利用 3 年时间，扫除 3 000 万文盲。时任委员会执行秘书长阿巴·哈拉杜表示，委员会已经制定了政策文件，旨在促进尼日利亚全国扫盲项目的开展。委员会已将计划提交至尼日利亚联邦教育部部长阿达姆·阿达姆，希望得到联邦政府的资金支持。

哈拉杜秘书长承认，要在尼日利亚扫除文盲、建立终身学习的文化氛围，仍需不懈努力。但是，国家大众识字、成人教育及非正规教育全国委员会将继续加强全国成人教育，促进政府为所有公民提供功能性教育，为尼日利亚经济发展和社会进步作贡献。哈拉杜谈到了 3 年完成 3 000 万扫盲任务所面临的挑战。他指出，教育部发布的数据显示，在约 4 000 万成年文盲中，仅有 50 万人参加了联邦政府举办的学习班。在大约 350 万流动家庭子女中，仅有 45 万人接受过某种形式的正规教育。[2]

2022 年 9 月 6 日，尼日利亚教育部国务部长古德拉克·奥皮亚在接受采访时表示，联邦政府一直在推动大众识字和成人扫盲工作。教育部《部长战略规划》中包含的"青年和成人识字项目"就为一例。联邦政府在 36 个州和联邦首都区建立了 377 个学习中心——提供学习材料，帮助学员识字认字，学习技能，如服装设计、家政、美容、整容等。[3]

---

[1] SULEIMAN Q. International Literacy Day: adult illiteracy in Nigeria now 31%—minister[N]. Premium Times, 2022-09-06.

[2] ADEDIGBA A. How we plan to produce 30 million literate Nigerians in three years—commission[N]. Premium Times, 2017-10-12.

[3] SULEIMAN Q. International Literacy Day: adult illiteracy in Nigeria now 31%—minister[N]. Premium Times, 2022-09-06.

第二节 成人教育的特点

一、重视行政立法

《国家教育政策》（2014 年）和《大众识字、成人教育及非正规教育政策指南》是指导尼日利亚成人教育发展的政策性文件，也是理解尼日利亚成人教育的愿景目标、领导机构、参与主体、实施路径、项目落实、效果评估之重要依据。

（一）《国家教育政策》

《国家教育政策》（2014 年）将成人教育同大众识字教育及非正规教育合为一体。该文件指出，大众识字教育、成人教育和非正规教育就是给正规学校体系以外的成人、儿童及青年人提供的等同于基础教育的教育形式，旨在为未接受过正规学校教育或者离开学校过早的成年人和青年人提供功能性识字教育，其目标群体主要包括：伊斯兰教学校学生、文盲或半文盲成年人和青少年、早先离开正规学校而现在愿意回到学校接受教育的学生、其他类别的弱势群体、无法在正规教育体系中接受教育因而需要其他形式的教育来满足特定受教育需求的群体，等等。其为未完成初中教育的青年人或成年人提供矫正教育和终身学习的机会；为不同行业的工人和专业人员提供在职培训、职业培训和专业培训等。

政策文件表示，为尽快消除文盲，国家将在全国范围内开展大众扫盲运动，方式可以是"一个教一个"或者"一个资助教会一个"、参与型乡村评估项目、广播扫盲及其他创新形式；各州和联邦首都区的大众教育部将负责规范所有成年人课堂和非正规教育项目；大众扫盲、成人教育和非正规教育将在各州教育部门和联邦首都区教育部门的监督下进行；大众扫盲项目由政府向受益人免费提供；将在每一个社区提供信息技术和其他基础设施支撑，如图书馆、音像放映中心、阅览室等；鼓励开展社区广播和广播扫盲项目；鼓励公私机构在大众扫盲项目的组织和集资方面发挥作用。

联邦教育部将负责制定国家大众扫盲、成人扫盲和非正规教育的具体政策；要求与协调有关机构同国际发展伙伴开展对话，探讨在大众识字教育领域的合作；为国家识字计划提供必要的资金，以应对消除文盲、开展功能性大众识字教育所面临的挑战；动员各州、联邦首都区及各地方政府提供配套资金开展扫盲活动。

国家大众识字、成人教育及非正规教育委员会负责协调全国范围内的大众识字教育、成人扫盲教育及非正规教育项目；确保大众识字教育在全国范围采用统一标准和质量控制机制；加强同全国范围内的非政府组织和企业合作，规范全国各地大众识字项目的执行；采用适当的方式，为各州及联邦首都区培训必要的人力；以《国家课程大纲》为基础，为大众识字项目开发课程和教学材料；颁发全国承认的教育证书；组织有关大众识字教育的国内与国际培训研讨班、讲座、专题研讨会；启动《大众识字教育评价标准》，将大众识字教育、成人教育、非正规教育融入学习中心，开展必要的标准认证；同国内与国际相关大众识字教育机构联系，加快大众识字教育和非正规教育发展。

各州及联邦首都区大众教育机构的职责包括：执行国家大众识字教育政策，规划、研究、组织、开发、管理大众识字教育项目；规范、监督所有私立继续教育中心、技能培训中心、课外壁画课堂及其他非政府组织提供的成人教育和非正式教育项目；设立并监督各州大众识字网络委员会开展的系列活动；联系州内非政府组织，促进大众识字项目开展；培训基层人员，如地区协调员、团队组织人员、社区图书馆管理员等；为成人扫盲教育和非正规教育提供支持服务，包括课程改编，电视收看，广播收听，流动图书馆、乡村图书馆、录制中心设立，以及音像教学、学习教具供给等。

地方政府委员会的职责是：负责地方大众识字和成人教育项目的日常控制与管理；招募兼职教师及从事非正规教育的工作人员，并支付其薪水；招收功能性识字教育学习者参加识字教育培训；就识字教育课程设置、学习材料、教学技术、评估过程、数据收集等事宜向州教育部门、联邦首都区教育部门、联邦教育部进行反馈；确保地方政府、区政府、乡村、选区及学习中心大众识字网络委员会高效运营；为乡村图书馆、阅览室、电视收看中心、广播收听俱乐部等学习场所提供硬件设施。[1]

（二）《大众识字、成人教育及非正规教育政策指南》

2017 年 10 月，尼日利亚国家大众识字、成人教育及非正规教育委员会发布《大众识字、成人教育及非正规教育政策指南》（以下简称《指南》），强调委员会的愿景是扫除文盲，在终身学习的背景下，提供非正规教育和继续教育，促进可持续发展；其使命是大力发展大众教育，建设学习型社会，促进个人自立自强和国家永续发展。[2]

《指南》指出，成人教育在国家智力、文化、社会、经济等方面扮演着重要角色，对于维护国家团结，促进经济发展，维持社会安定，保障社会公正，以及消除贫困、无知、偏见、疾病等意义重大。开发尼日利亚丰富的人力资源，需要为尼日利亚的每一位公民创造充分、合适的教育机会。为此，尼日利亚社会不仅要关注学校教育，也要关注校外教育。

自 1999 年政治稳定以来，尼日利亚联邦政府在发展基础教育，特别是

---

[1] Federal Republic of Nigeria. National policy on education[R]. Lagos: The Nigerian Educational Research and Development Council (NERDC), 2014: 30-34.

[2] National Commission for Mass Literacy, Adult and Non-Formal Education (NMEC). Policy guidelines for mass literacy, adult and non-formal education in Nigeria[R]. Abuja: NMEC, 2017.

小学教育和初中教育方面投入了大量的资源。但是，政府同样不能忽略正规教育体系之外的 6 500 万青年和成人的教育问题。他们有权获得和享有识字机会，享有健康的生活方式，参与政治、经济和社会事务。大众识字可以帮他们获得上述机会。为此，重视大众识字、成人教育及非正规教育对于实现《联合国 2030 年可持续发展议程》中倡导的"包容性教育"目标，对于实现《尼日利亚宪法》（1999 年修订）第 18 条规定的教育目标，都意义非凡。

《指南》指出，要增强民众对大众识字重要性的认识，同有关利益攸关方合作，关注弱势群体，如有特殊需求的人群、妇女和女童、乡村居民、失学儿童以及所有被社会边缘化的群体。《指南》强调，国家大众识字、成人教育及非正规教育委员会设立的三级机构（即国家级委员会、州级委员会和地方级委员会）都要发挥其应有的作用。

在上述愿景与使命之宏观指引下，国家大众识字、成人教育及非正规教育委员会的具体目标包括：制定扫除文盲的政策和战略；监督大众识字政策的实施；培养具有基本技能和读写能力、自立自强的新文化人；开发识字项目，特别关注弱势群体；同各州政府、地方政府和非政府组织合作，促进尼日利亚识字项目、非正规教育项目和继续教育项目的实施等。

国家大众识字、成人教育及非正规教育委员会强调，尼日利亚的国家目标是建立一个自由、民主、公正、平等的社会，一个团结、强大、自立的国家，一个伟大、充满活力的经济体，一个所有公民都充分享有机会的国家。

成人教育和非正规教育的政策目标是确保尼日利亚人享有大众教育，不断提高其读写能力；确保成人教育和非正规教育机会和资源在全国得到公平分配；灵活开发成人教育课程，满足具体受众需求，如街头流浪人群、流动家庭、弱势群体儿童和少年、在监人员以及有特殊需求的人员；确保成人和失学青年能够实现他们的学习目标，包括技能培训、学徒训练、自主择业等；为过早离开学校的学习者返回正规教育体系提供机会；为妇女及已经为人父母的成年人提供非正规教育，帮助他们成为更好的社会成员，奉献社会；最大限度地促进社会公平、实现人们的经济和政治福祉；提供与时代相适应的公共启蒙项目等。

成人教育及非正规教育项目包括基础识字项目（相当于正规小学 1—3 年级水平）、中级识字项目（相当于正规小学 4—6 年级水平）、功能性识字项目（学习专业和职业相关的名称）、职业教育和工作相关的技能、在职基本技能培训等。

国家大众识字、成人教育及非正规教育委员会隶属于联邦教育部，设董事会和执行秘书，下设行政管理部，监督、评估和鉴定部，规划、研究及数据统计部，专门项目部，识字教育部，交通服务部，职业教育和继续教育部，联络和动员部，财务部等。在委员会管理过程中，联邦教育部的职责是制定政策、监管运行、提供资金、动员各州和地方政府参与、开启同国际捐助机构的对话等。

国家级委员会的职责包括：制定和发布政策指南；协调和监督项目实施；接收联邦政府拨款以及向州政府和地方政府相关机构分发项目款项；向相关机构征集和接收捐款并向成人教育项目执行机构分发捐款等；开展质量评估；激励和动员民众参与成人教育项目；开展成人教育研究；开发成人教育课程，分发教学材料；建立实验项目；支持成人教育机构开展能力建设；勘校、分析、出版成人教育信息；维护成人教育数据库；组织、协调、监督成人教育项目；同联邦部委、州教育部门、大众识字管理机构、非政府机构和国际组织建立伙伴关系，促进彼此工作的协调；定期接收各州成人教育管理部门提交的报告；撰写、提交年度工作报告；执行联邦教育部部长分配的其他工作。

各州成人教育管理部门的职责包括：制定并执行州内相关大众教育项目；创造有利的学习环境，培养学习者的学习技能；建立大众识字中心

（课堂），提供学习基础设施，包括学习设备、学习材料等；建立职业技能中心或功能性识字中心；动员成年文盲学习，为他们的学习提供便利；招募大众识字教员，同地方政府委员会合作，为他们支付薪资；监管和确保所有私立继续教育中心、技能学习中心和其他成人教育项目的质量；负责宣传、推广、动员所需要的人员与成人教育项目；提供支持服务，如课程适应服务，流动图书馆、乡村图书馆、视听中心设立，电视放映，视听教学辅助设备供给等。

地方政府成人教育主管部门的职责包括：定期开展人口普查，了解文盲人口数量；了解文盲人群的学习需求；了解并确定本地区内大众识字中心和识字课堂的位置；动员文盲人群登记注册，参与扫盲学习；招募符合资格的教师和技术人员，开展扫盲活动；向扫盲教师支付薪水，确保其收入不低于当地工人最低工资的一半；提供教学材料，充分利用当地教学中心的资源；联络各州成人教育管理部门，促进地方识字教育项目落实；收集并保存当地政府扫盲活动的数据；协调当地志愿者和非政府组织参与大众识字项目；监督当地成人教育项目的落实；确保当地青年职业培训项目实施；建立社区图书馆、阅览室和视频资料中心；创造有利环境，促进非政府组织参与大众识字项目等。

国家大众识字、成人教育及非正规教育委员会的资金来源包括如下方面：联邦政府每年须从基础教育预算中拨出至少 2% 来支持国家大众识字教育；各州政府须从基础教育预算中拨出至少 10% 来支持大众识字教育；地方政府须从基础教育预算中拨出至少 5% 来支持大众识字教育；联邦政府跨部门资金支持；国际捐助；私营部门资金支持；社区志愿捐助；非政府组织、公民团体、宗教团体及个人捐助；州政府和地方政府教育部门拿出各项收费资金的 25% 来支持大众识字教育等。资金的使用主要包括支付大众识字项目管理人员的津贴和薪资；购买教学设备、教学材料；宣传大众识字项目、动员民众参与的过程中所产生的费用；监督、评估、鉴定、数据采集等方面的费用；管理、研究活动经费；大众识字项目设备维护费用；建设大众识字中心、图书馆、乡村阅览室、音像放映中心等费用。

国家大众识字项目的基本课程包括基础识字项目、中级识字项目、继续教育和职业教育。基础识字项目包括阅读、写作和算数。中级识字项目包括英语语言、数学、人与社会、旅游观光、健康卫生教育、基础科学、社会技能、公民教育、计算机基础、家政管理、宗教、道德和公民学。继续教育包括正规教育体系中的初中课程、远程教育课程等。职业教育参照《尼日利亚国家职业资格框架》的要求设计，包括艺术和工艺、室内外装修、服装设计、美容美发、木工技术、建筑技术、管道维修、汽车电路、冶炼锻造、计算机安装和维修、家政、冰箱空调维修、摄影技术、视频录制、牲畜管理、汽车修理、电气安装和维修、电影拍摄和制作等。基础识字项目一般为期9—12个月；中级识字项目、继续教育和职业教育一般都为24个月。基础识字项目相当于正规教育中的小学1—3年级课程，中级识字项目相当于小学4—6年级课程，继续教育相当于初中三年级和高中三年级课程。职业教育根据实际情况而定。

尼日利亚有400多种口头语言。考虑到这一实际情况，大众识字教育的语言，在基础识字阶段（也就是对标小学1—3年级课程），可以采用当地语言（如豪萨语、约鲁巴语、伊博语等）进行；但是进入中级识字阶段后，除非确有必要，一般情况下，教学活动用尼日利亚官方语言英语进行。在基础识字阶段，学习中心会将学习材料从英语翻译成当地语言，供学习者选用。

国家大众识字、成人教育及非正规教育委员会协同相关机构展开合作，共同推动尼日利亚大众识字教育和扫盲工作的开展，如普及基础教育委员会、国家教师学院、国家流动人口教育委员会、国家开放大学、国家阿拉伯和伊斯兰研究会、国家教育学院委员会、国家青年服务队、国家新闻局、国家技术教育委员会、尼日利亚教育研究和开放委员会等。这些机构将从不同层面为国家大众识字、成人教育及非正规教育委员会提供支持。[1]

二、重视机制建设

为推动成人教育不断发展，尼日利亚政府先后于1971年和1991年成立了尼日利亚国家成人教育委员会和国家大众识字、成人教育及非正规教育委员会。两个委员会定期召开会议，研讨尼日利亚成人教育的现状与挑战，并对其未来发展建言献策。

尼日利亚国家成人教育委员会于1971年在拉各斯成立，其宗旨是全面加强成人教育，更好地服务尼日利亚人民的需求，为国家发展贡献力量。它是非洲为数不多的国家成人教育协会，也是隶属于联合国教科文组织的两个非洲成人教育协会中的一个。自成立以来，委员会一直致力于在尼日利亚推行现代教育理念，创建切实可行的国家成人教育项目，促进尼日利亚教育战略的实施。它的使命是为所有对成人教育感兴趣的尼日利亚人提供沟通交流的途径，在同各级政府交往时代表成人教育的最大利益，促进成人教育同社区发展和其他机构之间的合作，联合尼日利亚境内外志同道合的协会或组织共同改善尼日利亚成人教育状况，提升尼日利亚成人教育的社会地位和职业认可，开展成人教育项目研究，发起并实施基层成人教育项目，出版成人教育专刊、时讯、论文、专著，促进尼日利亚成人教育研究，寻求尼日利亚国内外高等教育机构的意见和建议，促进尼日利亚成人教育发展。[2]目前，尼日利亚国家成人教育委员会秘书处设在伊巴丹大学教育系。

---

[1] National Commission for Mass Literacy, Adult and Non-Formal Education (NMEC). Policy guidelines for mass literacy, adult and non-formal education in Nigeria[R]. Abuja: NMEC, 2017.

[2] 资料来源于尼日利亚国家成人教育委员会网站。

尼日利亚国家成人教育委员会每年召开一次会议。2021 年是委员会成立 50 周年。此次年会在尼日利亚首都阿布贾的国家教育学院举行，主题是"欢庆愿景，筹措资源，促进尼日利亚成人教育可持续发展"。会议出版了论文集，包括 32 篇论文，议题包括尼日利亚成人教育面临的风险、挑战和机遇，成人教育与不断变化的国际环境，成人教育的现状及未来趋势，知识经济时代的成人教育，信息技术在推动成人教育中的作用，大众识字教育，功能性识字教育，矫正教育，远程教育，终身教育等。

有学者谈到，目前，许多非洲国家都搭上了以数字技术为特征的第四次工业革命的"顺风车"，但是，落后的基础设施加大了非洲国家同世界的数字鸿沟。为此，尼日利亚急需加大投资力度，加强信息技术培训，增强信息技术开发能力，建设数字化学习环境，促进成人教育发展。有学者认为，尼日利亚成人教育需要加大教育投入力度，不断创新课程体系，大力发展远程教育，倡导终身学习理念，为建设知识型经济奠定基础。有学者通过案例研究，阐述了大众教育（如矫正教育、延伸教育、生活技能教育、职业教育、安全教育等项目）在促进扫除乡村地区文盲及促进可持续发展方面所发挥的重要作用。有学者阐述了尼日利亚成人教育面临的挑战，如政策和项目的可持续问题、教学材料短缺问题、教职人员资格问题、资金不足问题、监管不力问题等。[1]

国家成人教育委员会 2023 年年会于 10 月 9—13 日在尼日利亚南部奥孙州州立教育学院举行。大会的主题是"改变方向：发展困境中的成人学习和教育变革"。会议设立了多个子议题，包括成人教育及引发时代变革的基本因素；成人教育如何应对新发展难题；成人教育如何推进《联合国 2030 年可持续发展议程》；加强成人教育，促进公共产品和公益事业；成人教育：构建可持续、包容性、学习型社会；成人教育：促进人的发展与

---

[1] 资料来源于尼日利亚国家成人教育委员会网站。

人类生存、繁荣与和平；成人教育：促进集体发展；成人教育：学习的数字化转型；成人教育与后疫情时代尼日利亚新常态；探索尼日利亚成人教育的新格局；成人教育与新发展指标（安全、和平构建、社会资本建设等）；促进青年和成年文盲学习机构改革；成人教育与 21 世纪社会经济发展等。[1]

第三节 成人教育的挑战和对策

一、成人教育面临的挑战

目前，尼日利亚成人教育的健康发展仍面临很多障碍。

（一）经费不足

联邦教育部、州教育部门、地方教育部门都未能在教育预算中给予成人教育足够的经费。跟正规教育相比，成人教育所获得经费寥寥无几。作为一种非正规教育，成人教育不能有效享受到联邦教育部划拨给基础教育预算的 2% 的统一基金。另外，成人教育资金的管理也存在责任不明确、使用不透明等问题。

---

[1] 资料来源于尼日利亚国家成人教育委员会网站。

（二）师资短缺

成人教育师资（特别是掌握现代信息技术手段的教师）严重缺乏；很多从事成人教育管理和培训的人员也缺乏基本的技术素养。地方教育部门不得已之下，只能聘用小学教师，甚至是仅有教师资格证却缺乏教学经验的人员来开展成人教育活动。调查显示，很多小学二年级教师，甚至是未取得教师资格证、未得到充分培训的人员在非正规教育中心任职。[1]

（三）教师薪酬低

多数的州教育部门和地方教育部门不能按时给成人教育中心的教师和管理人员发放工资。几乎所有的州都无法按照月薪 7 500 奈拉的标准给教师支付。在一些情况下，教师工资拖欠可长达数月。这对于成人教育发展极为不利。教师薪水微薄，工作环境简陋，同他们的劳动付出极不相称。

（四）学籍档案不全

成人教育学籍档案管理混乱，这严重影响了成人教育数据库建设，以及联邦政府非正规教育干预基金（也称"平准基金"）的项目规划与实施，也影响了成人教育中心对学员学习成绩的了解，失去了安排学员进入高一级水平学习的依据。

---

[1] ENIOLA A, MOFEOLUWA T. Problems and prospects of adult education in Nigeria[J]. INOSR humanities and social sciences, 2020(1): 10.

（五）目标群体积极性不高

尼日利亚国家大众识字、成人教育及非正规教育委员会年度数据显示，绝大多数的成人教育目标群体并未真正参与非正规教育项目。尼日利亚需要参加成人教育项目的目标群体人数超过 4 400 万，但实际上，平均每年只有170 万人参与学习。按照这个速度，尼日利亚需要 22 年才能实现全民教育的目标。[1]

（六）项目监管不力

定期有效的监管是非正规教育项目成功实施的关键，也应该成为项目行动计划的重要组成部分。但是，项目监管资金不到位、项目进度信息不明确，也是成人教育管理中存在的严重问题。

（七）学费上升

成人教育学费上升是导致入学率低的一个重要因素。从理论上来讲，所有的公民都有机会在人生的任何一个阶段来获取知识和技能以提升事业的层次，改善自己的生活，发展自己的潜能，享受学习的乐趣。但是，由于成人教育并不属于普及基础教育的范畴，所以，学费上涨也严重影响了成人教育的入学率。[2]

---

[1] AYANTUNJI M M. Adult education in Nigeria: issues, perspectives and challenges[J]. Edumania—an international multidisciplinary journal, 2023(2): 182-183.

[2] AYANTUNJI M M. Adult education in Nigeria: issues, perspectives and challenges[J]. Edumania—an international multidisciplinary journal, 2023(2): 182-183.

（八）目标群体自身所面临的挑战

在尼日利亚，成人教育的目标群体自身往往面临着各种各样的挑战。有些人因需要工作没有时间上课；有些人需要平衡个人发展和家庭需求之间的关系；有些人因生活贫困负担不起上学的交通费；有些人因工作不稳定无法按时上课；有些妇女或女童因重男轻女思想盛行而无法接受教育；也有些妇女因为家务繁重、生儿育女等原因无法抽出时间接受教育；还有些人因为部族传统、迷信观念，甚至个人信心不足、兴趣不够、不了解成人教育培训信息、上课时间不合适、达不到入学门槛等原因，也都无缘成人教育。

二、成人教育的应对策略

为应对尼日利亚成人教育所面临的诸多挑战，基于学者观点 [1]，提出如下应对策略及建议。

（一）推动关键性立法调整

尼日利亚国民议会应尽快审议、修订《普及基础教育法》，将成人教育和非正规教育纳入普及基础教育的范畴之中。这是推动成人教育发展、提高教育普及率的重要一环，也是增进社会公平和促进国家整体教育正规化的紧迫任务。

---

[1] AYANTUNJI M M. Adult education in Nigeria: issues, perspectives and challenges[J]. Edumania—an international multidisciplinary journal, 2023(2): 182-183.

（二）加大对成人教育的投入

各级各类政府都应增加对成人教育和非正规教育的财政拨款，以有效推动相关项目的展开，此举将有助于扩大成人教育的覆盖范围，提升教育质量和效果。

（三）扩展成人教育培训资源

为扩展成人教育所需的培训资源，应增设成人教育培训中心，增加成人教育培训项目的数量，使所有对成人教育感兴趣的尼日利亚人都能有机会参与相关培训项目，并能够负担得起项目费用。另外，在各州设立一些免费基础识字项目或免费中级识字项目，服务于更多人的基本学习需求。

（四）加强教师能力建设和团队建设

政府应促进成人教育各级师资培训项目的有效开展，包括职前培训、职中培训、在职培训等各个环节。有效的项目规划和实施要求具有强烈责任感的、合格的师资培训人员。政府还应鼓励教育学院设立成人教育系或专业，专门培养成人教育师资力量，为成人教育事业的长远人才供给提供有力支持。非正规教育中心须聘请既持有普通教师资格证，又拥有成人教育专业资格的教师，以确保教学队伍的专业化和素质化，并根据国家对成人教育不断增长的需求，招募充足且合格的教师及其他工作人员，确保成人教育事业的可持续发展。另外，成人教育和非正规教育教师的工资和津贴须符合成人教育和非正规教育规划文件中所规定的最低标准。在此基础上，应逐步提升教师的薪资水平。

（五）扩大宣传力度，构建有利于成人学习的环境与氛围

应提升公众对成人教育的认识和主动接受教育的意识，动员社会各界力量支持成人教育事业的繁荣发展，从而扩大成人教育的受益群体；应营造良好的学习环境，激发成人教育目标群体的学习兴趣，同步提高学员的学习积极性和教师的教学积极性；应定期开展有效监督和评估，推动成人教育目标的有效实现，持续提升教育质量和水平。

第九章 教师教育

　　教师教育是培养师资的专业教育，肩负着培育学生情怀，锤炼学生品格，传授学生知识，创新学生思维，启迪学生智慧，引导学生服务国家、奉献社会、争做勇于担当和善于创新的合格公民的使命，其重要性不言而喻。尼日利亚教师培训始于19世纪50年代末英国传教士建立的教师培训学院，其目的是为教会培养牧师和教师。20世纪初，英国殖民当局开始在尼日利亚设立教师培训机构，其目的也是为自己服务。2014年，《尼日利亚教师教育政策》指出，尼日利亚国家教育体系要拥有"一支质量优良、技能高超、锐意进取、乐于奉献、学识渊博、善于创新、有能力培养参与全球竞争的尼日利亚学生的教师队伍"。[1] 2014年，《国家教育政策》也指出，教师教育的目标就是要"培养锐意进取、勤勉尽责、胜任力强的各级各类学校教师"。[2]

---

[1] 资料来源于联合国教科文组织网站。

[2] 资料来源于 educatetolead.wordpress 网站。

第一节 教师教育的历史和发展

一、教师教育的历史沿革

（一）传教士创办的教师培训学院

19世纪50年代，为了加快基督教在尼日利亚的传播，特别是为基督教传播培养牧师和教师，西方传教士在尼日利亚创办小学的同时，也加快了牧师和教师的培养工作。1859年，正教传教会在阿贝奥库塔创办了第一所教师培训学校，取名为"培训学院"。19世纪60年代，由于同拉各斯英国殖民地商人关系紧张，约鲁巴埃格巴族人在1867年关闭了从拉各斯经阿贝奥库塔北上内陆的贸易通道，驱逐了当地的英国传教士。在此背景下，正教传教会牧师和"培训学院"于当年迁往拉各斯。1896年，"培训学院"北上奥约，取名"圣安德鲁学院（奥约）"。1897年，浸信会传教团在奥博莫绍建立"浸信会培训学院"。1905年，卫理公会传教协会在伊巴丹创办牧师和教师培训学院，当时只有4名学生。到1918年，学生数量增长到20人，学院正式改名为"伊巴丹卫斯理学院"。这些教师培训学院都位于尼日利亚西部。

西方传教士在尼日利亚的牧师和教师培训不仅限于尼日利亚西部。在尼日利亚东部，传教士也通过学徒制培养教会牧师和教师。他们招收一些无家可归的男孩和一些皈依基督教的村镇部族首领的孩子为徒弟，教他们成为教会牧师和教师。1892年，苏格兰长老会教会提议创办霍普·沃德尔（培训）学院，目的有两个：一是培养小学毕业生，帮助他们掌握各种手艺；二是培养教师和牧师。在尼日利亚北部，教师培训始于1909年。在时任英国殖民当局北尼日利亚保护国教育部部长汉斯·维斯彻领导下，北部成立了纳萨拉瓦学院。1921年，殖民当局在卡齐纳创办卡齐纳培训学院，以满足当地教师教育需求。

在传教士创办的教师培训学院里，课程设置综合了神学理论和教学方法，培养目标既包括牧师，也包括教师。教学大纲中包括的课程有《新约》评论、基督教信仰、学校管理、教学方法、传教与神学、卫生保健、地理、历史、英语、几何学、算术、当地语言、木工、石瓦工等。但是，由于师资紧缺、资金不足等因素，不是每一所教师培训学院都能开全上述课程。而且，每一所学校、每一个传教机构强调的重点不同，开设的课程也有差异。学徒制非常强调在职培训，学生在教师和牧师的指导下实地开展学习。

早期教师培训学院实行"六级"制。学生首先需要通过小学教师资格考试，担任两年小学教师；接着，他们需要在教师培训学院担任两年助教，才能正式进入教师培训学院学习。两年教师培训课程结束后，他们需要参加教师证书考试，考试通过者，可以获得统一颁发的教师资格证书。到1929 年，尼日利亚已经有 13 所教师培训学院，学生 320 人（290 名男生和 30 名女生）。[1]

（二）英国殖民时期的教师教育

1. 规范教师教育证书体系

1929 年，尼日利亚北部省份和南部省份教育部门合并，国家教育开始进入集中统一管理的阶段。同年，埃里克·罗伯特·詹姆斯·胡赛成为尼日利亚首位教育部部长。此后，尼日利亚的教师教育体制开始走上正规化道路。尼日利亚建立了两种教师教育培训机构，一是小学低年级教师培训中心，二是小学高年级教师培训学院。学制都是 2 年，前者的学员学习结束

---

[1] FAFUNWA A B. History of education in Nigeria[M]. Oxford: Routledge, 2018: 196-197.

后可以获得"三级教师证书"，后者的学员可以获得"二级教师证书"。在开始小学低年级教师培训课程前，教师候选人必须有 2 年小学从教经验。获得"三级教师证书"的教师必须至少再担任 2 年小学低年级教师，才能开始小学高年级教师培训并获取"二级教师证书"。

1932 年，尼日利亚第一所高等学府"亚巴高等学院"成立，学院开设了教育课程，颁发教育证书。学院招收那些通过了剑桥高级证书考试的高中毕业生。只要他们通过了入学考试，就可以入校学习。学习的课程重点是理科而不是文科课程。到 1948 年，殖民当局资助的教师培训学校已经达到 53 所，在校师范生已经达到 3 026 人。1932 年，亚巴高等学院开启了学制 3 年的师范教育。1948 年，亚巴高等学院与伊巴丹大学学院合并。[1]

2. 成立艾略特委员会和阿什比委员会

1943 年 7 月，英国政府成立艾略特委员会，专门负责英属西非高等教育事宜。委员会在 1945 年提交报告，建议在塞拉利昂和尼日利亚成立一所大学（也就是 1948 年成立的伊巴丹大学学院），并在大学里开设两年制师范教育课程。1955 年，伊巴丹大学学院任命伦敦大学教授玛格丽特·雷德为伊巴丹大学首位教育学教授，负责组建教育学院，其功能与伦敦教育学院相似。1957—1958 学年，伊巴丹大学学院开始开设为期一年的教育硕士课程。从 1961 年起，该校开设了为期一年的教育行政管理项目，招生对象是获得"二级教师证书"的小学高年级教师，他们在接受一年师范教育后将担任小学校长职务。但是，由于教师待遇较低，工作环境不理想，获得资助的教师必须要为资助机构工作五年等原因，许多教师不愿意回到大学再读一年，申请该项目的人数仍然较少。

---

[1] FAFUNWA A B. History of education in Nigeria[M]. Oxford: Routledge, 2018: 197-200.

事实上，在大学层面，尼日利亚师范教育进展并不顺利。为了考察国家高等教育需求，1959 年，尼日利亚成立了阿什比委员会。委员会认为，尼日利亚高等教育的发展必须有坚强的中小学教育基础。基础薄弱、范围狭窄的中小学教育将不利于高等教育的健康发展。高等教育得不到健康发展，就很难满足国家发展对高层次人才的需求。

委员会强调，一支合格的教师队伍对培养合格劳动力至关重要，因此，培养一支合格的教师队伍必须作为第一优先事项考虑。为此，委员会建议，每 2 位中学教师中必须有 1 位教育专业研究生；应该培养一批具有研究生学历的"一级教育证书"教师（如果这些教师没有研究生学历，那他们必须具备丰富的教学和管理经验）来管理低一级的中学和教师培训学院。

委员会提出了一个雄心勃勃的教师培训计划：1960—1970 年，尼日利亚大学要培养 7 000 名具有研究生学历的小学教师。换言之，尼日利亚大学每年至少要培养 700 名具有研究生学历的小学教师。为此，委员会建议在尼日利亚所有大学设立三年制本科教育专业，第一年开设 4 门课，第二年和第三年各开设 3 门课，其中包括教学法课程。但是，委员会的计划并没有得到尼日利亚当时唯一的大学——伊巴丹大学的积极回应，更没有得到很好的落实。尽管如此，委员会报告仍对独立后尼日利亚政府制定教育方针产生了重要影响。[1]

（三）独立后教师教育体制的演变

1. 动荡时期（1960—1999 年）

尼日利亚独立后，为了适应小学和初中教学的新需求，1960 年阿什比

---

[1] FAFUNWA A B. History of education in Nigeria[M]. Oxford: Routledge, 2018: 200-203.

委员会建议通过建立教师教育学院，实施新的教师教育方案和统一的教育资格证书制度。1961—1964 年，在联合国教科文组织的帮助下，尼日利亚联邦政府和州政府建立了 5 所教师培训学院，制定了一个非大学毕业的初中教师培训方案。在 20 世纪 60 年代，尼日利亚基础教育师资非常缺乏，只要取得大学学位、高等院校文凭或教育资格证书的人员都可以获得任教资格。

1960—1970 年，尼日利亚一方面实施二、三级教师培养和培训的速成计划，解决基础教育教师缺乏的问题；另一方面又鼓励综合性大学培养一级教师和具有大学文凭的教师在中学、技术学院和教师培训学院任教。1986 年，第 6 所高级教师培训学院——拉各斯大学教育学院成立。它由教育学院和合并后的联邦高级教师培训学院组成。国家教师协会授权这些教师培训机构颁发尼日利亚教育资格证书，证书分为西非学校资格证书（高级中学资格证书）和普通教育资格证书两种。

1976 年，国家教师学院成立，主要通过远程教育的形式开展教师培训工作，实施国家教育证书计划。刚开始主要是取代国家二级教师证书考试，到 1982 年开始实施教育、英语、数学三个学科的教育证书考试，后来扩大到自然科学和社会科学学科的证书考试。

教育学作为尼日利亚教师教育的主体，得到了迅速的发展。1975—1984 年，联邦政府在阿贝奥库塔、贡贝、卡齐纳等地建立了 13 所联邦教育学院，在阿扎雷、古梅尔等地建立了 18 所州立教育学院。另外，在埃努古州和瓦里建立了两所私立教育学院。到 1984 年，尼日利亚已有 37 所教育学院（其中联邦教育学院 17 所，州立教育学院 18 所，私立教育学院 2 所）。同时，教育学院学生数量达 7.6 万人。[1]

1989 年，尼日利亚建立了国家教育学院委员会，其职责是为尼日利亚教育资格证书课程的鉴定制定最低的合格标准；调整尼日利亚教育学院的

---

[1] 资料来源于尼日利亚联邦教育部网站。

办学标准、管理体制和运行机制，统一和规范全国的教育学院管理体系与结构，为联邦教育学院提供运行经费和资金补助，为州教育学院和私立教育学院提供教育专项资金等。

20世纪90年代，为进一步促进尼日利亚教师教育的发展，联邦政府一方面鼓励各州将教育培训机构转为教育学院，另一方面又为教师提供各种形式的在职培训机会，为参加教师教育专业进修的人员提供津贴，在大学教育中实行国家教育资格证书及学位课程，并鼓励教师通过远程教育课程的学习取得国家教育资格证书。1991—1995年，尼日利亚教育学院上升到54个，并逐渐淘汰了一些规模小、质量低的教师培训机构。到1999年，尼日利亚教师教育体系由三个类型构成，联邦综合大学负责培养高中教师，多科技术学院负责培养职业学校教师，教育学院负责培养小学和初中教师，从而形成了一套相对完整的教师教育体系。[1]

2．稳定时期（1999年至今）

1999年，奥巴桑乔政府在施政纲领中提出，教育要迎接21世纪知识激增、计算机迅猛发展的时代挑战，主张改革基础教育课程，实施全面科学教育计划。为此，要进一步加强尼日利亚教师教育的卓越培养，提高教师地位和专业化水平。政府推出了一系列教师教育体制改革计划。

第一，进一步完善教育学院体制，提升教育学院的办学水平，形成一个以高等教育为主体的教师教育体系。改革的主要目标是提高教师教育的层次，淘汰低层次的教师教育机构。在1999年以前，教师培训学院是中等师范学校，招收初中毕业生学习3—4年，颁发二级证书，培养小学教师。1999年，尼日利亚教育部规定，取得国家教育资格证书是获得小学教师教

---

[1] 楼世洲. 尼日利亚教师教育体制的变革趋势 [J]. 比较教育研究，2007（12）：56-60.

学资格的最低要求。

第二，制定教育学院课程标准体系，促进教师教育课程改革。教师教育课程改革的重点是强化专业知识基础和掌握教育教学理论及方法，提高培养计划中实践课程的比重，加强学校实习和学校见习中的实践环节。在教育资格证书的课程内容改革方面，教育学院强化了教育哲学、教学方法论、教育社会学和其他基础科目；注重提高教师英语和法语的语言表达、阅读和书写能力；增加了计算机信息技术课程；增设职业教育科目，如农业科学、家政学、会计、秘书学、美术、实用艺术、工业技术等。

第三，推进教师资格证认证制度，提高教师的专业化水平。1993 年，联邦政府成立了尼日利亚教师注册委员会，提高教师职业的专业化水准。1999 年后，尼日利亚通过实施一系列政策推动教育资格证书制度和教师资格注册制度，将其作为推进教师专业化的重要举措。[1] [2]

二、教师教育的发展现状

经过 60 多年的发展，特别是过去 25 年的改革，尼日利亚基本形成了一套较为完备的教师教育体系。教师教育政策尽数出台，机制建设不断完善，监督体系逐渐成熟。例如，1977—2013 年，尼日利亚《国家教育政策》进行了六次修订，均将教师教育作为大学教育的重要内容。2014 年，联邦教育部出台了《尼日利亚教师教育政策》文件，对教师教育的愿景、目标、政策、资金配套、教育项目、监督评估、职前培训、入职培训、在职培训等做了详细阐述。2015 年出台的《尼日利亚国家特殊需求教育政策》、2016

[1] 楼世洲. 尼日利亚教师教育体制的变革趋势 [J]. 比较教育研究，2007（12）：56-60.

[2] 付成，伊芙琳，王琪. 尼日利亚教师教育发展面临的挑战及应对策略 [J]. 世界教育信息，2013（26）：42-47.

年出台的《国家包容性教育政策》、2023 年出台的《国家数字学习政策》等
都从不同视角强调了教师教育和培训的重要性。

尼日利亚国家教师学院和尼日利亚教师注册委员会自成立至今，也为
尼日利亚教师教育做出了重要贡献。尼日利亚国家教育学院委员会也为教
师教育质量监督做了大量卓有成效的工作。截至 2023 年年底，联邦教育部
授权建立的教育学院共 237 所，其中联邦教育学院 28 所，州立教育学院 52
所，授权颁发教育证书的理工学院有 10 所，私立教育学院 138 所，授权颁
发教育证书的其他机构 9 所。全国教育学院学生总数为 2 778 912 人，其中
女生 1 323 792 人，男生 1 455 120 人。[1]

尼日利亚教师注册委员会发布的数据显示，2015 年以来，尼日利亚小
学、中学、大学教师人数稳步增长。（1）2015 年，尼日利亚小学教师人数接
近 90 万（895 470）人，2016 年超过 100 万（1 074 564），2017 年接近 130 万
（1 289 480），2018 年超过 130 万（1 310 988），2019 年接近 140 万（1 383 972），
2020 年超过 140 万（1 408 511）。尼日利亚小学教师在 6 年间增加了约 51 万
（513 041）人。（2）2015 年，尼日利亚中学教师人数接近 40 万（399 289），
2016 年接近 44 万（439 225），2017 年超过 48 万（483 150），2018 年超过 50
万（506 962），2019 年超过 53 万（532 280），2020 年超过 54 万（546 681）。
尼日利亚中学教师在 6 年间增加了近 15 万（147 392）人。（3）2015 年，尼
日利亚大学教师人数约 2 万（19 998），2016 年超过 2 万（20 106），2017 年
维持在 2 万左右（20 205），2018 年超过 2.1 万（21 352），2019 年接近 2.4 万
（23 941），2020 年超过 2.4 万（24 538）。尼日利亚大学教师在 6 年间增加了
4 540 人。[2]

尼日利亚小学教师男女比例基本平衡，女教师人数稍多于男教师。
（1）2015 年，小学男教师有 386 896 人，占小学教师总数的 43.21%；女教师

---

[1] 资料来源于阿布贾国家教育学院委员会网站。

[2] 资料来源于尼日利亚教师注册委员会网站。

有 508 574 人，占比 56.79%；女教师比男教师多 121 678 人。到 2020 年，小学男教师有 618 290 人，占教师总人数的 43.90%；女教师有 790 221 人，占比 56.10%；女教师比男教师多 171 931 人。（2）中学教师的男女比例基本持平。2015 年，尼日利亚中学男教师有 197 757 人，占教师总人数 49.52%；女教师有 201 532 人，占比 50.47%；女教师比男教师多 3 766 人。到 2020 年，中学男教师有 270 947 人，占中学教师总人数的 49.6%；女教师有 275 734 人，占比 50.4%；女教师比男教师多 4 787 人。（3）大学教师男女比例有些失衡，男教师人数远超过女教师。例如，2015 年，大学男性教师有 12 438 人，占总人数的 62.2%；女教师有 7 560 人，占总人数的 37.8%；男教师比女教师多 4 878 人。到 2020 年，尼日利亚大学男教师有 14 941 人，占总人数的 60.9%；女教师有 9 597 人，占总人数的 39.1%；男教师比女教师多 5 344 人。[1]

2015—2020 年，不论是教育相对发达的联邦首都区和南部的一些州，还是教育欠发达的西北部和东北部的一些州，小学、中学、大学教师的数量都在稳步增长。例如，2015 年，联邦首都区小学教师有 23 296 人，2020 年增加到 36 620 人，增长率达到 57.19%。2015 年，联邦首都区中学教师有 14 202 人，2020 年增长到 18 667 人，增长率达到 31.44%。2015 年，联邦首都区大学教师有 460 人，2020 年增长到 519 人，增长率达到 12.83%。[2]

2015—2020 年，尼日利亚教师教育发展确实取得了长足的进步。但是，作为拥有 2.27 亿人口、37 个行政区的非洲第一人口大国，小学、中学、大学教师以及学校行政人员总数仍然偏低、区域分布失衡，教师教育未来发展仍然任重而道远。

---

[1] 资料来源于尼日利亚教师注册委员会网站。

[2] 资料来源于尼日利亚教师注册委员会网站。

第二节 教师教育的特点

一、重视行政立法

《国家教育政策》（2014 年）指出，鉴于教师在提供高质量教育方面的关键作用，必须在教育规划和发展中突出教师教育的重要性；从事教育行业的人员必须达到尼日利亚教育证书规定的最低要求。教师教育的目标是为尼日利亚教育体系培养锐意进取、勤勉尽责、胜任力强的学校教师；鼓励教师的探索精神和创新精神；帮助教师适应社区生活和社会生活，激励教师致力于实现国家教育目标；向教师提供智力和专业支持，帮助他们更好地开展工作、适应形势的变化；提高教师对教学工作的责任心等。

所有教育机构的教师都必须得到专业培训。教师教育项目将帮助教师获得开展教学活动所需的能力；教师培训中必须包含信息技术素养培训。在尼日利亚教育证书和学位层面，教育项目将满足技术教育、职业教育、商业教育和特殊教育的需求。教师教育将继续关注教学方法和课程大纲的变化。所有新聘教师将走正规的入职程序；在职培训必须是教师教育不可分割的一部分。在各级教育中创造机会，促进教师的职业发展；教师服务必须促进教师跨州流动的便利化。尼日利亚教师注册委员会将继续招募教师、促进教师专业化、规范教学实践活动。新入职教师必须有一年的试用期。

教师教育将采取如下措施提高各级教育的质量：任命、留住学术精湛、专业水平高超的人员作为教师和教育机构负责人；制定一套连贯的教师发展和职业标准，规定各级各类、各个发展阶段的教师必须掌握的基本知识和技能（如从学校毕业到入职培训、试用期考查、工作业绩等）；

提供广泛的项目和路径，促进和规范教师的职业发展，为教师提供更新知识、提高技能的机会；改善办学条件，激励教师热爱教育事业，以教师职业为荣；设定教师教育的专业标准；改善教师教育课程体系和培训体系。

二、重视机制建设

为加强教师队伍建设，尼日利亚联邦教育部充分发挥尼日利亚教师注册委员会、尼日利亚国家教师学院、国家教育学院委员会的作用，加强教师人才培养，促进教师教育质量提升。

（一）尼日利亚教师注册委员会

尼日利亚教师注册委员会是尼日利亚教师教育的主要机构。尼日利亚教师注册委员会成立于 1993 年 5 月，职责是制定教师从业标准，规定注册教师应该具备的知识和技能，建立教师注册机制并定期公布注册教师名单，规范教师行业行为，按教育程度和资质水平对教师进行分级分类，执行法令赋予的职能。

委员会主任由总统任命，担任委员会首席执行官和秘书长，负责委员会日常行政管理。委员会主任任期五年，只可任一届。委员会成员包括分委会代表（1 名），尼日利亚大学教育学院院长、教务长、教育系主任，理工学院院长，国家大学委员会代表，国家教育学院委员会代表，国家技术教育委员会代表，国家教师学院代表，联邦教育部代表，联邦教育部任命、每两年一届、代表州教育部的巡回代表（6 名），尼日利亚教育科学院代表（2 名），尼日利亚教师联合会代表（5 名）以及教师注册委员会主任。[1]

任何尼日利亚公民，要成为注册教师，必须要通过注册教师委员会认可的考试，并完成委员会规定的教学实践活动。任何非尼日利亚公民，要成为注册教师，必须有尼日利亚注册委员会认可的境外资质证明和境外从教经验。注册教师除了具备必要的学术资质和教学实践，还必须品德优良、年满21周岁、在尼日利亚境内外无欺诈或不诚实的罪行记录。教师注册委员会也将在联邦政府相关报纸上公布教师资格的具体要求。

委员会可以按照法律规定，批准条件成熟的培训机构开展课程培训，帮助准备从事教育工作的人员获取必要的专业知识和教学技能。委员会也可以同这些机构合作，一起组织注册教师资格考试。凡是通过考试的学员，可以获得教师注册委员会的认可。如果委员会认为特定培训机构已经不适合从事教师培训项目，决定撤销其培训资格，委员会需要提前通知培训机构，并给予其在委员会申辩的机会。在培训机构资格撤销之前，已经取得注册认证资格的教师，不受培训机构撤销的影响。无论是批准还是撤销机构培训资格，委员会都会下达正式文书，并尽早在报纸上予以公布。在公布前7天，委员会会向教育部部长提交一份正式文件说明书。

委员会设立监督机构，即"教师跨学科委员会"和"教师调查专家组"，处理课程培训、资格考试、注册登记等方面的问题。前者负责审理后者提交的案件。教师跨学科委员会由教师注册委员会主席及委员会任命的10位成员组成。各州以及联邦首都区各设一个教师行为调查专家组，其职责是对各州和首都区出现的指控注册教师不良行为进行初步调查，以决定是否将其提交教师跨学科委员会做进一步审理。教师调查专家组由5位成员组成，其中一位必须是专业律师。专家组遴选事宜由教师注册委员会同各州教育厅厅长商议决定；在联邦首都区阿布贾，专家组遴选事宜由教师注

---

[1] 资料来源于尼日利亚联邦教育部网站。

册委员会同联邦教育部部长商议决定。[1]《尼日利亚教师行为规范》也对尼日利亚教师行为做了明确的规定。[2]

（二）尼日利亚国家教师学院

尼日利亚国家教师学院成立于1976年，学院总部设在卡杜纳，是联邦政府为培育国家急需的各级教育人才而设立的远程教育机构。学院在全国六大地域（37个行政区）设有400多个学习中心。学院设立院长办公室、学生注册和咨询事务部、地区运营和学生服务部、考试事务部、质量监督和信息与通信技术部、学业指导办公室及财务部。六大区域办公室分别设在阿布贾（中北区）、包奇（东北区）、贝宁（南区）、埃努古（东南区）、伊巴丹（西南区）和卡诺（西北区）。学院在联邦首都区和36个州都设有分部。学生指导、学业考试、师生互动、学生讨论、学业咨询等事务都在学习中心进行。学院还设有两个教育中心，一个是加强数学和科学教育中心，一个是数字化教育中心。[3]

法律赋予国家教师学院10项功能：为不合格和未接受培训的教师提供教育培训；为拥有学士学位的教师提供教育硕士课程和考试；为教师提供符合时代发展的培训课程；组织工作坊、研讨会和大型会议，助力教师发展；举行考试；协同其他机构开展教育发展研究；制定教育政策，实施教育项目，开展教育研究，提升尼日利亚教育的质量和内容；不定期评估国家教师学院下属单位开展的培训项目的成效，确保这些单位的专业能力符合相关要求；协助国家教育学院下属单位开展工作；促进尼日利亚教师教育国际合作，履行国家教师学院管理委员会赋予的其他职能。[4]

---

[1] 资料来源于尼日利亚教师注册委员会网站。

[2] 资料来源于尼日利亚教师注册委员会网站。

[3] 资料来源于尼日利亚国家教师学院网站。

[4] 资料来源于尼日利亚国家教师学院网站。

2006—2015 年，国家教师学院在联合国《千年发展目标》项目资助下，培训了 749 158 位教师。随着尼日利亚从《千年发展目标》向《可持续发展目标》过渡，国家教师学院将发挥更大的作用，一是根据《可持续发展目标》确定的概念和原则培训小学和初中教师，二是将《可持续发展目标》融入基础科学和技术、英语语言、数学和社会科学四门核心课程的课堂教学中。国家教师学院培训主题包括包容性教育、语言沟通技巧、有效课堂管理技巧、基础教学方法和技术、信息与通信技术、开放教育资源和大规模在线公开课程（慕课）、学校评估、大班教学、即兴使用教学材料的技能培养、特殊需求儿童教育（学习困难儿童）、乡村多年级混合小班教学、创业精神教育、数字化学习等。为落实联邦教育部（2016—2019 年）战略规划，国家教师学院将重点做好如下四项工作：加强基础教育和中学教育；促进教师教育、能力建设和职业发展；扩大高等教育范围，提高高等教育质量；大力发展数字化教育。[1] 目前，学院的项目包括：尼日利亚教育证书、硕士教育证书、学士学位教育证书、高级教育证书、卓越教师培训项目等。[2]

1. 尼日利亚教育证书

尼日利亚教育证书项目旨在为推动全民基础教育项目顺利开展培养合格的二级教师。项目包含以下学科：健康教育（生物学）、小学教育（社会研究）、小学教育（英语）、数学（综合理科）、健康教育（商科）等，学制是 2 学期，15 年内有效。尼日利亚教育证书等级分为四级，每个级别的项目费用相同。[3]

---

[1] 资料来源于尼日利亚国家教师学院网站。

[2] 资料来源于尼日利亚国家教师学院网站。

[3] 资料来源于 Placng 网站。

2．硕士教育证书

硕士教育证书项目招生和服务对象是正在从事或者未来计划从事教育工作但不具备教师职业资格的非师范类毕业生。项目申请人必须具备如下条件：具有学制至少三年的语言专业、社会科学、基础科学及相关学科（文科或理科）学位，或者达到学制至少三年的上述学科国家高级证书规定的基础阶段课程要求。[1]

3．学士学位教育证书

学士学位教育证书项目申请人应具备以下专业背景，教育学士学位（小学）、教育学士学位（社会研究）、教育学士学位（英语）、理科学士学位（数学）、理科学士学位（综合理科）及理科学士学位（体育和健康教育）。学士学位教育证书有七个类别：文科教育（英语教育）、文科教育（小学教育）、文科教育（社会科学）、理科教育（数学）、理科教育（综合理科）、理科教育（健康教育）及理科教育（体育和健康教育）等。项目申请人必须获得尼日利亚教育证书（3 年以上），并在尼日利亚高考中成绩达到良好或及格的要求；或者获得尼日利亚教育证书（4 年以上），达到高考录取最低要求，并有至少 5 年的教学经验；或者在国家承认的教育机构相关领域取得国家证书高级阶段学习学分。理科学位教育证书申请人除了必须具有英语和数学课程学分以外，还必须具有物理、化学或生物课程一个学分。英语学科教师证书申请人除了必须具备英语语言课程的学分以外，还必须具有英语文学课程一个学分，或英语语言文学若干学分，或者具有英语教师国家二级教育证书。[2]

---

[1] 资料来源于 Placng 网站。

[2] 资料来源于 Placng 网站。

4．高级教育证书

高级教育证书项目旨在帮助尼日利亚教育证书持有人学习专门领域的教育知识，如学校管理与监督、学前教育、学校指导和咨询。项目学制是 2 学期，12 年内学完有效。项目申请人必须具有从国家承认的教育学院获取的尼日利亚教育证书。已经在国家承认的理工学院和农学院获取的国家学历证书的教师可以直接进入高级教育证书项目。[1]

5．卓越教师培训项目

卓越教师培训项目旨在帮助学员获取学科知识，掌握教学方法，培养职业精神。项目包含核心课程和选修课程。核心课程有教育学、英语、数学、科学和社会科学；选修课程有体育、一门尼日利亚民族语言（豪萨语、伊博语或约鲁巴语）、基督教研究、伊斯兰教研究和家庭经济学。每位学生都要学习所有必修课程和至少 2 门选修课，同时要在教师指导下完成 8 周的教学实践活动。卓越教师培训项目不同于国家二级教师证书项目，它比国家二级教师证书要高。[2]

（三）国家教育学院委员会

国家教育学院委员会成立于 1989 年 1 月，负责教师教育的监督工作。[3] 它由理事会、管委会以及组织与行政部门组成。理事会是国家教育委员会的决策机构，负责定政策、把方向、管大局、促落实，确保委员会优

---

[1] 资料来源于 Placng 网站。
[2] 资料来源于 Placng 网站。
[3] 资料来源于 Placng 网站。

良传统和信誉得以保持。理事会设理事长和执行秘书。管委会主席由理事会执行秘书担任，学院 10 个部门主管都是管委会成员。管委会负责执行理事会的决定以及学院的正常运行。[1] 国家教育学院委员会下设执行秘书办公室和学术项目部、规划研究与统计部、教学基建规划与开发部、财务部、信息与交流技术部、信息与企业服务部、教育支持服务和国际伙伴合作部、专门职能部、人力资源部、采购部 10 个部门。[2]

国家教育学院委员会的主要职能有：向联邦政府建议并共同协调尼日利亚非学位的教师教育；对国家教育纲要编撰及修改提出必要的建议；统一教育学院的入学要求、课程时长；设定教师教育所有课程项目的标准；认证教师资格证书；对初等学校和中等学校的职业教育、技术教育、农业教育、商业教育和家政教育提出建议；向联邦政府建议资助教育学院发展，根据规定向各教育学院拨款；整理、分析、出版与教师教育有关的信息；定期审核教育学院的人事状况和教学条件等。

在这些职能中，最重要的是全国教育学院的教师教育课程开发和国家教育资格认证颁发。为了统一全国教师教育资格证书的学术标准，国家教育学院委员会成立后立即进行教师教育课程项目开发，这些课程项目包括五大学术和专业领域，即文科教育、语言教育、理科教育、社会科学教育和职业技术教育。国家教育学院委员会对每个领域的课程都规定了最低要求、教学要求、实践要求及入学要求。除了在不同学科领域开发课程，国家教育学院委员会还负责所有教育学院国家教育课程项目的认证。国家教育学院委员会成立至今，严格落实尼日利亚教师教育培训和教育资格证书制度。目前，尼日利亚教育资格证已经成为一个国家证书，而国家教育学院委员会是唯一一个颁布尼日利亚教育资格证书的机构。

---

[1] 资料来源于阿布贾国家教育学院委员会网站。

[2] 资料来源于阿布贾国家教育学院委员会网站。

执行秘书处是国家教育委员会的中枢机构，负责执行委员会制定的政策，处理委员会日常事务，向委员会各个部门下达指令。执行秘书是国家教育学院委员会管委会主席，也是国家教育学院委员会理事会秘书长，代表理事会参加高等教育信托基金会、普及基础教育委员会、招生与入学联合委员会、教师注册委员会等机构召开的会议。

执行秘书处职责包括：通过教育部部长向联邦政府建言献策、协调综合大学和理工学院之外的所有教师教育相关事宜；为制定教育政策、促进教师教育和培训建言献策，牵头制定教师教育培训最低标准，授权颁发教师教育和培训证书；制定教育学院建设标准，考察拟建教育学院资质；同全国人力资源部协商，确定合格教师标准，促进教育学院健康有序发展；调查教育学院经费需求，定期向联邦政府汇报并提出建议，以满足全国培养合格教师的需求。

第三节　教师教育的挑战和对策

一、教师教育面临的挑战

教师教育改革脱离发展实际、经费不足、师资力量薄弱，以及教师发展能力建设薄弱等，都是尼日利亚教师教育面临的重要挑战。

（一）脱离发展实际

教师教育改革发展一定要从国情出发，从实际出发。一个国家的教师教育改革既要跟上国际教师教育发展的步伐，又要考虑自身的社会、经济和教育发展的阶段性和非均衡性，在改革过程中要充分考虑实施的可能性和阶段性。尼日利亚由于其经济仍处在较低水平，高等教育也远未达到大众化阶段，教师职业对大学生的就业吸引力仍不够，而全国教师数量严重不足，在这样的背景下实施教师资格证制度和注册制度，显然是脱离实际的。这也是导致尼日利亚教师教育体制改革成效低微的根本原因。教师教育体制改革必须与教师资格制度和任用制度相结合，提高教师的专业化水平、社会地位和职业吸引力。尼日利亚推行教师资格证制度，建立教师资格注册和年审制度，有利于提高教师的专业标准和水平，促进教师的专业化发展。这无疑是值得肯定的。但是，由于尼日利亚经济、社会的发展水平还没有达到推动教师职业成为专业领域（如律师、医生等）的阶段，导致尼日利亚教师注册制度的实施成效不彰。[1]

（二）教育经费不足

教育经费不足是困扰尼日利亚各级各类教育的重要问题，教师教育也不例外。教师教育是高等教育的重要组成部分，政府对高等教育投入下降、高等教育费用不断上升，都严重影响了教师教育的效果。

（三）师资力量薄弱

尼日利亚教育学院及教师培养高校师资力量薄弱直接影响了教师教育的发展。尼日利亚多数教师教育机构师资力量薄弱，有些专业（如特殊教育、幼儿教育、健康科技）教师严重短缺。国家大学委员会报告也显示，尼日利亚大学计算机及技术相关学科、法学、工程学、医学等大学教师缺

---

[1] 楼世洲. 尼日利亚教师教育体制的变革趋势 [J]. 比较教育研究，2007（12）：56-60.

口非常大。在尼日利亚，仅有43%的大学拥有博士学位的教师，仅有7所大学拥有博士学位的教师占到学校教师总数的60%，有些大学教授人数还不足5人。例如，2000年成立的卡诺州州立科技大学仅有一位教师具有教授资格，仅有25位教师拥有博士学位。2006年成立的凯比州州立科技大学仅有2位教师具有教师资格，5位教师拥有博士学位。高等教育机构师资力量薄弱严重影响了各级各类学校师资培养效果。[1]

（四）教师发展能力建设薄弱

定期参加会议、研讨、接受培训、分享教学体验和教学成果，不断更新知识和技能对于教师来讲至关重要。但是，由于尼日利亚联邦政府对教师培训和专业发展支持不够，校内外培训交流项目匮乏，所以，教师培训和能力建设受到严重影响。2017年对尼日利亚南部几所大学的调研结果显示，尽管大学制定了完备的支持教师专业发展的政策，但是，这些政策基本没有落实。90%的受访者表示，如果教师专业发展政策能够得到落实，将会对教师专业发展带来积极影响。但是，在南部地区，近年来很少有校内外教师培训项目。87%的受访者认为，教师培训和发展政策得不到落实，已经对其所在大学的教育教学产生了严重的负面影响。[2]

二、教师教育的应对策略

教师教育关乎一个国家的未来。大力提升教师教育质量，对一个国家

---

[1] SSH A M U, JACOB O N. Teacher education in Nigeria: problem, issues, and suggestion[J]. International journal on integrated education, 2020(11): 108-113.

[2] SSH A M U, JACOB O N. Teacher education in Nigeria: problem, issues, and suggestion[J]. International journal on integrated education, 2020(11): 108-113.

经济发展、社会进步、科技创新等裨益良多。面对尼日利亚教师教育存在的诸多问题，尼日利亚学者建议，增加教师教育资金投入；加大师资培养力度，招聘更多合格教师；推动教师岗位培训，提升教师职业素养；开展教师教育有效监督等举措。

（一）增加教师教育资金投入

应增加教师教育资金投入，例如满足联合国教科文组织提出将国民生产总值26%用于教育的建议。那么，尼日利亚大学基础设施建设、师资力量培养、科技创新提升等都会有很大改观。

（二）加大师资培养力度，招聘更多合格教师

高等教育机构，特别是具有教师培养单位的综合大学、技术大学和教育学院，都应该加强合格教师招聘，只有合格的大学教师才能培养出合格的教育工作者。

（三）推动教师岗位培训，提升教师职业素养

各级政府应加强教师能力建设，积极推动教师岗位培训。例如，定期召开研讨会、分享会及其他教师培训和在职培训活动，促进教师知识更新、技能提升、方法创新，提高教学效果。

（四）加强教师教育监督

政府需要确保所有监督机构运行资金充足，对高等教育机构，特别是

教师教育机构和部门要管理到位、监督到位，达到教师教育国家标准，从而确保教师教育质量。

此外，加强学校基础设施建设，为教师工作创造良好的校内外环境，加强同工会合作，出台可行的教师激励措施等举措也能有效应对尼日利亚教师教育当前面临的挑战。

第十章　教育政策与教育行政

第一节　教育政策

尼日利亚教育政策的演变大致可以分为三个阶段：殖民时期（1882—1960年）、动荡时期（1960—1999年）、稳定时期（1999年至今）。在殖民时期和动荡时期，殖民当局和尼日利亚政府曾先后颁布过多项教育法令。1999年至今，尼日利亚的各项教育政策更加具体、日臻完善，涵盖儿童权利保障、全民基础教育、青少年艾滋病防治、禁止性别歧视、倡导学生健康、维护校园安全、特殊需求教育、学生用餐计划、促进教育包容、数字学习教育等诸多方面。

1999年5月，尼日利亚新宪法颁布实施。宪法第十一章第十八条强调：尼日利亚教育的宗旨是增强国家意识，促进国家统一；培养正确的观念和态度，促进个人发展和社会进步；促进学生对世界的了解；获得恰当的技能，培养学生智力、体育、社交能力，为个人生活和社会发展贡献力量。此后，尼日利亚政府不断出台新的教育政策，力图全面推动教育事业振兴。

在所有教育政策中，1977年颁布，1981年、1988年、2004年、2007年、2013年五次修订，2014年重印的《国家教育政策》是目前最为权威的教育政策纲领性文件。此外，重要的教育政策还包括《尼日利亚儿童权利保障法》（2003年）、《尼日利亚普及基础教育法》（2004年）、《尼日利亚教育领域艾滋病防治国家政策》（2005年）、《尼日利亚国家性别政策》（2006年）、《尼日利亚国家学校健康政策》（2006年）、《尼日利亚学校安全倡议》（2014年）、《尼日利亚特殊需求教育政策》（2015年）、《尼日利亚本地学校学生用餐计划》（2016年）、《尼日利亚国家包容性教育政策》（2016年）、《国家数字学习政策》（2023年）等。[1]

一、《国家教育政策》（2014年）

《国家教育政策》（2014年）是联邦政府制定的立法指南，目的是制定教育标准，推动标准落实，执行教育计划，确保教育发展，提高质量教育。《国家教育政策》分为十个章节，包括尼日利亚教育的愿景目标、基础教育、后基础教育和职业发展、大众识字教育和流动家庭子女教育、高等教育、开放远程教育、特殊教育、教育支持服务、教育规划与管理，以及资金来源与伙伴关系。《国家教育政策》（2014年）规定，尼日利亚正规教育分为四个层次：幼儿教育（0—4岁）、基础教育（5—15岁）、后基础教育和高等教育。[2] 这四大层次的政策规定，已经在之前章节中分别做了讲述。

《国家教育政策》（2014年）突出强调了以下六个方面：认真落实《普及基础教育法》（2004年），巩固10年基础教育建设阶段性成果；开展有效业绩评估，提升联邦政府与各州及首都区教育监督服务，提高全国教学质量；开发可靠、先进的国家教育管理信息系统和州级教育管理信息系统；开展有效战略规划，改善教育服务质量；开展专业化培训，提高教师质量；促进联邦政府、州政府、地方政府在教育领域的协调与合作。[3]

---

[1] JACOB O N, SAMUEL A. Educational policy in Nigeria: challenges of implementing and ways forward[J]. Middle European scientific bulletin, 2020(4): 1-9.

[2] 资料来源于尼日利亚联邦教育部网站。

[3] 资料来源于尼日利亚联邦教育部网站。

二、其他重要教育政策

（一）《尼日利亚儿童权利保障法》

《尼日利亚儿童权利保障法》（2003 年）秉持 1999 年《联合国儿童权利公约》精神，规定了尼日利亚儿童应该享有的权利，明确了政府、父母及其他部门、组织及团体的职责，旨在保障儿童的隐私、尊严、荣誉、健康，防止儿童遭受非人待遇，如性侵、毒品危害、雇佣、折磨、虐待、忽视等。法律规定，尼日利亚每一个儿童都有生命权、生存权和发展权。法律也规定了儿童应尽的义务，如增强家庭凝聚力、尊敬父母和长者、遵守公共道德、增进社会和国家的团结。法律授权家长、监护人、社会机构和政府部门给予儿童必要的指导、教育和培训，帮助孩子履行上述责任。为帮助生活在困难条件下的儿童，如孤儿、流浪儿以及残疾儿童，法律支持建立社会服务机构，并规范、监督其运行，以满足这些儿童的需求，促进他们的福祉。[1]

（二）《尼日利亚普及基础教育法》

《尼日利亚普及基础教育法》（2004 年）为推动基础教育普及提供了框架，规定尼日利亚所有儿童享受免费义务公立学校教育的权利。具体而言，尼日利亚联邦政府、州政府及地方政府都必须为每一个儿童提供免费小学和初中义务教育。地方教育机构必须确保每一位家长或儿童监护人送孩子接受小学和初中教育。未能履行职责的家长可能面临训诫、2 000—5 000 奈拉的罚款或 2 个月监禁的惩罚。公立小学和初中实行免费教育；如若学校人

---

[1] 资料来源于 Placng 网站。

员向学生收费，将面临不超过 1 万奈拉的罚款或 3 个月的监禁。尼日利亚建立了普及基础教育委员会，确保基础教育项目有效实施。委员会负责协调项目所有活动。[1]

（三）《尼日利亚教育领域艾滋病防治国家政策》

《尼日利亚教育领域艾滋病防治国家政策》（2005 年）指出，尼日利亚要实现普及教育和联合国千年发展目标，就必须把艾滋病问题当作国家优先解决的一个关键问题。应对艾滋病，不能仅仅将其视为一种流行病，更应该从战略的角度来应对。对于孤儿和弱势儿童，政策要求教育界必须做到以下五点。第一，确保不因儿童或父母患有艾滋病就剥夺其入学接受教育的权利，也不得以此为借口剥夺他们参加学校活动的权利。第二，遵循非歧视和非污名原则。第三，学校教师、管理人员及在校学生必须关注患病儿童的身心健康需求，并为他们提供医疗、心理和健康咨询服务。第四，确保这些儿童能够自由享受接受教育的权利，消除所有妨碍他们获得优质教育的障碍。第五，确保这些儿童有机会获得高等教育奖学金、助学金及学生贷款。

（四）《尼日利亚国家性别政策》

2006 年，联邦政府批准了《尼日利亚国家性别政策》，以取代 2000 年批准的妇女政策。《尼日利亚国家性别政策》的目标如下。第一，在尼日利亚社会消除因文化和宗教而引起的性别偏见，消除导致性别不平等的、有害的文化和宗教习俗。第二，要挖掘女性发展潜力，必须实现男女平等，

---

[1] 资料来源于普及基础教育委员会网站。

必须消除所有因性别差异而产生的暴力行为。第三，必须把妇女教育作为国家发展优先事项。教育是实现男女平等、促进社会公正、消除贫困现象、提升工作技能、丰富科学知识、促进社会经济发展的关键。因此，必须确保女性平等地接受正规教育和非正规教育。

（五）《尼日利亚国家学校健康政策》

2001 年，尼日利亚联邦卫生部和教育部同世界卫生组织合作，在尼日利亚建立了学校健康快速评估体系，以确定学校健康状况。评估结果显示，有些学校存在一些健康问题，如缺乏健康和卫生设施，亟须采取措施改善现有状况。《尼日利亚国家学校健康政策》（2006 年）的目的是促进学生的身心健康，实现人人享受教育的目标。政策文件规划了相关部委的角色，如教育部、卫生部、环境部、水资源部、信息部等利益攸关方的责任。政策的执行涉及所有有利于促进学生健康和发展的领域，如健康的学校环境，学校的用餐服务，以技能为基础的健康教育，学校健康卫生服务，促进学校、家庭和社区关系和谐发展等。

（六）《尼日利亚学校安全倡议》

《尼日利亚学校安全倡议》（2014 年）是对尼日利亚东北部一些州发生的暴力袭击对学校及在校学生造成的恶劣影响的回应。该倡议由尼日利亚政府和联合国全球教育特使戈登·布朗联合尼日利亚全球教育商业联盟和民间团体于 2014 年 5 月在阿布贾共同发起创立。该倡议包含三项内容：将受国内武装冲突和恐怖袭击威胁的中学生转至其他州上学，帮助因国内武装冲突流离失所的儿童接受教育，开办安全试点学校等。

（七）《尼日利亚特殊需求教育政策》

2015 年，尼日利亚教育部颁布《尼日利亚特殊需求教育政策》，强调要向尼日利亚每一位在身体、智力、情感方面存在障碍的残障儿童（在校、居家、住院）提供全方位的服务，向所有具有特殊需求的人群提供适当、高质量的服务，确保他们能够得到与自身能力相称的个人发展，为国家社会经济和技术发展做出贡献。

特殊需求教育和健康恢复服务是向具有特殊需求的人群提供的正规教育，旨在促进他们的个性化发展。学校、家庭和医院通常是接受这些服务的场所。具有特殊需求的人群包括以下三种：残疾人、风险儿童和青年、天才儿童和青年。残疾人指身体和感官受损的人群，如视觉障碍、听觉障碍、智力障碍、心理障碍、精神错乱、语言障碍、学习障碍（计算障碍、诵读困难等）、孤独症、白化病等。风险儿童和青年指游牧、渔民、农民工、猎人等家庭的子女及古兰经学校的儿童和青年。因生活方式和谋生手段的差异，这些家庭的儿童无法接受传统教育服务，所以，需要向他们提供符合他们的需求和环境的教育。天才儿童和青年智商很高，才思敏捷，智力超群，心智早熟，在艺术、创造、音乐、领导等方面具有特殊的能力。传统学校教育的节奏和课程并不适合他们的发展，所以，需要为他们提供适合他们发展的特殊教育。[1]

（八）《尼日利亚本地学校学生用餐计划》

2016 年，尼日利亚联邦政府在全国公立小学发起了一项本地学生在校免费用餐计划，确保小学生每日一餐，以此来提高学生入学率，减少辍学

---

[1] Federal Ministry of Education. National policy on special needs education in Nigeria[Z]. Abuja, 2015: 9-13.

率，保障学习质量。目前，尼日利亚小学辍学率高达 30%，儿童营养不良率位居世界第三。所以，在校免费用餐计划有助于提高学生入学率，改善儿童营养。同时，由于学生免费餐食的食材来源于当地农场，所以，此项计划也有助于为当地创造更多就业机会，增加农民收入。

（九）《尼日利亚国家包容性教育政策》

《尼日利亚国家包容性教育政策》于 2016 年由尼日利亚教育部颁布，旨在促进教育公平、保障每一个孩子都有享受教育的权利，其政策目标是"建设一个包容性的教育体系，让所有学生都能有机会接受良好的教育，积极参与到学习活动中。"这里讲的"包容性教育"指尊重所有学习者，尤其是使天才儿童、残疾儿童、女童、少数族裔儿童、边远地区儿童、青年人、成年人都有机会接受高质量的免费义务基础教育。换言之，包容性教育指应对所有年龄段学习者的学习需求，如排除在正规教育体系以外的学习者，正规教育体系内受到排挤的学习者，在街上游荡的学习者，来自少数族裔、少数宗教、少数语言群体的学习者，身心受到伤害的学习者，经济贫困家庭的学习者，面临健康问题（包括患有艾滋病）的学习者，来自吸毒家庭的学习者，临时存在学习挑战的学习者，辍学的学生，学习能力与普通学习者不同的学习者，身体残疾的学生，存在社会或情感挑战的学习者，因安全问题或学校环境不安全而被迫离校的学生等。[1]

（十）《国家数字学习政策》

《国家数字学习政策》（2023 年）指出，政府应该提供相应的信息技术

---

[1] Federal Ministry of Education. National policy on inclusive education in Nigeria[Z]. Abuja, 2016: 13-16.

设施来支持教育的发展；加强基础设施建设，促进教育信息化。这两句简明扼要的表述说明，在 2013 年，尼日利亚教育部就已经意识到信息技术在促进教育发展中的重要作用。2019 年 5 月，教育部发布《信息通信技术在教育中的应用国家政策》强调，必须运用信息通信技术促进教育发展。[1] 2023 年 5 月，教育部同时发布《国家数字学习政策》和《国家区块链政策》两个政策文件，二者都是尼日利亚政府感知数字时代脉搏、紧跟数字时代发展、促进尼日利亚数字化教育建设推出的重要政策举措。

《国家数字学习政策》（2023 年）指出，21 世纪的学习，不仅需要教育教学方法的创新，更需要信息通信技术的融入。拥抱信息技术，发挥技术潜能，帮助学生适应数字化时代要求，是每一位决策者、学校管理人员及教师应该肩负的责任。科学技术，特别是人工智能的快速发展，对数字学习的未来图景产生了重要影响。人工智能驱动的工具和运算规则将会促进教育的变革，如提供个性化学习体验、开展智能辅导、进行快速数据分析等。为此，尼日利亚需要以负责任、符合伦理的态度，不断提高数字学习的效果、效率及包容性。

《国家数字学习政策》的愿景是向所有尼日利亚人提供包容的、广泛存在的数字学习；使命是促进数字教育教学中的基础研究和应用研究，增强数字学习生态，促进教育公平，提高全球竞争力，培养不断学习、持续创新的国家文化；价值导向是"探索""创新""包容"；目标是弥合数字鸿沟，促进技术手段同教学实践的有机融合，减少自然或人为破坏对教育体系的影响，提高尼日利亚人才全球竞争力，推动数据驱动、证据支持的教育管理、研究和发展；重点领域是数字能力建设、数字学习宣传、基础设施建设、数字设备普及、数字内容研发、数字平台建设等。

---

[1] 资料来源于尼日利亚联邦教育部网站。

第二节 教育行政

教育行政是国家对教育的决策、组织、调控和管理活动，是国家和地方各级教育行政机关对各级各类教育事业的管理。尼日利亚教育行政体系主要分为联邦、州及地方三个层面，教育事务实行联邦政府、州政府及地方政府共同管理。联邦教育部、州教育厅、地方政府教育局，三者既权责分明，又联系紧密，为促进尼日利亚教育发展做出了不懈努力。特别是1999年尼日利亚恢复民选政府以来，尼日利亚教育行政改革迈上新台阶，教育行政管理日臻完善。

一、联邦教育行政

尼日利亚教育行政的最高机构是位于首都阿布贾的联邦教育部。教育部的目标是"让尼日利亚成为经济榜样，为公共利益奠定坚实的教育基础。"教育部的使命是"通过教育促进尼日利亚所有公民的全面发展，充分挖掘他们的发展潜力，建设一个强大、民主、平等、繁荣、统一、团结的主权国家"。教育部授权制定和协调国家教育政策、采集和勘校教育数据、开展教育规划、筹措教育资金、制定和维持统一教育标准、监控全国教育质量、通过国家大学委员会协调各州教育政策和教育程序、促进教育国际合作、制定全国教育指南和课程大纲等。[1]

教育部下设多个管理部门，包括大学教育部，教育学院部，基础教育部，高中教育部，教育支持服务部，联邦教育质量监督服务部，技术与科学教育部，教育规划、研究和开发部，联邦奖学金部，信息与通信部，人

---

[1] 资料来源于尼日利亚联邦教育部网站。

力资源管理部，财政会计部，采购部，改革协调与服务提升部，内部审计部，图书馆服务部，综合服务部，理工学院教育与伙伴联盟部等。

教育部同时设有多个附属机构，包括国家大学委员会、尼日利亚教师注册委员会、招生与录取委员会、国家技术教育委员会、高等教育信托基金会、国家商业与技术考试委员会、国家教育学院委员会、国家考试委员会、国家教育规划与管理研究院、尼日利亚国家图书馆、尼日利亚国家数学中心、普及基础教育委员会、西非考试委员会、国家教师学院、尼日利亚教育研究与发展委员会、尼日利亚图书馆注册委员会、尼日利亚计算机专业人士注册委员会等。教育部管辖尼日利亚大学、理工学院、教育学院等高等教育机构。[1]

（一）管理部门

教育部下设的各个管理部门各司其职，以确保教育系统的高效运行。本书将重点介绍其中的 8 个重要部门。

1. 大学教育部

大学教育部成立于 2000 年，起初的名字是高等教育部，2006 年更名为大学教育部，愿景是发展符合尼日利亚国情的高质量大学教育，促进尼日利亚经济发展，提升尼日利亚全球竞争力；使命是不断吸引有能力、有知识、有才干的学生进入尼日利亚高等教育学府学习，培养学生的专业能力和人文素养，在达到培养目的后授予其学位。

大学教育部的功能有：政策规划、协调、执行和监督；建立新的联邦

---

[1] BALOGUN J A. Reimagining Nigeria's educational system[M]. London: Routledge, 2023: 100-101.

高等教育机构或协同相关机构接管现存州立高等教育机构；监管大学教育下属机构；每四年组织、协调专家巡查组对高等教育机构进行巡查，根据专家巡查报告建议起草白皮书；安排、监督联邦教育部派往下属高等教育机构管理委员会和联邦教育部下属机构的代表；协调教职员工及学生会事宜；审核私立高等教育机构办学资格；向州立和私立高等教育机构提供咨询建议；协调国际合作项目；促进信息通信技术在大学教育中的广泛应用等。

大学教育部管辖的附属机构有国家大学委员会、国家技术教育委员会、国家教育学院委员会、联合招生与录取委员会、尼日利亚教师注册委员会、高等教育信托基金会、国家教师学院、尼日利亚国家数学中心、尼日利亚法语教学中心、尼日利亚阿拉伯语教学中心、尼日利亚国家语言（指豪萨语、约鲁巴语、伊博语等主要部族语言）学院等。[1]

2．基础教育部与高中教育部

基础教育部与高中教育部的职责包括如下方面：提出、制定中小学教育政策；确立学校建设标准，确定办学指南；确保教学质量达标；监督课程计划执行情况；监督104所联邦"团结学校"的运行管理；制定、规划、执行、协调学前教育政策、项目及活动；协同国家考试委员会，监督、监管国家统一考试委员会的行为；协同36个州和联邦首都区教育机构，确保普及基础义务教育证书考试全国统一，标准一致。学生在接受三年初中教育后参加此证书考试，是升入高中或者进入中等职业学校的依据。

协同州教育资源中心、非政府组织、国际合作伙伴（如国际性别平等、功能性识字合作伙伴）等机构，基础教育部与高中教育部负责监督基础教

---

[1] 资料来源于尼日利亚联邦教育部网站。

育证书考试有序进行，成人和青年继续教育有序开展（包括促进多语教育、协调尼日利亚法语项目等），以及特殊需求儿童教育政策的有效制定、协调、监督、执行等。

基础教育部与高中教育部也负责监督联邦教育部下属机构的工作，如普及基础教育委员会，国家大众识字、成人教育及非正规教育委员会，西非考试委员会，国家商业技术考试董事会，国家考试委员会，国家阿拉伯语和伊斯兰研究委员会；还负责管理尼日利亚本土语言（如豪萨语、约鲁巴语、伊博语）教学工作等。[1]

3．联邦教育质量监督服务部

联邦教育质量监督服务部于 1973 年成立，其职责有：制定国家标准，通过质量保障过程，确保大学以下教育达到最优标准；制定高效的课程大纲，开展良好的教育管理，提高学生学习效果，确保课程大纲和学习效果与全球标准和实践保持一致；协同各州、联邦首都区及其他学术利益攸关方，创建国家教育质量保障体系；通过定期评估和持续监管，确保学校教学活动质量达标，不断提高教学活动质量；协同各州，组织对公立学校和私立学校的评估；定期对中小学开展全方位、持续不断、一校一策的检查评估和评级鉴定，确保学校全面、有效执行课程计划和学术标准；勘校、分析州教育质量年度报告，了解全国教育质量趋势、模式，起草、分发《国家年度教育质量报告》等。[2]

---

[1] 资料来源于尼日利亚联邦教育部网站。

[2] 资料来源于尼日利亚联邦教育部网站。

4．技术与科学教育部

技术与科学教育部对国家技术与科学教育开展有效监督、实施、评估；制定中等技术与科学教育机构建设标准，确定其办学指南；为全国 27 所联邦科学技术学院提供支持，监督其课程计划执行情况，规范其管理运营，确保其达到国家设定标准；协同相关考试机构（如国家商业与技术考试委员会、西非考试委员会、国家考试委员会），帮助联邦科学技术学院、联邦政府学院这些中等教育院校开发技术教学和科学教育项目；协同联邦教育机构及下属机构（如尼日利亚中小企业发展局、国家技术教育委员会、科学设备制造中心）、专业机构（如尼日利亚工程师协会、尼日利亚劳工大会、尼日利亚制造商协会）以及其他相关利益攸关方，为专业技术人员、手工艺者、技术工人开展培训和再培训，向公有企业和私有企业提供上述人员资格证明。[1]

5．教育规划、研究和开发部

教育规划、研究和开发部的职责是协调教育政策制定、战略行动规划，开展教育研究，进行文献整理等工作；利用国家项目和国际项目有效开展教育服务；更新、维护计算机数据库，包括各级教育机构及教师信息数据库；评估课程计划执行情况，确保教学计划得到有效落实；采集、综合教育机构及教室信息，回应其他部门的问卷调查；协调教育协商联合委员会和尼日利亚教育证书委员会之间的工作；担任联合国教科文组织尼日利亚委员会和"剑桥阅读"国家委员会秘书处的角色；协调联邦教育十年规划和教育部部长新闻简报准备工作；做好"教育部部长年度优胜奖""尼日利

---

[1] 资料来源于尼日利亚联邦教育部网站。

亚教师和学校总统卓越奖""国家生产力荣誉勋章"等奖项评选和颁发工作；采集、分析、发布学校数据，出版教育统计数据及关键教育指数。[1]

6. 联邦奖学金部

联邦奖学金部负责制定政策和定期规划尼日利亚本科生和研究生国内奖学金和国际奖学金事务。联邦奖学金部向获奖学员颁发尼日利亚联邦政府和国外政府奖学金，包括联邦政府双边教育协议、多边教育协议和英联邦教育协议承诺的各类奖学金、总统创新开发特别奖学金、国家青年服务队奖学金等。联邦奖学金部采集、分析、发布获奖数据及获奖者相关信息；管理、监督联邦政府奖学金获得者在尼日利亚境内外的研究活动，建议并协调各州奖学金政策和项目。联邦奖学金部下辖四个办公室：双边教育协议办公室、尼日利亚奖学金获奖办公室、英联邦奖学金及研究奖学金规划办公室、综合责任办公室。[2]

7. 信息与通信部

信息与通信部于 2011 年成立，其职责是运用先进技术设备来帮助学习者提高教育管理能力、知识水平、学习效果及获取信息的能力；制定政策规划、指导原则、执行策略，促进信息通信技术开发和部署；确定信息技术应用必须达到的最低标准，协调和监督最低标准的实施情况，建立并维护教育信息数据库；提高教职员工信息通信技术能力，激发其对信息通信技术的浓厚兴趣；评估、改善、管理伙伴关系，协调电子学习规划、过程及策略等；为利益攸关方制定培训指南、编写信息手册；确保信息通信技

---

[1] 资料来源于尼日利亚联邦教育部网站。
[2] 资料来源于尼日利亚联邦教育部网站。

术硬件和软件安全；建设并维护网站安全。信息与通信部下设两个科，分别是信息通信技术教育科（包括数字学习和员工职业发展办公室）和信息通信政策和标准科（硬件和软件管理办公室）。[1]

（二）附属机构

教育部下设多个附属机构，这些机构在尼日利亚教育体系中扮演着至关重要的角色，涵盖了不同学段的各个方面，确保了教育政策的有效实施和教育质量的持续提升。本书将重点介绍其中的 9 个重要机构。

1. 西非考试委员会

西非考试委员会成立于 1952 年，目的是决定西非五个英语国家（冈比亚、加纳、利比里亚、尼日利亚和塞拉利昂）英语考试的形式和内容，组织相关考试，颁发国际认可的考试证书。目前，委员会有 34 个成员，由西非五个英语国家的政府、大学、中学及其他相关机构组成。委员会领导层由五个成员国政府每三年轮值一次。尼日利亚在委员会中有 12 个成员，其中 5 个由尼日利亚联邦政府任命。[2]

2. 国家大学委员会

国家大学委员会成立于 1962 年，起初是内阁办公室的一个咨询机构，1974 年成为一个法定机构，负责管理尼日利亚大学教育。委员会职责包括：批准大学学术项目、设立学位项目、确保大学教学质量。委员会设有 12 个

---

[1] 资料来源于尼日利亚联邦教育部网站。

[2] 资料来源于尼日利亚联邦教育部网站。

专门机构：学术规划部，督导部，管理支持服务部，私立大学设立部，学生支持服务部，研究、创新与信息技术部，财务会计部，学位授权部，开放教育与远程教育部，联络服务与国际合作部，企业沟通部，执行秘书办公室。每个机构都设有主管一名。[1]

3．尼日利亚国家图书馆

尼日利亚国家图书馆依据《尼日利亚图书馆法》于1964年成立。图书馆为尼日利亚所有学科领域提供教育支持和发展动力，特别是学术研究、社会发展、文化事业、科技进步等。图书馆资料全面丰富，不仅包含尼日利亚本国资源，也包括国外资源。馆藏大量的书籍、报纸、杂志、地图、音像、电影、录音等资料。[2]

4．国家技术教育委员会

国家技术教育委员会成立于1977年，目的是开展技术教育和职业教育培训，促进尼日利亚经济发展。委员会也向联邦政府建言献策，协调综合大学以外的职业技术教育。委员会也为新建理工学院及其选址建言献策，接收联邦政府拨款，按照具体规定向理工学院拨款，也负责所有职业技术教育机构学术项目及证书的审批工作。[3]

---

[1] 资料来源于尼日利亚联邦教育部网站。

[2] 资料来源于尼日利亚联邦教育部网站。

[3] 资料来源于尼日利亚联邦教育部网站。

5. 国家商业与技术考试委员会

国家商业与技术考试委员会成立于 1992 年，目的是取代之前英国城市行会、皮特曼考试中心及皇家艺术协会主办的办公文秘及工艺水平考试。委员会负责举办国家技术证书、国家高级技术证书、国家商业证书及国家高级商业证书考试，并同尼日利亚特许会计学院和伦敦商会合作，举办技术学院及加盟机构入学考试。委员会还开展研究，发布统计数据及其他信息，开发技术学科和商业学科考试、测试及制定课程大纲。[1]

6. 高等教育信托基金会

高等教育信托基金会成立于 1993 年，是一个"干预机构"，职责是支持尼日利亚所有公立高等教育机构发展，利用其资金及项目管理来促进尼日利亚高等教育发展。其资金来源于尼日利亚所有注册公司利润的 2%；资金分配给尼日利亚联邦和州教育机构，用于新大楼建设、设备采购、教学基础设施维护、研究和出版、培训、课程建设等。基金会由联邦财政部管理，有 11 位董事。[2]

7. 招生录取委员会

招生录取委员会成立于 1978 年，职责是开展高校招生录取工作，包括大学、公立和私立技术学院、理工学院及教育学院等。在录取之前，学生必须已经通过由西非考试委员会或尼日利亚国家考试委员会组织的考试。[3]

---

[1] 资料来源于尼日利亚联邦教育部网站。

[2] 资料来源于尼日利亚联邦教育部网站。

[3] 资料来源于尼日利亚联邦教育部网站。

8．国家教育规划与管理研究院

国家教育规划与管理研究院成立于 1992 年，职责是加强教育规划能力建设，开展教育行政培训，提供教育规划咨询，促进教育规划行动研究，加强教育规划信息传播。学院讲授教育规划与管理基础知识和基本技能，促进尼日利亚教育规划、管理、监督、评估等能力建设。[1]

9．国家考试委员会

国家考试委员会成立于 1999 年，是一个组织高中毕业证书考试的机构，报考人员仅限于在校高中生；校外考生参加西非考试委员会组织的考试。国家考试委员会主任也是委员会首席执行官，由联邦教育部部长提议、总统任命。委员会下辖 9 个部门，每个部门分别由一位主任负责。委员会管理团队向董事会报告，董事会由一位主席和 17 位成员组成，委员会主任也是董事会秘书。董事会部分成员来自相关利益攸关方，其他成员则由总统任命。[2]

二、地方教育行政

如前所述，尼日利亚教育体系分为三个层次：联邦层面、州层面和地方政府层面，即联邦教育部、联邦首都区教育秘书处和州教育厅、地方政府教育局。联邦教育部负责制定和协调国家教育政策，确定教育质量最低标准，保障国家教育质量达标等；联邦首都区教育秘书处和州教育厅负责制定联邦首都区和各州教育政策及实施等；地方政府教育局的工作重点是

---

[1] 资料来源于尼日利亚联邦教育部网站。

[2] 资料来源于尼日利亚联邦教育部网站。

辖区内的小学教育，特别是公立小学教育。

联邦首都区阿布贾是尼日利亚的政治中心，联邦首都区教育秘书处直接隶属于联邦教育部，负责首都区基础教育、中学教育、科学教育、技术教育、大众教育等的规划与实施。联邦首都区的教育发展是尼日利亚国家教育发展的重中之重。拉各斯州地理面积虽小，但人口规模、经济总量、教育程度却居全国前列。事实上，自19世纪40年代西方教育传入尼日利亚以来，拉各斯一直是尼日利亚重要的政治、经济、文化和教育中心。为此，本书以联邦首都区教育秘书处和拉各斯州教育厅为例，介绍尼日利亚地方教育行政。

（一）联邦首都区教育秘书处

联邦首都区教育秘书处依据总统令设立，全面负责首都区教育政策的制定和执行，确保政策的实施能符合首都区教育实际。[1] 首都区教育秘书处的愿景是成为有效提供符合全球标准、可持续、高质量、多功能、包容性教育的榜样，使命是在首都区提供人人有权享有的高质量教育服务，帮助学习者获取知识、培养技能、涵养道德，更好地迎接全球化挑战。[2] 秘书处总部的职责是监督和协调下属委员会和部门活动。这些委员会和部门分别负责首都区各级各类学校教育的行政管理。

秘书处总部设有5个常规部门，分别是行政与财务部，政策、规划、研究和统计部，质量监督部，高等教育部，特殊需求教育部。总部还设有9个专门部门：性别教育部、健康与艾滋病教育部、学校服务部、学校体育部、审计部、法律部、采购部、项目部、服务通信部，前4个部门直接向首都区教育秘书处秘书长汇报，后5个部门通过行政与财务部主任向首都区教育秘

---

[1] 资料来源于联邦首都区教育秘书处网站。

[2] 资料来源于联邦首都区教育秘书处网站。

书处秘书长汇报。

为确保教育政策有效执行和学校有效管理，秘书处设有如下机构：普及基础教育委员会，中学教育委员会，科学、技术和创新部，大众教育部，教育资源中心等。[1]

1．普及基础教育委员会

联邦首都区普及基础教育委员会起初的名称是小学管理委员会（1989年开始）。2004年，尼日利亚颁布《普及基础教育法》。依据此法，2005年，小学管理委员会更为现名。委员会通过建立幼儿教育中心，小学、流动家庭子女学校，初级中学等方式向首都区儿童提供免费义务教育。委员会的愿景是实现国家普及基础教育项目既定标准，培养符合全球科技发展动态的人才，成为尼日利亚普及基础教育的模范；使命是加强同所有利益攸关方的合作，向联邦首都区所有适龄儿童／学生提供高质量的基础教育，帮助他们获得生活技能，养成相关伦理、道德和公民价值观念。委员会下辖8个部门、6个地方教育局，每个教育局由一位教育秘书负责。委员会共有17 000位教职员工，包括教师和非教师员工。[2]

2．中学教育委员会

中学教育委员会于2004年依据《1999年国家中学教育委员会第47号令》设立，目的是高效管理联邦首都区的中学教育；其愿景是向联邦首都区15—18岁学生提供高质量的中学教育，为他们步入社会、开始有意义的生活打下良好的基础；其使命是作为战略媒介，提供和管理人人有权享有、

---

[1] 资料来源于联邦首都区教育秘书处网站。

[2] 资料来源于联邦首都区教育秘书处网站。

人人可以负担得起的公立中学教育。

中学教育委员会由主任负责，下辖 8 个主要部门，包括行政部，学校服务部，特别服务部，共建课程部，科学技术部，体育部，监督评价部，规划、研究和统计部。[1]

3．科学、技术和创新部

科学、技术和创新部成立于 2009 年，由联邦首都区执行委员会设立，目的是促进首都区教育领域的科学和技术活动，如青年项目的技术孵化和能力建设。科学、技术和创新部也管理一些专门科学技术学校，包括国际技术职业学院等，其愿景是提升联邦首都区在科学技术知识、原则、工具等层面的示范作用，进而提高联邦首都区公民的社会地位和经济地位。

科学、技术和创新部授权监督国家科技政策在联邦首都区的落实情况；协调科技产品的生产及延伸服务；协调新兴技术在新兴通信技术、生物技术、工程材料及中小企业中的应用；促进人力资本基础设施建设、科技能力建设（包括科学、技术及职业学院建设）；在联邦首都区建立并运营科学、技术和职业学校及类似教育机构；制定企业孵化项目、科技园及风险投资计划，促进首都区科技创新发展；推动具体项目，开展具体活动，广泛宣传科学技术等。

4．大众教育部

大众教育部 1991 年成立，1999 年后曾一度撤销，于 2014 年恢复。大众教育部的愿景是通过非正规教育项目在联邦首都区消除文盲，不断提高民

---

[1] 资料来源于联邦首都区教育秘书处网站。

众的生活技能；使命是帮助联邦首都区成年文盲、辍学青年、妇女、女童、流动家庭子女及其他弱势群体成为对社会有用的成员。

大众教育部授权组织和开展联邦首都区识字服务项目，举办补救性课程，开发和执行现代职业教育课程大纲，执行首都区成人教育和非正规教育政策，鼓励年轻人和成年学习者获得生存技能；起草并发布首都区成人教育和非正规教育年度报告，制定规划，将首都区正规教育和非正规教育的发展融合起来，协调正规教育和非正规教育领域利益攸关方的活动，开展成人教育和非正规教育研究项目，执行联邦首都区和联邦政府制定的大众识字教育文件和指南，登记、监督并认证首都区私立非正规教育机构的建立等。

大众教育部设主任 1 名，由行政后勤处主任协助工作。部门下辖 5 个专业办公室：大众识字办公室，继续教育办公室，动员监督办公室，规划、研究和统计办公室，职业教育办公室。大众教育部还设有采购部、信息部、内部审计部、多边捐助干预部、项目部、财务部、商业企业部等。

5. 教育资源中心

教育资源中心于 1982 年由联邦首都开发局设立，其功能是为学校提供学术服务，如课程开发、考试命题、招生录取、图书馆服务、教学材料提供、教师专业发展、学科建设，特别是为首都区公立和私立幼儿教育、小学教育、中学教育提供有效、高效的学术支持服务。

教育资源中心设主任一名，下辖 8 个办公室，分别是行政办公室，社区服务员与创业办公室，课程开发办公室，指导咨询办公室，图书馆服务办公室，评估办公室，印刷、规划、研究和统计办公室，以及教师发展办公室。

（二）拉各斯州教育厅

尼日利亚各州教育厅行政管理模式基本相同，拉各斯州因其人口和经济发展优势，其教育厅是尼日利亚各州教育厅中的范例。因此，本书以拉各斯州教育厅为例，讲述各州教育厅的行政管理特点。

拉各斯州教育厅于 1968 年成立，其愿景是成为非洲卓越教育的榜样；使命是通过有效、高效的资源管理，向所有学习者提供高质量的教育，促进个人自力更生和社会经济发展。教育厅主要职责有：拉各斯州学前教育、小学教育、中学教育政策制定和质量控制；批准、规范和监督拉各斯州私立学前教育、小学教育、中学教育、职业技术教育机构；管理教育咨询委员会、职业技术教育、教育技术运用（特别是教育广播和影像辅助）、科学和技术教育、教育指导和咨询、学校建设项目、教师教育；监督私立学校和公立学校教学质量和教育标准是否达标；管理特殊教育（特别是天才少年和残疾儿童）；认真执行国家教育政策；管理中学学校董事会和教师－家长委员会及其他教育事宜；监管州内所有图书馆和学校的家庭支持项目等。[1]

拉各斯州教育厅的主要机构有普及基础教育委员会，大学教育委员会，技术、职业教育委员会，行政管理与人力资源部，基础教育服务部，考试委员会，政策规划、研究和统计部，多语种国际资源中心，课程服务部，公私合作伙伴部，项目部，教育资源中心，儿童指导、学校咨询及特殊教育部，采购部，信息与通信部，法律部，内部审计部，规划与预算部等。[2]

1. 普及基础教育委员会

拉各斯州普及基础教育委员会成立于 1968 年。2004 年尼日利亚《普及

---

[1] 资料来源于拉各斯州教育厅网站。

[2] 资料来源于拉各斯州教育厅网站。

基础教育法》明确指出，州政府和地方政府的主要职责就是落实普及基础教育。为此，拉各斯州制定《拉各斯州普及基础教育法》，宗旨是向每一位小学生和初中生提供十年普及、免费、义务基础教育（一年学前教育和九年正规教育），要求学生家长和监护人确保适龄儿童必须上学。拉各斯州普及基础教育委员会也在下辖的每个地方政府都建立了地方政府小学和初中教育局，地方政府教育局接受拉各斯州教育厅直接领导。

拉各斯州普及基础教育委员会的角色和职责如下：接收联邦政府、州政府和地方政府拨付的教育经费，包括普及基础教育委员会拨付给拉各斯州的基础教育专项金、联邦政府教育保障金、地方及国际捐助、联邦政府教育干预基金会拨付资金、州政府拨付的学校教育员工工资及州普及基础教育董事会总部工作人员薪资等。[1]

拉各斯州普及基础教育董事会的目标是提供高质量的基础教育，帮助每一位孩子实现潜能；使命是创造和维持有利于每一位儿童接受高质量基础教育的环境；核心价值是激励创新、透明公正、团队合作、诚实守信、激情奉献、员工授权。四大支柱是专注教学实践、开展校内外合作、致力于人才培养、促进全方位管理。[2]

董事会依法建立如下机构：学校支持服务部，课程计划合作部，基础教育质量保障部，秘书处和福利服务部，财务会计部，社会动员部，规划、研究与数字采集部，项目部，人力资源与行政管理部，人事编制与退休金部，内部审核部，法律事务部，采购部，学生用餐部，公共事务部等。[3] 董事会由8位委员会组成，1位是董事会主席，由州长任命；1位是董事会秘书，6位是常务理事。[4]

---

[1] 资料来源于拉各斯州普及基础教育委员会网站。

[2] 资料来源于拉各斯州普及基础教育委员会网站。

[3] 资料来源于拉各斯州普及基础教育委员会网站。

[4] 资料来源于拉各斯州普及基础教育委员会网站。

2．技术、职业教育委员会

拉各斯州技术、职业教育委员会成立于 2009 年 6 月，2010 年 5 月开始运行，其主要职责是监督拉各斯州 5 所政府技术学院及其他职业中心运行。这些技术学院分布在伊凯贾、巴达格里、伊科罗杜、拉各斯岛和埃皮。此外，委员会也支持民间工艺等非正规教育活动。委员会的核心目标是提高生产效率，帮助拉各斯州年轻人有效提升自力更生的能力。为此，委员会致力于拉各斯州技术、职业教育重组和提升，培养州技术、职业领域的卓越人才。委员会的奋斗目标也包括鼓励职业技术教育发展，增强学习者的科技意识，为年轻人学习、就业、创业奠定基础；有效管理小学后职业技术学校教育；协同商业伙伴和利益攸关方，吸引额外资源、投资，不断提高拉各斯州技术、职业教育的质量。

2012 年 4 月，拉各斯州启动了现代学徒培训项目和职业就业能力培训项目，旨在应对拉各斯州青年高失业率问题及其引起的社会动荡，确保年轻人接受适当的技能培训，为年轻人提供更多的就业机会。目前，项目已经为大批毕业生提供了技术和职业培训，帮助他们成为自食其力、有知识、有技能、有热情的个体经营者或成功企业家。[1]

---

[1] 资料来源于拉各斯州教育厅网站。

第十一章 中尼文化教育交流

第一节 中尼文化教育交流简述

中国是享誉世界的文明古国，尼日利亚也有"黑非文化摇篮"的美誉。虽然同为文明古国，但是囿于山高路远，两国直到近代才有直接接触和交流。在尼日利亚实现自身民族解放的过程中，中国人民给予了大量无私的援助和坚定的支持。在 20 世纪 50 年代，中国政府欢迎尼日利亚著名社会活动家兰索迈·库蒂女士访问北京，出席国际民主妇女联合会会议，结果遭到英国殖民当局的抵制。1960 年 10 月 1 日，尼日利亚脱离英国殖民统治获得独立。1971 年 2 月 10 日中尼建交。同年 10 月 25 日，尼日利亚在联合国大会上就恢复中国合法席位的表决中投了赞成票。[1] 中尼建交以来，双边关系稳步发展，两国高层来往不断。[2]

2017 年，中尼建立全面战略伙伴关系。2018 年 9 月，布哈里总统来华出席中非合作论坛北京峰会，双方签署了《中华人民共和国政府和尼日利亚联邦共和国政府关于共同推进丝绸之路经济带和 21 世纪海上丝绸之路建设的谅解备忘录》，尼日利亚正式加入"一带一路"倡议。2021 年 1 月，中

---

[1] 李文刚，闵方正，郑军. 中国与尼日利亚友好合作 [M]. 北京：中国社会科学出版社，2021：75-88.

[2] 中华人民共和国外交部. 中国同尼日利亚的关系 [EB/OL]. （2024-04）[2024-04-30]. http://svideo.mfa.gov.cn/gjhdq_676201/gj_676203/fz_677316/1206_678356/sbgx_678360.

尼建立政府间委员会机制。2021 年 2 月，习近平主席同布哈里总统互致贺电，庆祝两国建交 50 周年。此后，中尼两国政治互信不断加深，有力促进了双方经贸合作和文化交流，增进了中非文明互鉴、中尼友好合作。

一、文化交流

在文化领域，中尼签有多份合作协议。1990 年 3 月，双方签署《中华人民共和国政府和尼日利亚联邦共和国联邦军政府文化教育协定》。1997 年 9 月，双方签署《中华人民共和国政府和尼日利亚联邦共和国政府一九九七年至一九九九年文化教育合作与交流执行计划议定书》。2012 年 3 月双方签署《中华人民共和国政府和尼日利亚联邦共和国政府关于互设文化中心的协定》。[1] 2012 年 5 月，尼日利亚文化中心在北京设立。2013 年 9 月，中国文化中心在阿布贾设立。

尼日利亚中国文化中心是进入 21 世纪以来中国在撒哈拉以南非洲地区设立的第一个中国文化中心，文化中心为尼日利亚各类政府机构、学校和民众提供各类文化艺术活动，为传播中华文化、促进中尼人文交流做出了重要贡献。例如，2021 年 8 月，中国文化中心和中国驻尼日利亚使馆携手尼日利亚青年和体育发展部共同主办的"'一带一路'奏强音 中尼合作谱新曲"研讨会在中国文化中心圆满举行。[2] 2021 年 9 月，为庆祝中尼建交 50 周年，中国驻尼日利亚使馆和尼日利亚新闻和文化部主办，中国文化中心、

---

[1] 中华人民共和国文化和旅游部. 中国与尼日利亚政府签署互设文化中心协定 [EB/OL].（2012-03-02）[2024-05-01]. https://www.mct.gov.cn/whzx/tpxw/201203/t20120302_829392.htm.

[2] 中华人民共和国驻尼日利亚联邦共和国大使馆. 尼日利亚举办"'一带一路'奏强音 中尼合作谱新曲"研讨会 [EB/OL].（2021-08-20）[2024-05-01]. http://ng.china-embassy.gov.cn/zngx/znwh/202108/t20210820_9123028.htm.

中国总商会和四达时代尼日利亚公司协办"中尼文化周"。[1]

2022 年 4 月，为庆祝联合国中文日，中国驻尼日利亚使馆、尼日利亚中国研究中心共同举办了"共享中国和文化 共奏中尼和乐章"研讨会。[2] 2022 年 8 月，中国驻尼日利亚使馆在中国文化中心举办"共享中国和文化 共奏中尼和乐章"征文比赛颁奖典礼。中尼双方嘉宾及"和"文化征文大赛获奖选手等约 150 人出席了颁奖典礼。[3] 2022 年 9 月，由中国驻尼日利亚使馆和尼日利亚新闻和文化部主办、尼日利亚中国文化中心协办的庆国庆"中尼文化周"颁奖典礼在中国文化中心隆重举行。中尼双方嘉宾约 200 余人出席活动。[4] 2022 年 11 月，尼日利亚中国文化中心举办"中国文化进校园"歌舞大赛。中尼双方嘉宾约 300 人参加了活动。[5] 2022 年 11 月，中国、伊朗、韩国等亚洲 9 国驻尼日利亚使馆在尼日利亚中国文化中心隆重举办第四届尼日利亚亚洲电影节开幕仪式。亚洲 9 国驻尼日利亚大使、文化参赞及文化官员，尼日利亚新闻和文化部常务秘书贾菲亚，国际文化关系司司长阿里彪，尼日利亚外交部地区司总司长穆斯塔法，尼日利亚国家艺术文化理事会主席伦赛维以及各界人士 100 余人出席开幕式，参观"新时代中国的非凡十年"图片展并观看首映中国和伊朗的电影。[6]

2023 年 10 月，由中国驻尼日利亚使馆和中国文化中心主办、尼日利亚联邦首都区中等教育委员会协办的 2023"中国文化进校园"舞蹈大赛，在

[1] 中华人民共和国驻尼日利亚联邦共和国大使馆. "中尼文化周"系列活动大幕开启 [EB/OL].（2021-09-24）[2024-05-01]. http://ng.china-embassy.gov.cn/zngx/znwh/202109/t20210924_9582835.htm.

[2] 中华人民共和国驻尼日利亚联邦共和国大使馆. 驻尼日利亚使馆举办"共享中国和文化 共奏中尼和乐章"研讨会 [EB/OL].（2022-04-22）[2024-05-01]. http://ng.china-embassy.gov.cn/zngx/znwh/202204/t20220422_10671803.htm.

[3] 中华人民共和国驻尼日利亚联邦共和国大使馆. 驻尼日利亚使馆举办"和"文化征文比赛颁奖典礼 [EB/OL].（2022-08-12）[2024-05-01]. http://ng.china-embassy.gov.cn/zngx/znwh/202208/t20220812_10742274.htm.

[4] 中华人民共和国驻尼日利亚联邦共和国大使馆. 驻尼日利亚大使崔建春出席"庆国庆'中尼文化周'颁奖典礼"[EB/OL].（2022-09-30）[2024-05-01]. http://ng.china-embassy.gov.cn/zngx/znwh/202209/t20220930_10775906.htm.

[5] 中华人民共和国驻尼日利亚联邦共和国大使馆. "中国文化进校园"歌舞大赛圆满收官 [EB/OL].（2022-11-05）[2024-05-01]. http://ng.china-embassy.gov.cn/zngx/znwh/202211/t20221105_10800897.htm.

[6] 中华人民共和国驻尼日利亚联邦共和国大使馆. 第四届尼日利亚亚洲电影节大幕开启 [EB/OL].（2022-11-23）[2024-05-01]. http://ng.china-embassy.gov.cn/zngx/znwh/202211/t20221123_10979456.htm.

尼日利亚中国文化中心隆重举行。来自联邦首都区设有"中国之角"中学的近 20 支参赛队伍及部分学校师生、媒体记者等 250 余人参加。[1]

此外，尼日利亚新闻和文化部部长赖伊、国家艺术和文化理事会主席伦赛维等官员多次访华并出席中国举办的"中非合作论坛文化部长论坛""第四届中国国际非物质文化遗产节""亚洲文明对话大会"等活动。[2]

政治互信增进了中尼彼此的相互了解，文化交流促进了两国的民心相通。中国式现代化道路的成功引起了尼日利亚民众对中国的浓厚兴趣，也激发了尼日利亚青年学子来华留学的强烈愿望。中国坚持的共商共建共享原则、追求的共同发展繁荣理念、展现的团结合作包容精神逐渐得到国际社会的认同，也得到越来越多尼日利亚有识之士的赞誉。在此背景下，加强教育合作，不仅有利于促进中尼人才培养、经济发展、社会进步，也有助于增进中尼相互了解、文明互鉴、民心相通。

二、教育交流

我国中非教育合作问题专家指出："自 2000 年首届中非合作论坛以来，中非教育合作与交流进入新的发展时期。双方教育往来从最初的互派留学生，发展到今天的多层次、多领域、多形式的教育交流与合作。"[3] 目前，中尼教育交流合作呈现出重实效、多主体、多层次的特点。其中，两国政府仍然发挥着引领作用，特别是在尼日利亚高端人才（本科生、硕士研究生、博士研究生）培养方面发挥着核心作用。同时，中国也在尼日利亚基础教

---

[1] 中华人民共和国驻尼日利亚联邦共和国大使馆. 2023 "中国文化进校园"舞蹈大赛精彩纷呈 [EB/OL].（2023-11-01）[2024-05-01]. http://ng.china-embassy.gov.cn/zngx/znwh/202311/t20231101_11171831.htm.

[2] 中华人民共和国外交部. 中国同尼日利亚的关系 [EB/OL].（2024-04）[2024-04-30]. http://svideo.mfa.gov.cn/gjhdq_676201/gj_676203/fz_677316/1206_678356/sbgx_678360.

[3] 楼世洲，徐辉. 新时期中非教育合作的发展与转型 [J]. 教育研究，2012（10）：28-33.

育建设、职业技术培训、科技人才培养等方面做出了不懈努力。中国知名高校、科研机构、企业也积极参与尼日利亚基础教育、高等教育、职业培训等方面的工作，形成了政府引领、高校参与、企业助力的多元主体格局。

（一）政府引领

政府引领是中尼教育合作的显著特点。中国政府奖学金项目为有志于到中国学习的尼日利亚青年学子提供了宝贵的学习和交流机会。中国驻尼日利亚大使馆开展的日常教育和文化交流活动为尼日利亚教育文化界了解中国文化、促进中尼文化交流起到了启智润心的作用。

1. 中国政府奖学金

中国自 1964 年起向尼日利亚学生提供政府奖学金名额。截至 2018 年，尼日利亚在华留学生共有 6 845 名，其中政府奖学金获得者共 512 名。[1] 2018—2019 学年，共有 21 名尼日利亚学生获得"中国政府奖学金"。在这些学生中，攻读本科学位的有 9 名，攻读硕士和博士学位的有 12 名，所学专业基本上是尼日利亚急需的理工、医学类。[2] 2019—2020 学年，有 58 名尼日利亚学生获得中国政府奖学金，包括 3 名本科生、39 名硕士研究生和 16 名博士研究生，他们在中国多所大学及研究机构攻读工程、医学、农学、管理等多个专业的学位。[3] 2021 年 12 月，艾哈迈杜·贝洛大学 50 位同学获得中国政府颁发的"十·一"中尼友谊奖。至此，艾哈迈杜·贝洛大学

[1] 李文刚，闵方正，郑军. 中国与尼日利亚友好合作 [M]. 北京：中国社会科学出版社，2021：75-88.

[2] 中华人民共和国驻尼日利亚联邦共和国大使馆. 驻尼日利亚使馆为"中国政府奖学金"获得者开办中国国情课堂 [EB/OL].（2018-08-15）[2024-05-02]. http://ng.china-embassy.gov.cn/zngx/znwh/201808/t20180815_7736229.htm.

[3] 中央广播电视总台国际在线. 58 名尼日利亚学子获得 2019/2020 年度中国政府奖学金将赴华留学 [EB/OL].（2019-08-08）[2024-05-02]. https://news.cri.cn/20190808/f172432b-8839-286c-ed69-5a238f45880f.html.

已经有 100 多名学生获得了中国政府本科、硕士和博士各专业领域的奖学金。[1] 至此，2021—2022 学年度，有 661 名获得中国政府奖学金的尼日利亚学生在中国学习。[2]

2．"汉语桥"世界大学生中文比赛

"汉语桥"世界大学生、中学生中文比赛尼日利亚赛区决赛是由中外语言交流合作中心和中国驻尼日利亚大使馆主办，尼日利亚中国文化中心、拉各斯大学孔子学院（以下简称"拉大孔院"）及纳姆迪·阿齐克韦大学孔子学院（以下简称"韦大孔院"）协办。比赛分为知识问答、主题演讲、即兴问答以及中华才艺展示四个环节。"汉语桥"比赛有利于激励尼日利亚青年学子学习中文，加深对中国语言文化的理解，增进中尼两国民众的传统友谊，提升两国教育交流和人文互鉴水平。

2020—2022 年，大赛以多方视频连线的方式成功举办。2023 年，比赛恢复线下。在过去四年间，中国驻尼日利亚使馆参赞兼中国文化中心主任李旭大、韦大孔院中方院长余章宝、拉大孔院中方院长赵宏凌及在尼汉语教师、志愿者和汉语爱好者全程观摩比赛。[3]

3．丰富多彩的文化活动

中国驻尼日利亚大使馆经常举办丰富多彩的教育文化交流活动，其中比较常见的有中国文化进校园歌舞大赛、国庆"中尼文化周"活动、非洲

---

[1] 澎湃新闻. 驻尼日利亚大使向尼大学生颁发"十·一"奖 [EB/OL].（2021-12-17）[2024-05-03]. https://www.thepaper.cn/newsDetail_forward_15892608.

[2] 中华人民共和国外交部. 中国同尼日利亚的关系 [EB/OL].（2024-04）[2024-04-30]. http://svideo.mfa.gov.cn/gjhdq_676201/gj_676203/fz_677316/1206_678356/sbgx_678360.

[3] 根据中华人民共和国驻尼日利亚联邦共和国大使馆的多条新闻整理。

青少年绘画作品展等。

2022 年 10 月 1 日是中国的国庆节，也是尼日利亚"独立日"。2022 年 9 月 29 日，由中国驻尼日利亚使馆和尼日利亚新闻和文化部主办、尼日利亚中国文化中心协办的庆国庆"中尼文化周"颁奖典礼在中国文化中心隆重举行。来自当地演出团体的艺术家和各中小学的学生在颁奖典礼上先后奉献了乐器演奏和歌舞等精彩文艺节目，让现场来宾和获奖人员感受节日的喜庆氛围。[1]

2022 年 11 月 3 日，尼日利亚中国文化中心举办"中国文化进校园"歌舞大赛。大赛由中国驻尼日利亚使馆和中国文化中心主办、尼日利亚联邦首都区中等教育局协办。李旭大参赞、尼日利亚联邦首都区中等教育局局长拉丹代表阿尔哈森、来自联邦首都区中学的 24 支参赛队、中尼双方评委和媒体记者等约 300 人参加了活动。[2]

2023 年 3 月，中非合作论坛中方后续行动委员会秘书处、中国载人航天工程办公室和中国驻非洲使领馆，共同举办了非洲青少年"我的梦想"主题绘画作品大赛。有 2 000 余幅作品参赛，其中 10 幅作品脱颖而出。尼日利亚青年学生丹尼亚的作品《共同的期待》荣获一等奖"天和奖"。同年 5 月，丹尼亚的作品随当日成功发射的神舟十六号载人飞船被送入中国空间站进行展示。[3]

2024 年 5 月，中国驻尼日利亚使馆携手尼日利亚中国同学会与阿布贾大学，在尼日利亚中国文化中心共同举办"文明互鉴尚和合"研讨会。中国驻尼日利亚使馆临时代办张仪、使馆参赞李旭大、尼日利亚国家艺术家

[1] 中华人民共和国驻尼日利亚联邦共和国大使馆. 驻尼日利亚大使崔建春出席 庆国庆"中尼文化周"颁奖典礼 [EB/OL].（2022-09-30）[2024-05-04]. http://ng.china-embassy.gov.cn/zngx/znwh/202209/t20220930_10775906.htm.

[2] 中华人民共和国驻尼日利亚联邦共和国大使馆. "中国文化进校园"歌舞大赛圆满收官 [EB/OL].（2022-11-05）[2024-05-04]. http://ng.china-embassy.gov.cn/zngx/znwh/202211/t20221105_10800897.htm.

[3] 中华人民共和国驻尼日利亚联邦共和国大使馆. 崔建春大使会见作品登上中国空间站的尼日利亚青年学生丹尼亚 [EB/OL].（2023-06-10）[2024-05-04]. http://ng.china-embassy.gov.cn/zngx/znwl/202306/t20230610_11094590.htm.

协会主席兼中国同学会主席苏莱曼、阿布贾大学政治科学和国际关系系主任谢里夫及当地学者、媒体记者等 60 余人出席活动。[1]

习近平主席不止一次讲过，"国之交在于民相亲"。教育合作和文化交流是国与国之间促进了解、加深友谊、增进感情的有效途径。中国政府设立对尼政府奖学金，就是要促进两国人民之间的友好情感，培养知华、友华、爱华的文化交流使者，促进中华文化和尼日利亚文化之间的交流互鉴，铸就两国相互尊重、互利共赢、友好合作的中坚力量。

（二）高校参与

高校在中尼教育合作中发挥着重要作用。孔子学院是中国和尼日利亚进行人文交流合作的重要平台，在中非人文交流领域发挥了桥梁和窗口作用。中国目前在尼日利亚有 2 所孔子学院，韦大孔院和拉大孔院。截至 2018 年年底，中国在尼日利亚共开设各类中文及文化课程 280 余次，培养学生 1 万人。[2] 到 2023 年 4 月，两所孔子学院累计派出中文教师 231 人，志愿者 108 人。[3]

纳姆迪·阿齐克韦大学位于尼日利亚东南部阿南布拉州首府奥卡，是以尼日利亚第一任总统纳姆迪·阿齐克韦命名的大学，是尼日利亚联邦政府主管的一所著名的综合性重点大学，也是尼日利亚最好的大学之一。韦大孔院成立于 2008 年 3 月，是尼日利亚首家孔子学院，国内合作院校是厦门大学。韦大孔院在尼日利亚影响深很大，已成为中国在尼日利亚推广中文的重要阵地，有力地推动了中国文化在尼日利亚的传播。韦大孔院成立

[1] 中华人民共和国驻尼日利亚联邦共和国大使馆. "文明互鉴尚和合"研讨会圆满举办 [EB/OL].（2024-05-17）[2024-05-04]. http://ng.china-embassy.gov.cn/zngx/znwh/202405/t20240517_11306524.htm.

[2] 李文刚，闵方正，郑军. 中国与尼日利亚友好合作 [M]. 北京：中国社会科学出版社，2021：75-88.

[3] 中华人民共和国外交部. 中国同尼日利亚的关系 [EB/OL].（2024-04）[2024-04-30]. http://svideo.mfa.gov.cn/gjhdq_676201/gj_676203/fz_677316/1206_678356/sbgx_678360.

十余年来，累计培养学生 1.5 万余人，选送超过 300 名优秀学子前往中国留学，校内形成了中文和中国文化的浓厚学习氛围。2016 年，韦大孔院"尼日利亚中华文化研究中心"正式揭牌，继续推动中国文化在尼日利亚的传播，助力两国青年的人文交流。[1] 2023 年 9 月，韦大孔院荣获"中尼友谊贡献奖"。

拉大孔院由北京理工大学和尼日利亚拉各斯大学共同建立。双方于 2008 年 10 月正式签署共同建设孔子学院的协议。拉大孔院于 2009 年 5 月启动运行，目前配有办公室 6 间、资料室 1 间（图书 23 000 余册）、多媒体教室 1 个、语音实验室 1 个、中国文化体验中心 1 个。拉大孔院成立十余年来以来，一直致力于推动中文教学工作，目前已经形成了西非地区最大的中文教学规模，有力地增进了尼日利亚人民对中国语言文化的了解，是发展中尼友好关系的重要力量。

在拉大孔院的推动下，拉各斯州于 2015 年在其公立中小学开设中文课程，首次将中文纳入其国民教育体系。孔子学院成立了汉语水平考试（HSK）中心，举办汉语水平考试。孔子学院配合拉各斯大学，建立了中文广播电台，每天 2 次，每次 20 分钟在拉各斯市进行广播。学院同中国驻尼日利亚拉各斯领事馆和当地企业合作，多次举办了尼日利亚"汉语桥"中文知识大赛、尼日利亚"中国文化月"等多项大型文化活动，引起了国内媒体、尼日利亚各方文化团体的普遍关注；学院还牵头举办了中国大学生艺术团非洲巡演、尼日利亚拉各斯州青少年访华冬令营、拉各斯州副州长文教考察团访华项目等文化交流活动。[2] 截至 2019 年年底，学院注册学员人数 7 079 人。2019 年 12 月，拉大孔院在国际中文教育大会上荣获"全球先进孔子学院"的称号。学院在给当地人提供中文教学的同时积极传播中

[1] 厦门大学中文教育学院 / 海外教育学院. 尼日利亚纳姆迪·阿齐克韦大学孔子学院 [EB/OL].（2021-09-15）[2024-05-04]. https://oec.xmu.edu.cn/info/1245/8095.htm.

[2] 北京理工大学. 拉各斯大学孔子学院简介 [EB/OL].（2023-03-08）[2024-05-05]. https://international.bit.edu.cn/kzxy/gjkygk/lgsdxkzxy/b31500.htm.

国文化，用丰富多彩的活动将相应的文化介绍融入其中，有效地促进了中国文化在非洲的传播。

除了孔子学院以外，中国在尼日利亚也建有多所孔子课堂。尼日利亚大学孔子课堂就是一例。2019年7月，中国驻尼日利亚使馆参赞兼中国文化中心主任李旭大赴尼日利亚大学，与尼日利亚大学校长查尔斯·伊格韦正式签署《派遣汉语教师开设汉语课堂》合作协议。

2013年，在"中非高校20+20合作计划"推动下，拉各斯大学与苏州大学合作在尼日利亚首次开设汉语本科专业——中国研究，每年招生约25人，采取1+2+1培养模式，第一届学生于2014年入学。学生第一年在拉各斯大学接受一年语言基础教育，第二、第三年到苏州大学进一步加强语言、文化、文学等课程学习，第四年返回拉各斯大学完成相关课程及毕业论文撰写。截至2018年8月，拉各斯大学非学历汉语学员累计超过5000人，学历学员累计招生133人，在校66人。[1]

（三）企业助力

在尼中资企业在中尼教育合作，特别是在参与教育基础设施建设和助力归国尼日利亚学生就业等方面扮演着重要角色。

2022年9月，位于尼日利亚首都阿布贾的11区公立学校"中国之角"启用仪式隆重举行。"中国之角"由中铁十八局集团尼日利亚有限公司升级改造完成。11区公立学校是阿布贾市中心一所从小学到初中的9年制学校。中铁十八局尼日利亚公司不仅修缮了"中国之角"的房舍，还为其配备了发电机、电视机、电脑、办公桌椅、书柜等设施。中国驻尼日利亚使馆与中国文化中心还专门为其提供了中国结、红灯笼等具有中国特色的装饰物

---

[1] 周品. 尼日利亚拉各斯大学汉语教学概况 [J]. 教育现代化，2018（50）：197-200.

品及英文版中国图书。[1]

2023 年 7 月，65 名尼日利亚留学生从中国学成归国，加入中国土木工程集团尼日利亚分公司，开启了"一带一路"建设的青春新篇章。从 2018 年开始，中国土木工程集团与尼日利亚联邦政府以及中国中南大学、长安大学启动留学生联合培养项目。此次归国的 65 名留学生是两国联合培养的首批留学生，其中有 49 名本科生和 16 名硕士研究生，他们在华攻读的专业包括土木工程、交通运输工程等。[2] 随着越来越多在华学成归国的尼日利亚留学生加入中尼合作的具体项目中，中尼友好合作的力量也在不断加强。中国土木工程集团还助力建设尼日利亚交通大学。在 2010 年中非合作论坛约翰内斯堡峰会上，中国国家主席习近平承诺，中国将为非洲国家建设 5 所交通大学。2019 年 12 月，中国土木工程集团在尼日利亚卡齐纳州的道拉镇正式启动尼日利亚交通大学建设项目。[3] 2024 年 5 月，一期工程完工并顺利移交。[4] 尼日利亚交通大学建成后，有望为尼日利亚培养大量交通和铁路工程领域的专业人才，填补相关领域的知识和技术缺口，为尼日利亚经济发展创造新的机遇。

[1] 中华人民共和国驻尼日利亚联邦共和国大使馆. 中企助力阿布贾"中国之角"建设 [EB/OL].（2022-09-26）[2024-05-05]. http://ng.china-embassy.gov.cn/zngx/znwh/202209/t20220926_10771982.htm.

[2] 搜狐网. 尼日利亚赴华留学生学成归国——开启"一带一路"建设青春新篇章 [EB/OL].（2023-07-10）[2024-05-05]. https://learning.sohu.com/a/696197688_118392.

[3] 李文刚，闵方正，郑军. 中国与尼日利亚友好合作 [M]. 北京：中国社会科学出版社，2021：75-88.

[4] 中华人民共和国驻尼日利亚联邦共和国大使馆. 张仪代办出席尼日利亚联邦交通大学（一期）移交仪式 [EB/OL].（2024-05-19）[2024-07-21]. http://ng.china-embassy.gov.cn/zngx/znwl/202405/t20240519_11306891.htm.

第二节 案例与思考

一、合作案例

中国和尼日利亚通过建设鲁班工作坊、开办官员研修班、实现卫星电视"万村通"、扩大科技人才培训等多种方式的合作，在深化两国人民友好情谊的同时，助力尼日利亚各层次人才能力建设，为中尼命运共同体建设提供了强大的智力支撑和人才保障。

（一）尼日利亚鲁班工坊

2018年中非合作论坛北京峰会上，习近平主席擘画了"八大行动"的宏伟蓝图，其中"能力建设"的具体措施就是要在非洲设立10个鲁班工坊，助力非洲人民提升技能。为贯彻落实习近平主席指示，2019年6月，天津市政府确定由天津中德应用技术大学与天津铁道职业技术学院共建尼日利亚鲁班工坊，并和尼日利亚国立高等学府阿布贾大学合作，在阿布贾大学打造一个产学研结合、集教育创新创业于一体的平台。在工作坊筹备阶段，阿布贾大学派遣教师到天津进行实操培训。为了更好地进行教学，天津校方同时开发了12本英语教材、6个课程标准。中尼校方和相关企业克服重重困难，在阿布贾大学完成了实训基地的搭建，双方通过远程培训、邮寄、海运等多种方式紧锣密鼓地推进鲁班工坊的建设。

2020年10月，尼日利亚鲁班工坊启动仪式在线上举行，阿布贾大学和天津中德应用技术大学在"云"上进行了揭牌仪式。天津中德应用技术大学在阿布贾设立的实训基地包括电力系统自动化、通信工程、电动电子创新、电动电子基础四个实验室，用一个多月的时间海运了71台配套设备，以便进行电气电子工程专业的系统教学。天津铁道职业技术学院在阿布贾建立了轨道交通学历中心，包含桥隧综合、运营管理、车辆工程3个实验室，并与中国土木工程集团尼日利亚分公司合作建立了配备有3个实训室和1个室外实训场的轨道交通培训中心，从而能够系统性地进行机械工程和土木工程的专业教学。

尼日利亚鲁班工坊的建立和运行，填补了尼日利亚轨道类应用型专业教育的空白，标志着中尼两国能力建设和教育科技领域合作迈向了新高度，对助力尼日利亚培育大批专业技能人才及其经济社会发展具有重要意义。

（二）开办官员研修班，助力官员能力建设

2018年4月，由中国公安部、商务部主办，中国刑事警察学院承办的"2018年尼日利亚反恐能力建设培训班"正式开班。在开班典礼上，尼日利亚国家监狱总局指挥中心副主任瑜苏夫·艾米努高度评价了中国政府长期以来给予尼日利亚的援助和支持，并向中国政府、中国公安部、中国商务部及中国刑事警察学院能够在尼日利亚国内反恐形势日趋复杂的情况下，为尼日利亚反恐人员提供快速反应能力建设和专项培训表示感谢。来自尼日利亚国家安全局、警察局、监狱局、移民局、公路安全局、消防局、民防总队、金融情报组织等部门的29位尼方学员入班参训。此次培训为学员增长知识、开阔视野、提升能力以及推动中尼两国关系友好做出了重要贡献。

2020年8月，在中国驻尼日利亚大使馆大力推动下，为应对新冠肺炎疫情下中国与尼日利亚文化旅游业遭遇的困难和挑战，受中国文化旅游部委托，中央文化和旅游干部学院承办了尼日利亚后疫情时代文化和旅游大使研修班。此次在线研修班为推动中尼文化旅游深度发展搭建了新的平台，为中尼两国人民提供了交流契机，同时也为尼日利亚文旅官员创造了交流

学习和加强能力建设的机会。来自尼日利亚新闻和文化部、国家艺术和文化理事会、国家旅游开发总公司、青年旅游组织、国家移民局、国家文化政策学院、国家接待与旅游学院和部分旅游企业的负责人及阿布贾大学学者共 41 名尼方学员参加了研修班。

（三）卫星电视"万村通"，助力两国人文交流

"万村通"项目是中国国家主席习近平在 2015 年中非合作论坛约翰内斯堡峰会上提出的中非人文领域合作举措之一，旨在为非洲 25 个国家共 10 112 个村落接入卫星数字电视信号，并向 20 万个非洲家庭捐赠机顶盒。

2019 年 1 月，尼日利亚"万村通"项目在尼日利亚首都阿布贾郊区帕杜玛村举行启动仪式，尼日利亚新闻和文化部部长赖依·穆罕默德、参众两院新闻委员会主席、国家电视管理局和国家广播委员会负责人等出席活动并一同为项目启动剪彩。这标志着"万村通"项目在非洲第一人口大国和第一大经济体正式启动。

2019 年 10 月，覆盖尼日利亚全国各地的"万村通"卫星电视项目全面竣工。该项目惠及 1 000 个村庄、2.3 万户家庭。1 000 多名维修技术人员接受了数字电视设备安装和维修方面的专门技能培训，以保证"万村通"项目设备在当地的长期可持续运营。"万村通"项目使得偏远地区的民众能欣赏到高质量的电视节目，农村儿童能获得更多的教育资源，当地民众能更多地了解外部世界，不仅有助于推动中尼两国人文交流，而且能更好地促进当地经济社会发展、改善当地人民的生活。[1]

---

[1] 李文刚，闵方正，郑军. 中国与尼日利亚友好合作 [M]. 北京：中国社会科学出版社，2021：92-93.

二、思考与建议

自 2000 年中非合作论坛开启以来，文化教育交流就是中非合作的一个重点领域。在中非合作论坛历次部长级会议上，文化教育交流都是中非合作的亮点。除了不断增加非洲来华留学人员奖学金名额，在有条件的非洲国家开办孔子学院和孔子课堂，助力非洲职业技术人才培训，开展非洲留学生就业直通车，同非洲国家合作建设鲁班工坊等举措，中国政府还颁布了一系列文件加速中非文化教育交流。

2015 年 3 月，国家发改委、外交部、商务部联合发布了《推动共建丝绸之路经济带和 21 世纪海上丝绸之路的愿景与行动》指出："扩大相互间留学生规模，开展合作办学。沿线国家间互办文化年、艺术节、电影节、电视周和图书展等活动，合作开展广播影视剧精品创作及翻译，联合申请世界文化遗产，共同开展世界遗产的联合保护工作。"

2016 年 4 月，中共中央办公厅、国务院办公厅印发《关于做好新时期教育对外开放工作的若干意见》强调："实施'一带一路'教育行动，促进沿线国家教育合作。加强教育互联互通、人才培养培训等工作，对接沿线各国发展需求，倡议沿线各国共同行动，实现合作共赢。扩大中国政府奖学金资助规模，设立'丝绸之路'中国政府奖学金，每年资助 1 万名沿线国家新生来华学习或研修。"

2016 年 7 月，教育部关于印发《推进共建"一带一路"教育行动》的通知，指出了教育交流的三大重点领域，即开展教育互联互通、人才培养培训、共建合作机制，特别强调，扩大语言学习国家公派留学人员规模，倡导沿线各国与中国院校合作在华开办本国语言专业。支持更多社会力量助力孔子学院和孔子课堂建设，加强汉语教师和汉语教学志愿者队伍建设，全力满足共建国家汉语学习需求，实施中非高校 20+20 合作计划等。

2020 年 6 月，教育部发布《教育部等八部门关于加快和扩大新时代教

育对外开放的意见》，指出：在高等教育领域，中国将支持高校加强与世界
一流大学和学术机构的合作；在职业教育领域，中国将在引进国外优质职
业教育资源方面取得政策突破，鼓励有条件的国内职业院校与企业携手参
与国际产能合作；在基础教育领域，中国将加强中小学国际理解教育，帮
助学生树立人类命运共同体意识，培养德智体美劳全面发展且具有国际视
野的新时代青少年。[1]

这四份文件中强调的核心内容，都为中尼进一步加强文化教育交流提
供了强有力的政策支持。目前，中尼政治互信不断加强，经贸合作成绩斐
然，人文交流日益密切。中国是世界上最大的发展中国家，尼日利亚是非
洲最大的经济体，尼日利亚已经成为中国在非第一大工程承包市场、第三
大贸易伙伴和主要投资目的地国。中尼已成为彼此重要的战略伙伴，中尼
关系已进入共筑高水平命运共同体的新阶段。在此背景下，夯实中尼关系
的民意基础，促进中尼民心相通，中尼教育交流就显得尤为重要。

近年来，中尼文化教育交流规模不断扩大，模式不断创新，效果日趋
显著。但是，这同夯实中尼战略伙伴关系、构建高水平中尼命运共同体的
要求还有一定的差距。两国教育交流和人文交流合作仍然有很大空间。由
于语言、文化、移民族群的便利，尼日利亚形成了以英、美及英联邦国家
为主要合作伙伴，以欧美、西非为主要合作区域的合作格局。尼日利亚留
学生赴英、美及英联邦国家仍然占多数，来华留学数量仍然比较有限。目
前，尼日利亚是中国在非第一大工程承包市场，中国急需一批熟悉中国语
言、了解中国文化、胜任中尼沟通的尼日利亚本土人才。这都对中尼文化
教育交流提出了新的要求，也提供了新的机遇。

中尼双方需要加强顶层设计，寻求中尼教育发展最佳契合点和教育合

---

[1] 中华人民共和国教育部. 教育部等八部门全面部署加快和扩大新时代教育对外开放 [EB/OL].（2020-06-
23）[2024-05-06]. http://www.moe.gov.cn/jyb_xwfb/s5147/202006/t20200623_467784.html?eqid=ef94115600083d8300000
004643f3fe7.

作最大公约数，促进中尼教育互惠合作；深化务实合作，发挥政府的引领作用，以教育高层对话为契机，促进项目合作，打造合作精品；推进观念创新，鼓励更多尼日利亚青年学子学习中国语言、了解中国文化、理解中国政策、支持中尼友好，夯实中尼政治互信、经贸合作、人文交流的感情基础；促进教育发展，继续发挥高校和企业在促进双方交流中的关键作用，造福两国人民。总而言之，只要善于观察思考、把握机遇，中尼在文化教育交流领域的合作必定前景广阔，硕果累累。

结　语

　　作为非洲文明古国，尼日利亚历史源远流长，文化底蕴深厚，地域特色鲜明，教育差异明显。尼日利亚北部的豪萨－富拉尼族、西南部的约鲁巴族、东南部的伊博族等，都有丰富的传统部族教育经历。8世纪，伊斯兰教传入西部非洲；11世纪末，传到加涅姆帝国；1809年，富拉尼帝国建立，伊斯兰教成为富拉尼帝国教育的基础。英国殖民统治时期，伊斯兰教育在尼日利亚北部仍占主导；在南部西方教育和传统部族教育并存。独立后，尼日利亚大力推动现代教育。但是，由于伊斯兰教育的影响广泛深刻，现代教育在北部发展并不平衡，尤其在乡村地区，伊斯兰教育仍占主导；在南部稳步发展，传统部族教育虽然日渐式微，但其精髓已逐渐融入尼日利亚现代教育体系中，成为尼日利亚现代教育体系的重要组成部分。

　　尼日利亚现代教育最早是西方传教士带来的，但办学是手段，传教是目的。在英国殖民统治时期，英国殖民当局资助传教士办学，制定教育法，建立小学、中学，目的是培养为其统治服务的中低阶层的管理人才。1960年独立后，尼日利亚逐步确立了符合本国国情的教育制度。1977年，尼日利亚颁布了《国家教育政策》的第一版。1999年，尼日利亚举行大选，国家政局逐渐趋于稳定。当年5月，尼日利亚新宪法颁布实施。宪法第十一章第十八条规定：尼日利亚教育的宗旨是增强国家意识，促进国家统一；培养正确的观念和态度，促进个人发展和社会进步；促进学生对世界的了解；教授恰当的技能，培养学生的智育、体育与社交能力，为个人生活和社会发展贡献力量。此后，尼日利亚政府不断出台新的教育政策，形成了完备的教育体系，力图全面推动教育事业振兴。

一、尼日利亚教育的特点

尼日利亚教育呈现了三个重要特点。

第一，重视教育立法。独立以来，尼日利亚不仅颁布了教育纲领性文件《国家教育政策》，还先后制定了《尼日利亚儿童权利保障法》《尼日利亚普及基础教育法》《尼日利亚教育领域艾滋病防治国家政策》《尼日利亚国家性别政策》《尼日利亚国家学校健康政策》《尼日利亚学校安全倡议》《尼日利亚特殊需求教育政策》《尼日利亚本地学校学生用餐计划》《尼日利亚国家包容性教育政策》《国家数字学习政策》等一系列政策法规。这些政策法规涵盖儿童权益保护、普及基础教育、青少年艾滋病防治、性别公平、学校医疗设施建设、学校安全保障、特殊需求教育、学生用餐保障、包容性教育、数字学习教育等诸多方面，在法律上逐渐形成了完备的教育保障体系。

第二，关注教育公平。尼日利亚政府非常关注教育公平，主要体现在对特殊教育群体和弱势教育群体的关注上。政府出台《尼日利亚特殊需求教育政策》《尼日利亚国家包容性教育政策》等一系列政策法规，旨在促进教育公平，建设一个包容性的教育体系，让所有学生都能有机会接受良好的教育，积极参与到学习活动中。此外，确保流动家庭子女有公平接受基础教育的权利也是关注教育公平的重要体现。

第三，重视机制建设。尼日利亚教育政策将机制建设贯穿教育全过程，成立诸多教育机构推动各阶段各类型教育的发展。例如，联邦普及基础教育委员会作为一个干预和协调机构，授权支持尼日利亚 36 州和联邦首都区向所有尼日利亚儿童提供高质量的基础教育；国家大学委员会，一个致力于推动尼日利亚高等教育发展和管理的重要政府机构，职责是统筹尼日利亚大学教育发展；尼日利亚教师注册委员会、尼日利亚国家教师学院，旨在加强教师人才培养，促进教师教育质量提升。此外，尼日利亚还形成了以国家技术教育委员会为核心、国家技术教师培训咨询委员会为辅助、国家职业技术教育机构为支撑、国家技术资格证书为保障的职业技术教育体系，成立尼日利亚国家成人教育委员会和国家大众识字、成人教育及非正规教育委员会，定期召开会议研讨成人教育的现状与挑战，并对其未来发展建言献策。

二、尼日利亚教育的挑战和对策

自独立以来，尼日利亚教育取得了长足的发展。但是，同 2.27 亿人口的教育需求相比，尼日利亚教育发展仍任重而道远。目前，尼日利亚教育发展面临诸多挑战，特别是学生辍学率高、办学经费不足、师生比例偏低、人才外流严重、科研能力不强等问题尤其突出。

为应对教育发展中遇到的挑战，近年来，尼日利亚政府采取了一系列有效措施，如增加政府投入，提高教育质量；加大基建投入，改善校舍环境；开启"教育部部长战略计划"，帮助辍学儿童重返校园；开设"伊斯兰银行项目""第二次机会学校"项目，帮助因各种原因中断学习的学生，特别是女童，完成小学和初中课程；开展"智慧学校项目"，提高基础教育数字化水平；推出样板学校计划，加强校舍基础设施建设；参加"基础教育项目管理和领导培训"项目，加强国际交流，提高基础教育教学管理水平。通过不懈的努力，尼日利亚各级各类教育的学校数量和学生数量都有显著的增加，教师合格率也有一定的提升。

三、中尼教育合作前景

中国是享誉世界的文明古国，尼日利亚也有"黑非文化摇篮"的美誉。自建立外交关系以来，中尼高层互访频繁，经贸合作不断加强，文化教育交流长足发展。目前，中尼教育交流已经形成了政府引领、高校参与、企业助力的多元主体格局。未来，两国可以在现有成果的基础上，深化务实合作，推进观念创新，促进教育发展，造福两国人民。

第一，加强顶层设计。在"一带一路"倡议、中尼战略伙伴关系、中尼命运共同体框架下，坚持以"育人为本、人文先行""政府引领、民间主体""共商共建、开放合作""和谐包容、互利共赢"的基本原则，寻求中尼教育发展最佳契合点和教育合作"最大公约数"，促进中尼教育互惠合作。

第二，坚持政府引领。继续发挥政府奖学金、孔子学院、孔子课堂、汉语桥的引领作用，鼓励更多尼日利亚青年学子学习中国语言、了解中国文化、理解中国政策、支持中尼友好、促进民心相通，培养知华、友华、爱华的中国通和国际使者，夯实中尼政治互信、经贸合作、人文交流的感情基础。

第三，鼓励高校参与。继续发挥两国高校在促进双方交流中的关键作用。北京外国语大学、北京理工大学、厦门大学、苏州大学等多所中国高校都在培养尼日利亚来华留学生方面做出了重要贡献。北京理工大学、厦门大学和苏州大学在推动尼日利亚孔子学院建设和中文学历教育方面也已走在了前列。中国也有留学生在尼日利亚大学、伊巴丹大学、阿布贾大学等尼日利亚高校就读。

第四，加大企业助力。中国知名企业在促进中尼教育和人文交流中做出了重要的社会贡献。例如，中国土木工程集团、中铁国际集团、华为集团等中国企业在尼日利亚教育基础设施建设、职业技能培训、学员就业岗位提供等方面做出了卓越贡献。

相信在中尼两国领导人的共同推动下，在"共商共建共享"的"一带一路"建设原则指引下，中国与尼日利亚之间的教育合作必将迎来蓬勃发展的明天。

参考文献

一、中文文献

伯恩斯. 尼日利亚史 [M]. 上海：上海人民出版社，1974.

陈建录. 卢旺达文化教育研究 [M]. 北京：外语教学与研究出版社，2024.

崔璨. 马达加斯加文化教育研究 [M]. 北京：外语教学与研究出版社，2022.

法罗拉. 尼日利亚的风俗与文化 [M]. 方之，译. 北京：民主与建设出版社，2018.

法洛拉. 尼日利亚史 [M]. 沐涛，译. 上海：东方出版中心，2015.

冯增俊，陈时见，项贤明. 当代比较教育学 [M]. 2 版. 北京：人民教育出版社，2015.

付吉军. 利比里亚文化教育研究 [M]. 北京：外语教学与研究出版社，2023.

顾明远. 顾明远教育演讲录 [M]. 北京：人民教育出版社，2014.

顾晓燕，游滔. 加蓬文化教育研究 [M]. 北京：外语教学与研究出版社，2022.

贺国庆，朱文富，等. 外国职业教育通史 [M]. 北京：人民教育出版社，2014.

李洪峰，崔璨. 塞内加尔文化教育研究 [M]. 北京：外语教学与研究出版社，2021.

李佳宇，万秀兰. 肯尼亚文化教育研究 [M]. 北京：外语教学与研究出版社，2022.

李书红，黄晓亮. 突尼斯文化教育研究 [M]. 北京：外语教学与研究出版社，2023.

李文刚，闵方正，郑军. 中国与尼日利亚友好合作 [M]. 北京：中国社会科学出版社，2021.

刘鸿武，等. 尼日利亚建国百年史（1914—2014）[M]. 杭州：浙江人民出版社，2014.

刘捷. 教育的追问与求索 [M]. 北京：人民出版社，2021.

刘捷. 专业化：挑战 21 世纪的教师 [M]. 北京：教育科学出版社，2002.

刘进，张志强，孔繁盛. "一带一路"高等教育研究（2019）：国际化展望 [M]. 北京：北京理工大学出版社，2020.

楼世洲. 尼日利亚高等教育研究 [M]. 北京：中国社会科学出版社，2009.

卢晓中. 比较教育学 [M]. 北京：人民教育出版社，2020.

陆有铨. 教育的哲思与审视 [M]. 北京：人民教育出版社，2016.

潘卫民. 走近西非 [M]. 上海：复旦大学出版社，2014.

秦惠民，王名扬. 高等教育与家庭流动 [M]. 北京：科学出版社，2019.

滕大春. 教育史研究与教育规律探索 [M]. 北京：人民教育出版社，2019.

田园，李迪. 贝宁文化教育研究 [M]. 北京：外语教学与研究出版社，2023.

王承绪，顾明远. 比较教育 [M]. 5 版. 北京：人民教育出版社，2015.

王定华，等. 全球教育治理方略 [M]. 北京：教育科学出版社，2023.

王定华. 教育路上行与思 [M]. 北京：人民出版社，2020.

王定华. 美国高等教育：观察与研究 [M]. 2 版. 北京：人民教育出版社，2021.

王定华. 美国基础教育：观察与研究 [M]. 2 版. 北京：人民教育出版社，

2021.

王定华．新时代高品质学校建设方略 [M]．长春：东北师范大学出版社，
2019.

王定华．中国基础教育：观察与研究 [M]．北京：人民教育出版社，2021.

王定华．中国教师教育：观察与研究 [M]．北京：人民教育出版社，2020.

王吉会，车迪．刚果（布）文化教育研究 [M]．北京：外语教学与研究出版
社，2021.

王晶，刘冰洁．摩洛哥文化教育研究 [M]．北京：外语教学与研究出版社，
2021.

王卓，李静．乌干达文化教育研究 [M]．北京：外语教学与研究出版社，
2023.

吴旻雁，黄超．埃及文化教育研究 [M]．北京：外语教学与研究出版社，
2022.

吴式颖，李明德．外国教育史教程 [M]．3 版．北京：人民教育出版社，
2015.

谢维和．我的教育觉悟 [M]．北京：人民教育出版社，2016.

徐倩，李慧芳．坦桑尼亚文化教育研究 [M]．北京：外语教学与研究出版
社，2021.

颜治强．论非洲英语文学的生成：文本化史学片段 [M]．北京：外语教学与
研究出版社，2019.

杨汉清．比较教育学 [M]．3 版．北京：人民教育出版社，2015.

伊宏．思想的金字塔 [M]．天津：百花文艺出版社，2001.

俞灏东，杨秀琴，俞任远．非洲文学作家作品散论 [M]．银川：宁夏人民出
版社，2012.

张方方，李丛．安哥拉文化教育研究 [M]．北京：外语教学与研究出版社，
2021.

张笑一，Edmund Chang. 埃塞俄比亚文化教育研究 [M]. 北京：外语教学与研究出版社，2022.

张毅. 非洲英语文学 [M]. 北京：外语教学与研究出版社，2011.

朱睿智，杨傲然. 莫桑比克文化教育研究 [M]. 北京：外语教学与研究出版社，2021.

朱振武. 非洲英语文学研究 [M]. 上海：华东理工大学出版社，2019.

二、外文文献

AKINADE A E. Christian responses to Islam in Nigeria: a contextual study of ambivalent encounters[M]. New York: Palgrave Macmillan, 2014.

BABATUNDE M M. Historical foundations of western education in Nigeria[M]. London: Lambert Academic Publishing, 2019.

BALOGUN J A. Reimagining Nigeria's educational system[M]. London: Routledge, 2023.

FAFUNWA A B. History of education in Nigeria[M]. Oxford: Routledge, 2018.

FALOLA T, OYENIYI B A. Africa in focus: Nigeria[M]. Santa Barbara: ABC-CLIO, 2015.

FALOLA T. Culture and customs of Nigeria[M]. Westport: Greenwood Press, 2001.

MUSA B A. Nollywood in global perspective[M]. New York: Palgrave Macmillan, 2019.

ONWENONYE C. Vocational technical education in Nigeria: journey thus far and the way forward[M]. London: Lambert Academic Publishing, 2018.